Matthias Ludwig
Mobile Architektur

Matthias Ludwig

# Mobile Architektur

Geschichte und Entwicklung
transportabler und modularer Bauten

mit einem Vorwort von Peter Cook

Deutsche Verlags-Anstalt, Stuttgart

Die Deutsche Bibliothek - CIP-Einheitsaufnahme

**Ludwig, Matthias:**
Mobile Architektur: Geschichte und Entwicklung
transportabler und modularer Bauten/ Matthias Ludwig.-
Stuttgart: Deutsche Verlags-Anstalt, 1998
ISBN 3-421-03140-1


© 1998 Deutsche Verlags-Anstalt GmbH, Stuttgart
Alle Rechte vorbehalten
Schutzumschlagentwurf:
Brigitte und Hans Peter Willberg, Eppstein
Layout und Satz: Die Herstellung, Stuttgart
Druck und Bindung: Gutmann + Co., Talheim
Printed in Germany
ISBN 3-421-03140-1

# Inhalt

# Vorwort

Stellt man sich Architektur als eine Ansammlung von Baumassen, eintönigen Mauern oder als eine Reihe von gleichförmigen, sich wiederholenden Elementen vor, dann verkennt man ihr Potential. Stellt man sich eine Stadt als statisches Gebilde ohne Ausstrahlung vor, dann verkennt man die geballte Energie und die gewitzten Entwicklungen der Zivilisation. Betrachtet man unsere Umwelt nur als Hintergrund für das Auf- und-Ab des Lebens mit all seinen Begebenheiten und seiner Dynamik, wertet man sie ab und spricht ihr nur eine drittklassige Rolle zu, in einem jener Filme mit Cyberspace und digitalisierter Handlung, die auf der ganzen Welt verbreitet sind. Hinzu kommt die menschliche Vorstellungskraft, die heutzutage von diesen Phänomenen angeregt wird.

Schon vor dem Ende des 20. Jahrhunderts haben phantasiebegabte Planer sich darum bemüht, das architektonische Vokabular zu erweitern. Außerdem tauchte eine besondere Kategorie innovativer Entwerfer auf (besonders im 19. Jahrhundert), die ziemlich unverkrampft die Grenzen zwischen Ingenieurbauten und Gebrauchsarchitektur und die Bezüge zwischem dem Dekorativen und dem Architektonischen verwischten.

Das beste, was im Bereich der »mobilen Architektur« im 20. Jahrhundert entstand, ist gerade vom Geiste dieser Planer getragen – zumindest solange man meinte, nicht auf ihre Manierismen und Eigenheiten zurückzugreifen zu müssen.

Matthias Ludwig ist nicht nur ein Sammler faszinierender Dokumente und auch kein bloßer Zuschauer. Er ist selbst Gestalter und seine eigenen Projekte sind oft kühne Schritte in der Absicht die Grenzen einer dynamischen Architektur auszuweiten. Seine Entwürfe sind schwungvoll und brillant, so daß seine Kollegen und selbst seine Lehrer mitunter gefordert sind. So gehen sogar die sehr selbstbewußt auftretenden »Progressiven« zurück an ihre Zeichenbretter oder ihre Computer und überlegen, ob sie ihre Arbeit nicht doch in völlig neue Bahnen lenken sollten.

Dies führt zu einer sehr dynamischen Annäherung an das Thema mit zusätzlichen Kriterien, die häufig dem Kulturkritiker, dem technischen Analytiker oder dem Lexikographen entgehen. Bei der Betrachtung von Design gibt es nämlich Aspekte, die sich aus synthetisierenden Schlußfolgerungen ergeben, aber nicht unbedingt den üblichen Regeln folgen. Mit anderen Worten: Der kreative Entwerfer trifft immer wieder Entscheidungen nach dem Motto »Mal sehen, was dabei rauskommt«. Sie folgen, jede für sich (manchmal) einer inneren Logik, sind aber nur schwerlich in Kategorien einzuteilen.

Mobile Architektur hängt von einer ganzen Reihe gewagter, frecher, schwieriger oder einfach »nützlicher« Konzepte ab. Bis vor kurzem gab es keine etablierte oder »klassische« Tradition in der mobilen Architektur, deshalb sind die meisten Werke Originale; sie sind aus Grundprinzipien oder aus einer spontanen Idee entstanden.

Unter diesem letztgenannten Gesichtspunkt kann das Thema und seine Ethik berechtigterweise als eine faszinierende »Disziplin« innerhalb der Architektur betrachtet werden. Es kann von denen benutzt werden, die selber immer noch davor zurückschrecken, daß irgend etwas sie in Bewegung setzt, die aber wirklich an Kreativität interessiert sind: Ursache und Wirkung ... Energie und Ergebnis.

In diesem Buch geht es wirklich um Erfindung per se.

Peter Cook

(Übersetzung aus dem Englischen von Laila Neubert-Mader)

## Einleitung

Die Bezeichnungen industrielles Haus, mobiles Haus (mobile cottage, Baracke), Serienhaus, Montagehaus oder auch Fertighaus stehen seit etwa 200 Jahren, also seit Beginn der Industrialisierung, für die Absicht handwerkliche Bau- und Fertigungsmethoden im Hausbau durch industrialisierte Prozesse zu ersetzen. Fortschritte und Verbesserungen versprach man sich von der Ausführungsqualität, von der Wohnqualität, von den Verwendungs- bzw. Einsatzmöglichkeiten und nicht zuletzt auch durch reduzierte Kosten. Die Entwicklung mobiler Architektur war von verschiedenen Einflüssen geprägt: kommerzielle Interessen bei den Herstellern, politische Absichten in den Kriegsphasen, aber auch ideologische Absichten bei den Planern, vor allem in den zwanziger, fünfziger und siebziger Jahren. Trotz eines heterogenen geschichtlichen Verlaufs kann man dennoch sagen, daß sich neben der konventionell gefertigten, ortsfesten Architektur eine weitere Typologie von Gebäuden entwickelt und etabliert hat. Sie war zunächst kulturell noch wenig respektiert, da wenig repräsentativ und ohne ikonenhafte Wirkung wie andere industrielle Gebäude, z.B. der Eiffelturm.

Die Bauindustrie hat als letzte der »großen« Industrien (Maschinenbau, Elektronik, Software…) den Wandel vom Handwerk zur industriellen Fertigung immer noch nicht vollständig vollzogen. Während die Herstellung der Halbzeuge, der Baustoffe und Bauelemente, weitgehend hochindustriell bzw. automatisiert ist, fehlen noch fortschrittliche Konzepte zum Fügen der Teile auf der Baustelle.

Der Buchtitel »Mobile Architektur« steht für wirklich innovative Konzepte im Bereich des industrialisierten Hausbaus und zeigt Beispiele aus der Vergangenheit, die trotz ihres Alters anregend für eine Weiterentwicklung sein können. Yona Friedmann verfolgte schon seit 1956 mit der Gruppe GEAM (»groupe d´études d´architecture mobile«) das Programm eines mobilen Bauens.[1] Die in seinem Projekt für eine »ville spatiale« (1958) erstmals formulierte und an

gewandte Idee, das Phänomen Stadt auf ein System infrastrukturell und versorgungstechnischer Funktionen zu reduzieren und somit in ein neutrales Gerüst aus Raumfachwerken zu verwandeln, wurde in den sechziger Jahren in zahlreichen urbanistischen Projekten weiterverfolgt.

Es wurden außer den »mobilen« Architekturprojekten, aktuelle Entwicklungen im Bereich Automatisierung Robotik und Energiebilanzen erwähnt. Die Sammlung der gezeigten Projekte erhebt nicht den Anspruch auf Vollständigkeit, sondern zeigt exemplarisch eine Entwicklung auf, deren Impulse in der Vergangenheit vor allem aus Deutschland, den USA und Frankreich kamen.

Unterstützend bei den Recherchen waren Sabine Hartmann vom Bauhaus-Archiv, Berlin; Richard Black von der University of Melbourne; das Buckminster Fuller Institut, Los Angeles; Helga Burgmaier von der Daimler Benz Aerospace Dornier, Friedrichshafen; Herr Schulze von der Deutsche Waggonbau AG, Niesky; Frau Simon von dem Historischen Archiv der M.A.N. Aktiengesellschaft, Augsburg; Rainer Weltring vom IBK, Institut für das Bauen mit Kunststoffen, Darmstadt; Norbert Cottone vom IPA, Institut für Produktionstechnik und Automatisierung, Fraunhofer Institut, Stuttgart; Wolfgang Feierbach von fg design, Altenstadt, sowie die Kollegen und Studenten des Institutes für Baukonstruktion der Universität Stuttgart, insbesondere Peter Sulzer, Peter Hübner und Peter Cheret die mich anregend bei der Bearbeitung dieses Buches unterstützten. Des weiteren danke ich Frank Werner von der Universität Wuppertal für seine konstruktive Kritik, Ute Hack und Cord Beintmann für die Durchsicht des Manuskriptes und insbesondere Renate Jostmann von der DVA für das Lektorat.

Matthias Ludwig

# Das mobile Montagehaus als eigenständige Typologie

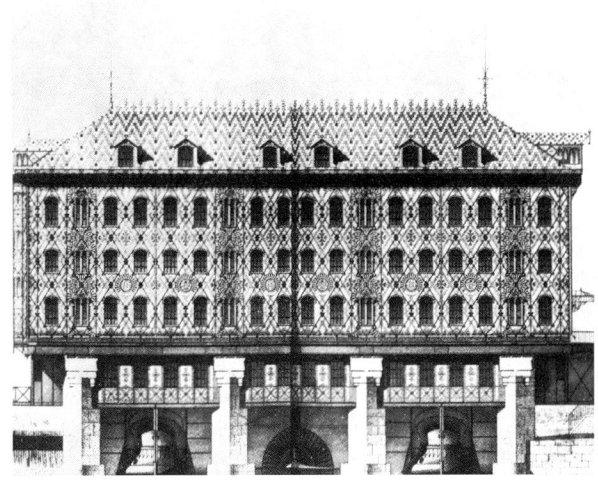

*Schokoladenfabrik in Noisiel-sur-Marne von Saulnier, 1871/72*

Die Industrialisierung des Bauens hat im 19. Jahrhundert bekannte großartige Eisenkonstruktionen wie den Kristallpalast (1851), den Eiffelturm (1889) und die Brooklynbridge (1870) hervorgebracht. Das sind Gebäudetypen, die bereits vor der industriellen Revolution, allerdings im kleinen (Holz und Stein), konstruiert wurden.[1] Aber auch in kleinerem Maßstab, wie beim Bau von Fabriken (ein neuer Typ von Gebäude, der nur aufgrund der Industrialisierung überhaupt entstanden ist), gab es Fortschritte, wenngleich weniger spektakulär und auffällig: Die massiven Mauerwerke und die hölzernen Skelette der Fabriken wurden sukzessive durch Stahlgußskelettkonstruktionen ersetzt.[2] Einerseits wollte man schlankere und belastbarere Konstruktionen erreichen, andererseits der im 19. Jahrhundert erheblichen Brandgefahr entgegenwirken. Beispiele sind die Salforder Baumwollspinnerei von Boulton und Watt (1801) und die konstruktiven und produktionstechnischen Verbesserungen William Fairbairn. Die erste Fabrik, die komplett aus einem Eisenskelett aufgebaut war, entstand 1871/72 in Noisiel-sur-Marne. Jules Saulnier konnte für diese Schokoladenfabrik auch eine ebenflächige, moderne Fassade durchsetzen. Sie bestand zwar immer noch aus Mauerwerk, war aber viel weniger dekoriert als andere zeitgenössische Gebäude. Durch die Erfindung des Wellblechs im Jahre 1844 konnte die Hülle des Gebäudes als ein komplettes Produkt aus Eisen vervollständigt werden.

*Salforder Baumwollspinnerei von Boulton und Watt. Stützendetail, 1801*

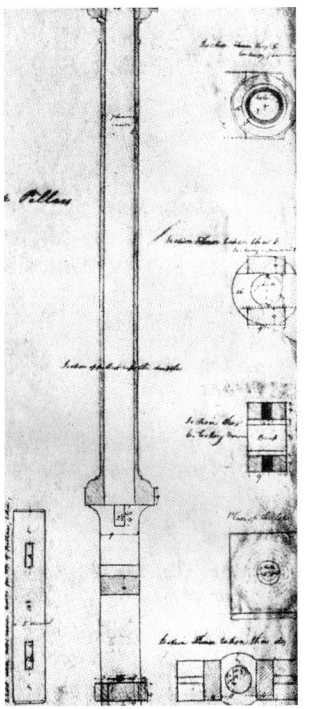

Durch die Industrialisierung entstanden Bauten, die keine Vorbilder in der Vergangenheit hatten; ihr Entstehen war auf die völlig neuen Bedingungen zurückzuführen. Großstädte mit modernen Verkehrsmitteln entstanden, später auch die zugehörige produzierende Industrie. Die Bevölkerung wuchs, die Industrie stellte eine wachsende Zahl von Produkten her und setzte sie ab. Alle neuen Gebäudetypen hatten demzufolge mit logistischen Aspekten zu tun: Die Fabriken für die Produktion, die Verkehrsbauten wie Bahnhöfe und Brücken für den Transport, die Warenhäuser, Markthallen und Ausstellungsgebäude für den Verkauf. Viele dieser Projekte sind von Konstrukteuren oder Produzenten konzipiert und umgesetzt worden und nicht von Architekten. Dies führte längerfristig zu einer Aufgabenteilung zwischen Architekten und Ingenieuren und zum Entstehen der sogenannten Ingenieurbauten. Es stellte sich zum ersten Mal die Frage der Beziehung zwischen Architektur und Konstruktion.

*»Das Jahrhundert der Maschine hat den Konstrukteur erweckt, neue Aufgaben, neue Verfahren, neue Mittel haben ihn geboren, überall ist er jetzt am Werk.«[3] (Le Corbusier)*

Das einfache Wohngebäude war zunächst von der industriellen Bautätigkeit ausgenommen und wurde weiterhin mit konventionellen Materialien - in der Regel Holz oder auch Stein - handwerklich, wenn auch zum Teil schon vorgefertigt, erstellt. Die koloniale Entwicklung im 19. Jahrhundert mit den damit verbundenen kriegerischen Auseinandersetzungen veränderte die Herstellungstechnik für Wohnhäuser. Sie mußten zunächst mobil und in einem noch stärkeren Ausmaß wie bislang elementiert und vorgefertigt sein, damit ein einfacher Transport in die noch infrastrukturlosen Kolonien möglich war. Der enorme Bedarf an Wohnhäusern konnte nur durch industrielle Produktionsmethoden gedeckt werden. Zunächst gab es einfache hölzerne Serienhäuser, die sich architektonisch an ihren handwerklichen Vorbildern orientierten; die zweite Generation, die Metallhäuser, löste sich immer mehr von dem konventionellen Vorbild – ganz ähnlich der Entwicklung von Fabrikgebäuden, die anfangs noch historisierende Steinfassaden hatten – und wurde zum eigenständigen Typ des »Portable Cottage«. Den Gebäuden wurde in der Öffentlichkeit weniger Aufmerksamkeit geschenkt als den großen Baustrukturen, weil sie als Provisorium und als reine Zweckbauten gedacht und nicht gerade repräsentativ waren.

Vor allem auch das Militär favorisierte die mobile industrielle Hausform seit dem 19. Jahrhundert: Nach Zelten in den verschiedensten Formen und Konstruktionen entstand nun ein neuer Gebäudetypus, die sogenannte Baracke, als notwendige Reaktion auf eine »weiterentwickelte« Kriegstechnik. Neue, mechanisierte Waffen hatten bei Auseinandersetzungen viel mehr Verletzte zur Folge, deren Pflege in den Lazarettbaracken besser möglich war als in den Zelten. Später folgten Mannschaftsunterkünfte, Depots und Ställe in Barackenform.

In Amerika verlief die Industrialisierung anders als in Europa. Das Land war reich an Rohstoffen, hatte aber kaum eine handwerkliche Tradition, Europa hingegen verfügte über eine entwickelte Handwerkskultur, hatte aber einen Mangel an Rohstoffen. In Amerika war deshalb die Mechanisierung von Handwerksprozessen schon sehr früh weit verbreitet: Bereits seit 1856 gab es mechanisierte Schlachthäuser und Bäckereien.[4]

Diese Hintergründe sind auch für den Hausbau wichtig. Durch die schnelle Besiedlung des Landes spielte die Mobilität eines Hauses, dessen Transport und eine einfache Errichtung eine große Rolle. Am Anfang der Besiedlung wurden an die Ostküste noch industrielle Häuser aus Europa, hauptsächlich aus England, ge-

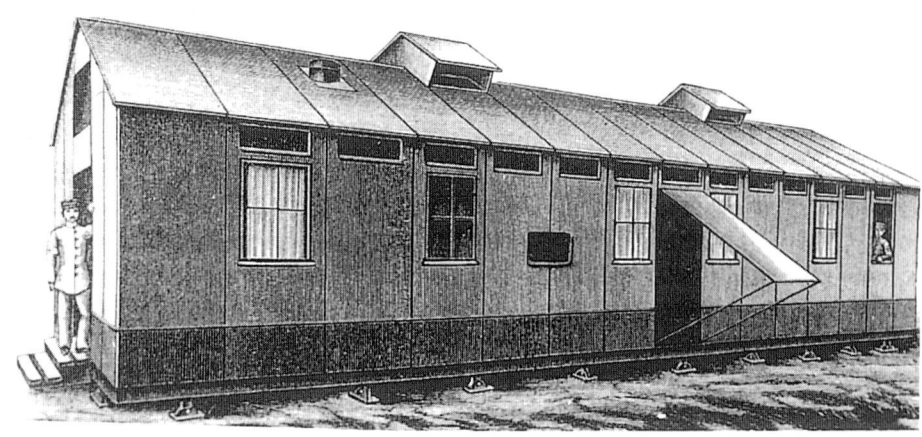

liefert. Später entwickelte sich eine eigene Bautechnik, der »Balloon Frame«. Da es an Handwerkern mangelte, wurde die aufwendige und traditionelle Fachwerkkonstruktion durch eine simple Nageltechnikverbindung ersetzt. Das war jedoch erst möglich, nachdem große Mengen von Nägeln auch kostengünstig hergestellt werden konnten.

»Ein Knabe und ein Mann können jetzt [1865] die gleichen Resultate mit Leichtigkeit erzielen, die zwanzig Arbeiter mit der alten Zimmermannkonstruktion zuwege brachten [...] Das Prinzip des ›Balloon Frame‹ ist gleich wirksam in bezug auf Festigkeit und Sparsamkeit. Wenn man mechanische Hilfsmittel verwendet, so kann der ›Balloon Frame‹

*»Portable Cottage« von Morewood and Rogers, 1850*

*Sanitätsbaracke System Doecker, 1885*

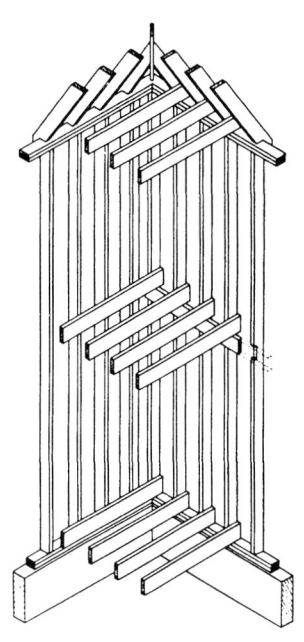

*»Balloon Frame«-Bauweise
in den Vereinigten Staaten,
vor 1850*

*Dom-Ino Haus von
Le Corbusier, 1914*

um vierzig Prozent billiger errichtet werden als das Fachwerk mittels Zapfloch und Zapfen.«[5]

Der »Balloon Frame« war eine Erfindung von George W. Snow, einem Steuereinschätzer und Feldmesser; der erste derartige Bau wurde 1833 in Chicago ausgeführt.

Die Industrialisierung setzte in Deutschland wesentlich später – erst in der zweiten Hälfte des 19. Jahrhunderts – als in England oder Amerika ein, dann allerdings um so vehementer. Deutschland war zu dieser Zeit offen für viele Anregungen aus anderen Ländern. Die Arts-and-Crafts-Bewegung und Henry van de Velde hatten zum Beispiel Einfluß auf die architektonische Entwicklung. Zu Beginn des 20. Jahrhunderts war das Büro von Peter Behrens das wichtigste in ganz Deutschland. Mies van der Rohe, Walter Gropius und auch Le Corbusier arbeiteten dort einige Zeit. Sowohl Le Corbusier als auch Gropius sahen im industriellen Bauen die Zukunft.

*»Man sehe die Silos und Fabriken aus Amerika an, prachtvolle Erstgeburten einer neuen Zeit. Die amerikanischen Ingenieure zermalmen mit ihren Berechnungen die sterbende Architektur unter sich.«[6] (Le Corbusier 1920)*

Ausgelöst durch Wohnungsnot und Arbeitslosigkeit nach dem Ersten Weltkrieg wurden hauptsächlich von den Architekten des »Neuen Bauens« (z. B. Bauhausarchitekten, Vertreter von De Stijl, Le Corbusier) architektonische Lösungsvorschläge erarbeitet, die industriell in großer Serie gefertigte Wohnhäuser in den Mittelpunkt der Wohnungsbaudiskussion stellten. Le Corbusier formulierte seine Vision vom industriellen Haus bereits 1920: »...*die Häuser kommen als*

ganzer Block, mit Werkzeugmaschinen hergestellt, in der Fabrik zusammengebaut, wie Ford die Stücke seiner Automobile auf Fließbändern zusammensetzt.« (Konzept »Voisin«) Zu diesem Leitmotiv, das Haus als Standard, gab es auch Entwurfskonzepte, wie das typisierte Betonhaus Manol (1919) und der Typ Citrohan (1922), die sich beide auf ein Projekt von 1914, das Dom-Ino Haus, zurückführen lassen. Modernes Bauen mit Beton wurde das Thema durch Auguste Perret im technischen Bereich und durch Tony Garnier generell formuliert.

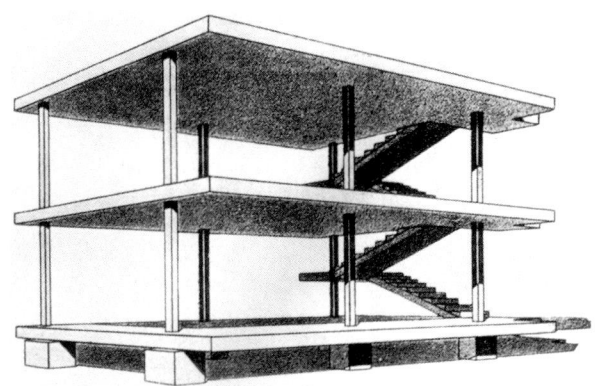

Von Walter Gropius gab es schon 1910 theoretische Überlegungen zur Verbesserung des Hausbaus. In der Schrift »Programm zur Gründung einer allgemeinen Häuserbaugesellschaft auf künstlerischer einheitlicher Grundlage«, die im Büro von Behrens entstanden war, äußerte er Überlegungen zur Gußbetontechnik. Gropius entwickelte nach dem Ersten Weltkrieg, als die Baukonjunktur wiederbelebt war,

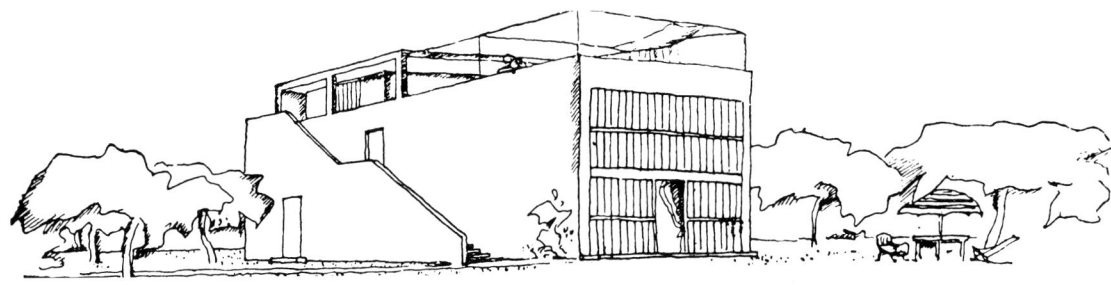

*Maison Citrohan von
Le Corbusier, 1922*

das Konzept des Wabenbaus (1923) und schließlich den »Baukasten im Großen«. Er sah im Beton, genau wie Le Corbusier, den modernsten industriell herge-stellten Baustoff. Der zu dieser Zeit verwendete Eisenbeton war im Gegensatz zum Stampfbeton mit Einlagen aus Eisenstäben versehen, die eine Bela-stung auf Zugkräfte erst ermöglichten. Eisenbeton wurde erst Ende des 19. Jahrhunderts im Bauwesen verwendet und zunächst nur bei Industriegebäuden und Verkehrsbauwerken eingesetzt. Die Erfindung ging auf ein französisches Patent des Gärtners Monier zurück. Beton diente zunächst nur als Ersatz für den teuer gewordenen Ziegel. Dieser sogenannte Guß- oder Schüttbeton hatte in der Handhabbarkeit der Schalung und in dem großen Gewicht seine Grenzen. Man muß bedenken, daß die Baustellen auch Anfang des 20. Jahrhunderts kaum mechani-siert waren.

Als Folge wurden flexible Baukastensysteme in Eisenbeton und Metall entwickelt und speziell für den Wohnhausbau industriell gefertigte Typen-häuser, die zum Teil erweiterbar und transportabel waren. Die Auseinandersetzung mit Technologie und gesellschaftlichen Theorien ließen Bauten wie das »Stahlhaus« von Georg Muche, das »Hirsch-Kupfer-Haus« von Walter Gropius und auch Otto Bartnings »Werfthaus« entstehen, ebenfalls die Werkbund-siedlungen und Bauausstellungen (z. B. 1932 die Ber-liner Sommerschau und der Wettbewerb »Das wach-sende Haus«). Aber auch viele nicht realisierte Projekte (Musterhäuser, Versuchshäuser) entstanden im Umfeld des Bauhauses, die selbst unter heutigen Gesichtspunkten noch als avantgardistisch zu be-zeichnen sind. Neben den Hauskonzepten, die pro-totypisch ausgefeilte industrielle Bausysteme hervor-brachten, spielten die Siedlungskonzepte von Ernst May (1926-1930 in Frankfurt), Martin Wagner (1925 in Berlin) und natürlich Walter Gropius (1928 Siedlung Dessau-Törten) eine gesellschaftlich be-deutende Rolle. Ernst May, der zeitweilig in der Sowjetunion tätig war, stellte auch die Verbindung zu den sowjetischen Konstruktivisten her. Architek-

ten wie Ginsburg, Barstsch und Ochitowitsch plan-ten und bauten sozialistische Wohnprototypen wie die Einzimmerwohneinheit aus Holz für Magnitogorsk 1930 oder die Experimental-Wohneinheit in Seljony Gorod 1930.

Zu dieser Zeit lassen sich auch die ersten Spuren von Konrad Wachsmann finden, der seit 1926 bei dem damals größten europäischen Holzhaushersteller, Christoph & Unmack, in der schlesischen Stadt Niesky als Chefarchitekt beschäftigt war. Die Firma, die mit dem Bau von Militärbaracken begonnen hat-te, besaß bereits eine vierzigjährige Erfahrung mit vorgefertigten Holzhäusern. Wachsmann bekam die Gelegenheit, während seiner Tätigkeit die Paneel- und Blockbauweise der Firma zu verfeinern. Unter diesen Einflüssen entstand auch sein erstes Buch »Der Holzhausbau« (1929), das ihn forthin als Holzhausspezialisten auswies. Holzhäuser waren in Deutschland auch nach der industriellen Revolution hauptsächlich in ländlichen Gebieten populär, vor al-lem als nach dem Ersten Weltkrieg die Baumateria-lien allgemein knapp waren.

*Stahlskelettbau von Walter Gropius in der Weißenhofsiedlung Stuttgart, 1927*

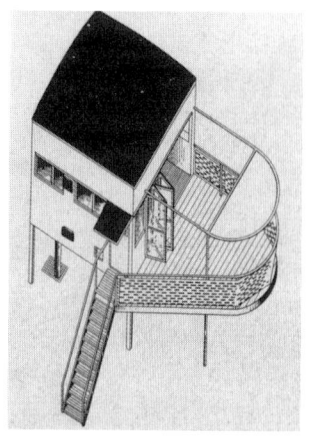

*Sektion für Sozialistische Siedlungsweise. Einzimmerwohneinheit, Axonometrie*

*»Packaged-House-System« von Walter Gropius und Konrad Wachsmann, ab 1941*

*»Plus-2-point-house« von Marcel Breuer, 1942*

*Dymaxion Deployment Unit von Richard Buckminster Fuller, 1940*

*Haus Schindler 1921/22, Los Angeles, Ausschnitt eines Studios von R.M. Schindler*

Viele Wohnhausprojekte in der Zeit der Weimarer Republik weisen außergewöhnliche technologische und konzeptionelle Experimente auf, die in Europa mit dem aufkommenden Nationalsozialismus nicht mehr weiter verfolgt werden konnten. Im Nationalsozialismus wurden die Ideen der Vorfertigung in der Regel auf militärisch zu nutzende Gebäude oder auf kriegsbedingte Situationen bezogen. Das Behelfsheim und der Kriegseinheitstyp sind Beispiele hierfür. Der NS-Wohnhausbau arbeitete im wesentlichen mit handwerklichen Methoden und traditionellen Bauformen. Die Ideen von Gropius, Breuer, Wachsmann, Schindler und weiteren engagierten Architekten wurden in den Vereinigten Staaten auch von anderen weiterverfolgt und weiterentwickelt (Case-Study-House-Projekt von John Entenza ab 1945, das »Packaged-House-System« von Gropius und Wachsmann ab 1941, das »Plus-2-point-house« von Marcel Breuer, 1942), wenngleich unter anderen Vorzeichen. Buckminster Fuller nimmt mit seinem »Dymaxion House« (1927), das ästhetisch einer Maschine sehr nahekommt, eine besonders extreme, utopistische Position ein, die dann in den sechziger Jahren bei einigen anderen Architekten und Konstrukteuren wiederzufinden ist. Albert Frey (Aluminaire-Haus, 1931), Richard Neutra (Diatom-Haus, 1923) und andere hatten in den zwanziger und dreißiger Jahren, parallel zu den Entwicklungen in Europa, in Amerika ebenfalls vorfabrizierte Montagehäuser konzipiert, die allerdings nicht den sozialpolitischen Hintergrund ihrer europäischen Gegenstücke hatten. Vielmehr sind sie ein Beispiel für den Pioniergeist und die technischen Möglichkeiten eines sich rasant entwickelnden Landes. Der Gedanke eines kostengünstigen, industriell gefertigten Serienwohnhauses wurde schon Ende der fünfziger Jahre von Architekten kaum mehr weiter verfolgt (eine Ausnahme stellt hier sicherlich Jean Prouvé in Frankreich dar, der zum Beispiel mit den Häusern für Abbé Pierre von 1956 einen Beitrag zur Linderung der Wohnungsnot leistete), er wurde vielmehr der Industrie als Markt überlassen (M.A.N.-Haus, Dornier-Haus, Fertighäuser im allgemeinen).

*Acornhaus*

A *Transportzustand*
B *Wohnzustand*
1 *Wohnraum*
2 *Bad*
3 *Schlafraum*
4 *Heizung*
5 *Esszimmer*
6 *Küche*

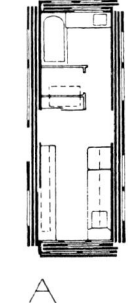
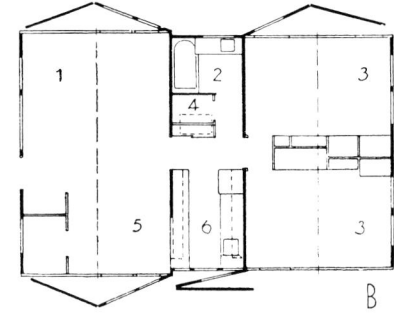

*Acorn-Haus, 1945,*
*von Carl Koch, Hudson Jack,*
*John Callender*

*fg 2000*

Gründe hierfür waren sicherlich der neue Wohlstand (»Wirtschaftswunder«) und eine zunehmende Individualisierung der Gesellschaft, die Serienhäuser für den Architekten nicht mehr interessant erscheinen ließen. Dies wird besonders deutlich, wenn man den kurzen Kunststoffhausboom der sechziger Jahre betrachtet. Bei diesen Konzepten, die sich ästhetisch an der technoid-konstruktiven Phantasiewelt der Archigram Gruppe orientierten, treten hauptsächlich die Hersteller mit ihrem Pragmatismus in den Vordergrund, nur wenige namhafte Architekten sind beteiligt. Dies war in den zwanziger und Anfang der fünfziger Jahre noch anders gewesen. Die bekannten Architekten hatten gerade die Auseinandersetzung mit der Industrie gesucht, wenn auch nicht immer kommerziell erfolgreich, so doch mit herausragenden Ergebnissen. Beispiele hierfür sind Walter Gropius und die Firma Hirsch-Kupfer- und Messingwerke Finow AG, Konrad Wachsmann und General-Panel-Corporation, Richard Buckminster Fuller und die Firma Butler. Ein weiterer Grund war sicher auch die in eine Krise geratene Moderne, die unter dem Primat der reinen Wirtschaftlichkeit immer mehr zu einem schematischen Formalismus (zum Beispiel Großtafelbauweisen im Geschoßwohnungsbau) verkommt. Die Energie- und Umweltkrise der siebziger Jahre stellte dann auch technologisch orientierte Lösungen ganz allgemein in Frage.

# Pioniere der industriellen Vorfertigung

### Vor der industriellen Revolution

Auch in Zeiten, in denen beim Bauen vorwiegend handwerkliche Techniken zur Anwendung kamen, gab es bereits konstruktive Überlegungen zum Montageablauf eines Gebäudes, zum Beispiel das Zerlegen eines ganzen Bauwerks oder eines Bauteils in Module.

Eine solche handwerkliche Vorfertigung läßt sich schon bei den ägyptischen Kultbauten nachweisen, wo Stützen und Quadersteine in den Steinbrüchen vorgefertigt und mit Holzschlitten zur Baustelle transportiert wurden. In Ergänzung dazu erforderten diese Bauten verfeinerte Techniken zur Vermessung und Bearbeitung und zur Arbeitsorganisation, ähnlich wie unsere modernen Großprojekte.

Der Parthenon in Athen weist verschiedene Prinzipien eines modernen Fertigbaus auf: Vorfertigung tragender Teile im Steinbruch und Montage vor Ort. Ausgeklügelte Verbindungstechniken, wie Eisen-

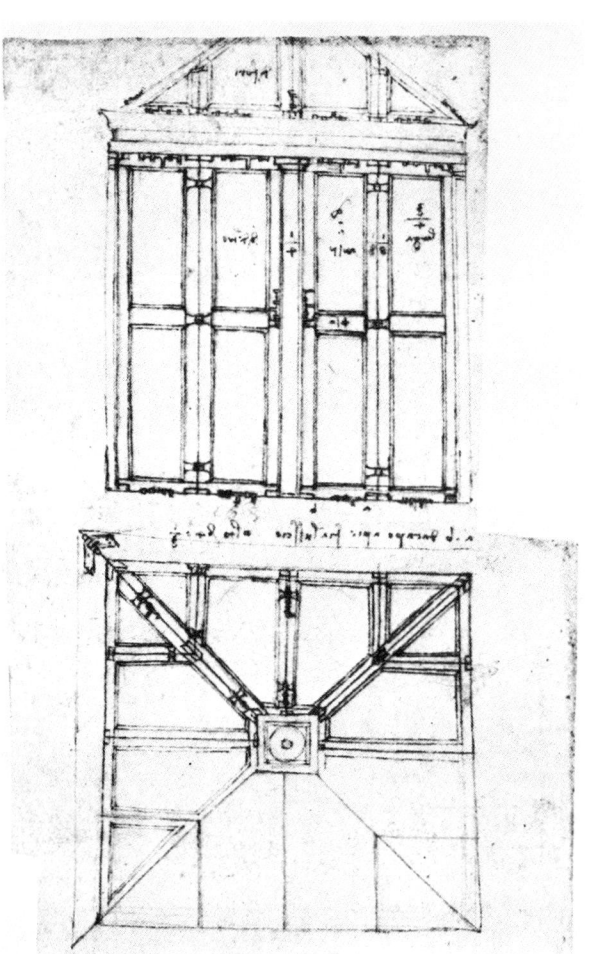

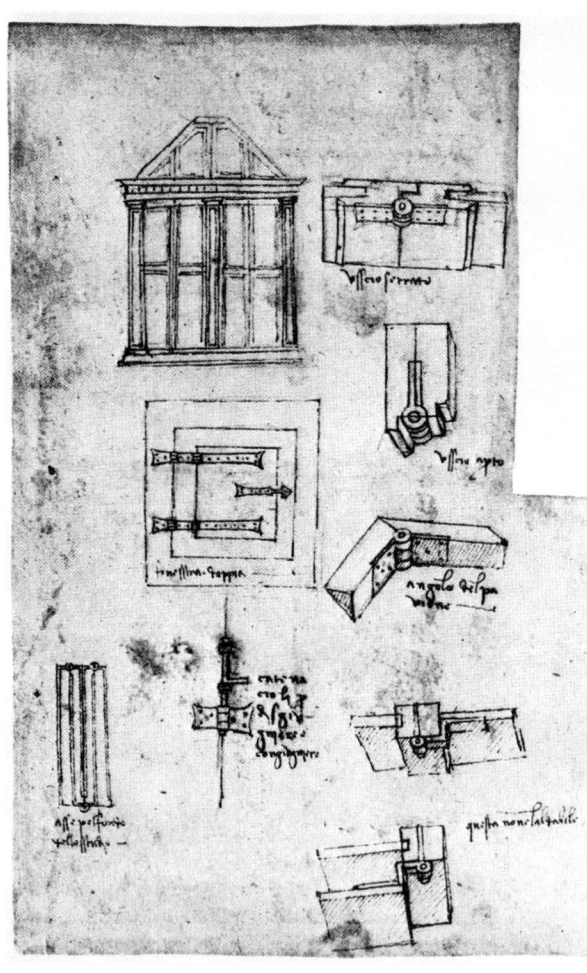

*Studien für den Holzpavillon von Vigevano, Codex Atlanticus, Leonardo da Vinci, um 1510*

*Holzpavillon von Vigevano. Details*

oder Bronzeklammern, waren bereits weit entwickelt. Aufgrund der strengen Maßordnung und der Wiederholung gleicher Bauteile ist in Ansätzen bereits ein modulares Baukastensystem zu erkennen.

Im Mittelalter wiesen hölzerne Fachwerkbauten ähnliche Merkmale auf: Bauhalbzeuge und Baukomponenten von hohem Reifegrad.

Ein weiteres handwerklich vorgefertigtes Bauelement ist der Mauerziegel, der schon bei den Ägyptern (in nichtgebrannter Form) und bei den Römern (in gebrannter Form) Anwendung fand und in einer weiterentwickelten industriellen Variante noch heute verwendet wird, wenngleich in einer Stückzahl und in einer Herstellungsgeschwindigkeit, die mit handwerklicher Technik nicht zu erreichen waren.

Die Zeichnungen für das vermutlich erste mobile Holzfertighaus stammen von Leonardo da Vinci.[1] Er entwarf eine mobile, temporäre Unterkunft für die Jagdausflüge des französischen Königshofs. Eine große Holzrahmen-Tafelbauweise, durch Scharniere beweglich gehalten, erlaubte einen schnellen Auf- und Abbau der Konstruktion.

*Der Kristallpalast, Weltausstellung London, 1851*

## Entwicklung des industriellen Bauens

Die industrielle Revolution löste ab 1800 auch im Bauwesen neue Entwicklungen aus: Die eigentliche Ikone jener Zeit ist der 1851 für die Weltausstellung in London fertiggestellte Kristallpalast. Sein Erbauer Joseph Paxton hatte bereits ausgiebige Erfahrung mit Bauweisen aus Eisen und Glas bei der Errichtung großer Gewächshäuser gesammelt. Auf dieser Basis erfand er zahlreiche für das industrielle Bauen wichtige Neuerungen, z.B. die Normierung von Konstruktionsteilen aus Guß- und Schmiedeeisen und daraus folgend deren Vorfertigung (unter Verwendung aller damals verfügbaren industriellen Mittel und Verfahren) in großen Stückzahlen. Für die Montage des für damalige Verhältnisse sehr großen Gebäudes kamen neuartige Verbindungsmittel, zeitbezogene Taktverfahren und einige spezielle Montagehilfen zum Einsatz, so daß die Tragstruktur einschließlich der Glaseindeckung in nur vier Monaten montiert werden konnte.[2]

So wurden zur effizienten Montage der 93 000 m² großen Glasfläche spezielle Montagewagen, die entlang des Dachs auf der Tragstruktur fuhren, verwendet. Das konsequent modular aufgebaute Tragsystem und das geringe Flächengewicht von 1,1 kN/m² der Struktur ermöglichten die Demontage des Gebäudes am Ende der Weltausstellung und seinen Aufbau an einem anderen Ort.

Nur wenige Jahre später konnten weitere Meilensteine der Ingenieurbautätigkeit und des industriellen Bauens errichtet werden: 1870 die Brooklynbridge in New York[3], mit einer immerhin 500 m großen Spannweite, oder 1889 der 300 m hohe Eiffelturm.[4] Ebenfalls 1889 wurde die Firth-of-Forth-Bridge in Edinburgh fertiggestellt, ein weiteres Wunderwerk aus genietetem Eisen. Gegen Ende des 19. Jahrhunderts wurden schließlich in Chicago zum ersten Mal Hochhäuser mit Stahlstrukturen gebaut. Diese Gebäude sind als Werke der sogenannten Chicago School[5] bekanntgeworden, der so namhafte Architekten wie Louis Sullivan, William Holabird und

*Brooklynbridge*
*in New York, 1870*

*Der Eiffelturm in Paris, 1889*

*Firth-of-Forth-Bridge*
*in Edinburgh, 1889*

*Das Reliance Building*
*der Burnham Company*
*in Chicago, 1894*

Martin Roche, Daniel Hudson Burnham und John Wilburn Root angehörten.

Außer den bereits erwähnten industriellen Projekten des 19. Jahrhunderts gab es weitere, die technische Bauentwicklung beeinflussende Faktoren, wie die koloniale Expansionspolitik der Weltmächte und die damit teilweise verbundenen militärischen Auseinandersetzungen. Vielleicht war das Militär sogar einer der wichtigsten Einflußfaktoren für das industrielle Bauen und damit auch für die Vorfertigung und Mobilität der Gebäude.

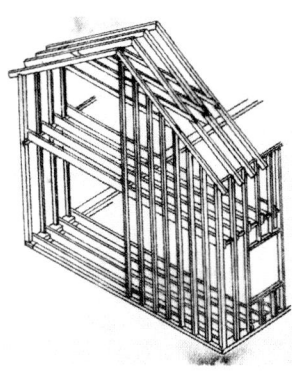

*Rahmenfachwerk-konstruktion (Balloon-Frame-Construction)*

## Mobile Gebäude des Militärs

Die Engländer errichteten erstmals während des Krimkriegs 1853-1856 vorgefertigte Lazarettbaracken, um auf transportable Krankenhäuser direkt bei den Schlachtfeldern zurückgreifen zu können.[6] Vorläufer waren die Baracken der Preußen: einfache Fachwerkkonstruktionen aus Holz - allerdings ohne vorgefertigte Elemente -, die in der Schlacht bei Königsberg 1807 zum ersten Mal eingesetzt wurden. Die englischen Ingenieure verbesserten den Barackentypus. Er wurde zum Beispiel in separate Bereiche für Infektionskranke unterteilt und erhielt zwei weitere Gebäudeteile, die mit überdachten Gängen miteinander verbunden waren. Da die Seuchengefahr damit drastisch reduziert werden konnte, wurde diese Art der räumlichen Trennung zum Standard im Krankenhausbau dieser Zeit. Um die 3250 der

*Gloucester-Baracke der Britischen Armee während des Krimkriegs, 1854*

sogenannten Gloucester-Baracken wurden hergestellt und in Kisten verpackt auf die Krim geschickt.[7]

Auch im amerikanischen Sezessionskrieg 1861-1865 war aufgrund der geringen Siedlungsdichte der Einsatz von transportablen Lazaretten notwendig. Vierzehn Lazarette mit insgesamt 100000 Betten wurden errichtet. So konnte der Gebäudetypus wesentlich in seiner technischen Ausbildung verbessert werden, und die für die Vereinigten Staaten typische vorgefertigte Holzbauweise, der sogenannte »Balloon Frame«, hat hier ihre Anfänge.[8] In Deutschland blieb eine ähnliche Entwicklung vorerst aus, so daß im deutsch-französischen Krieg 1870/71 aus Ermangelung an vorgefertigten Lazaretten sehr schlechte medizinische Bedingungen herrschten. Eiligst mußten Gebäude erstellt werden, die aufgrund des Zeitdrucks oft Mängel aufwiesen.

Die Folgen dieser Entwicklungen waren eine Verbesserung des Sanitärwesens (Genfer Konventionen) und die Tatsache, daß die vorgefertigte Baracke das Lazarettzelt endgültig verdrängte. Im Jahre 1885 wurde mit Unterstützung der belgischen Regierung sogar ein Wettbewerb ausgelobt, der die Entwicklung einer perfekten Lazarettbaracke zum Ziel hatte. Die Firma Christoph & Unmack, die später mit ihren Holzbauten noch sehr bekannt werden sollte, gewann den Wettbewerb.

Das ursprünglich nur schuppenartige Lazarettgebäude wurde im Laufe der Zeit international zu einem eigenständigen Typus kultiviert, was zur Folge hatte, daß das Wort »Baracke« in allen Weltsprachen zu finden ist. Der endgültige Durchbruch der vorgefertigten Bauweise kam wohl 1878, als bei der Okkupation Bosniens und der Herzegowina durch Österreich sogar Pferdeställe und Truppenunterkünfte in die entlegensten Gebiete transportiert wurden.

Im Jahre 1920 erscheint die wohl bekannteste Form der Baracke, und zwar die englische Nissenhütte[9] - von P.N. Nissen erfunden und ganz aus Metall gefertigt -, die auch noch nach dem Zweiten Weltkrieg in Deutschland zu einer der gebräuchlichsten Notunterkünfte wurde.

## Die koloniale Expansion

Die Besiedlung neuer Kolonien, die Entdeckung von Gold- oder Diamantvorkommen und die Kriegsführung in fernen Ländern verursachten kurzfristig eine sehr große Nachfrage nach Behausungen, die mit den bisher bekannten traditionellen Baumethoden nicht mehr zu decken war. In den Kolonien waren häufig vor Ort keine geeigneten Baumaterialien vorhanden. Neuankommende Siedler wohnten in der Regel in Zelten und waren somit vor Witterung und Diebstahl nur ungenügend geschützt. In Zeiten großer Auswanderungswellen reichte die Anzahl der Handwerker in den Kolonien nicht aus, um dem Bedarf an neuzuerstellenden Häusern gerecht zu werden. Ferner fehlten oft geeignete Transportmittel, um Baumaterial von den Anlegestellen der Schiffe zu den neuen Niederlassungen der Siedler im Landesinneren zu transportieren. Für einen neuen Haustypus, den die Siedler im Idealfall bereits in ihrer Heimat erstehen und während der Überfahrt in die neuen Länder mit sich führen sollten, ergaben sich folgende Anforderungen: Er sollte aus möglichst leichten Konstruktionsweisen und Bauteilen bestehen, so daß er als kleiner, kompakter Bausatz transportiert werden könnte. Dies resultierte zum einen aus den begrenzten Lagerkapazitäten der Schiffe, zum anderen aus der Tatsache, daß die Bauteile von der Küste bis zum zukünftigen Standort des neuen Gebäudes im ungünstigsten Fall nur zu Fuß transportiert werden konnten. Die Erstellung der Gebäude sollte so einfach sein, daß sie auch ohne größere Vorkenntnisse von jedermann durchgeführt werden konnte. Damit wurde der Bauprozeß unabhängig von Fachkräften. Des weiteren sollte dadurch die Bauzeit verkürzt werden, damit das Gebäude innerhalb weniger Stunden erstellt und bezugsfertig war. Um die Mobilität der Nutzer zu gewährleisten, sollte man die Gebäude zerlegen und an anderer Stelle wieder aufbauen können. Dieser mobile Aspekt spielte besonders bei Behausungen für Soldaten und Goldgräber eine wichtige Rolle.

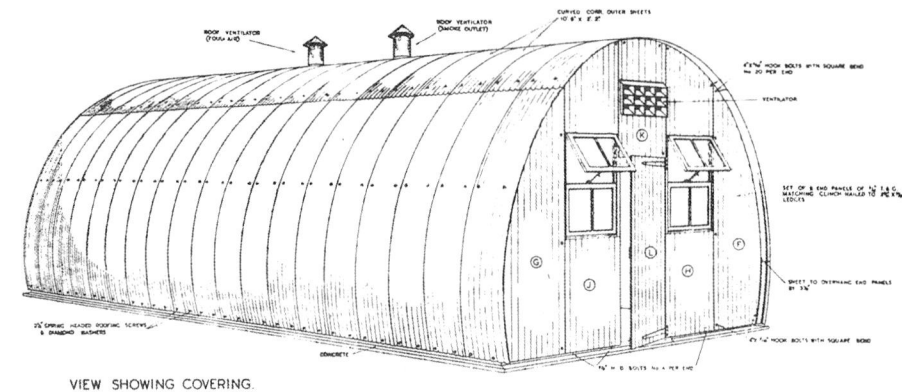

VIEW SHOWING COVERING.

Anfang des 19. Jahrhunderts führte dies in England zur Gründung einiger Firmen, die sich mit dieser Problematik auseinandersetzten und in Katalogen eine breite Palette an unterschiedlichen vorgefertigten Gebäudetypen anboten. In der Anfangszeit war das Baumaterial noch Holz, und die Bauweise war von handwerklichen Herstellungsmethoden geprägt. Techniken, die sich bereits im Schiffsbau bewährt hatten, dienten häufig als Grundlage bei der Entwicklung dieses neuen Haustypus. Mit fortschreitender Industrialisierung wurde das Baumaterial Holz von den vielfältigen Eisenprodukten verdrängt, die aufgrund ihrer Verarbeitungsmethoden zu dieser Zeit bereits die maschinelle Fertigung von Bauteilen zuließen.

*Nissenhütte*

*Seite 21 unten:*
*Das »Portable Cottage«*
*von John Manning.*
*Grundriß und Details*

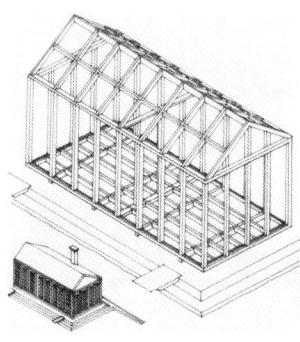

*Wohnhaus von Kapitän Hall, 1833. Das »Portable Cottage« in Henley-upon-Thames ist mit einem Schiffsofen ausgestattet.*

*Das »Portable Cottage« von John Manning. Isometriezeichnung des Holzskeletts*

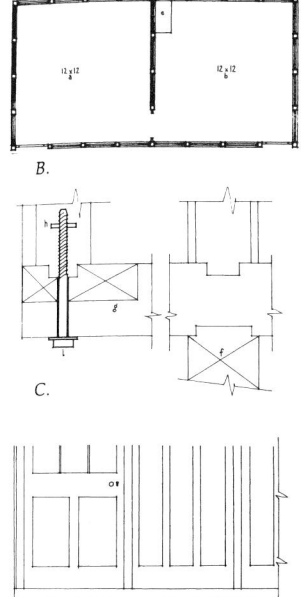

## »The Manning Portable Colonial Cottage for Emigrants«

Ein Beispiel für den vorgefertigten Holzbau zu Beginn des 19. Jahrhunderts in England ist »The Manning Portable Colonial Cottage for Emigrants«. Es handelt sich um einen Holzskelettbau, der auf einem Grundmodul von drei Fuß (91,44 cm) aufgebaut ist. Dies entspricht der Breite der standardisierten Wandelemente. Das Haus besitzt zwei quadratische Zimmer, deren Abmessungen (12 x 12 Fuß) sich aus jenem Grundmodul von drei Fuß ergeben. Beide Räume sind durch eine elementierte Innenwand voneinander getrennt. Die Fundamente müssen vor Ort errichtet werden. Auf ihnen werden Träger montiert, die das Auflager für die Bodenplatte bilden. Die äußeren Träger sind mit durchlaufenden Aussparungen versehen. In diese werden die ebenfalls mit Aussparungen gefertigten Holzständer eingesetzt und mit der Unterkonstruktion verschraubt. Die einzelnen Wandelemente werden zwischen diese Holzständer eingesetzt. Sie besitzen alle dieselbe Länge, Breite und Dicke und sind somit austauschbar. Es stehen vier unterschiedliche Wandelemente zur Verfügung: ein einschaliges geschlossenes, bestehend aus einem äußeren Holzrahmen und eingesetzten Füllelementen, eins mit verglaster Tür, eins mit massiver Innentür und ein Wandelement mit Fenster. Den Abschluß der Wandkonstruktion bildet wiederum ein Träger, auf den dreieckige Dachbalken montiert werden. Als Dachhaut ist bei temporärer Nutzung

eine wasserdichte Plane vorgesehen. Für die permanente Nutzung erwägte Manning den Einsatz traditioneller Dachdeckungstechniken wie Schindel, Stroh- oder Reetdeckungen. Überlegungen zur Wärmedämmung wurden von Manning nicht angestellt. Beheizbar war das Haus durch einen Schiffskabinenofen. Dieses Bausystem von John Manning kann als weiterentwickelte Version vorgefertigter ortsfester Holzhäuser bezeichnet werden. Es beruht auf der Verwendung möglichst gleicher Bauteile, so daß Fehler beim Zusammenbau und dadurch entstehende Zeitverluste vermieden werden können. Alle Bauteile lassen sich durch einfache Verbindungen aneinanderfügen. Des weiteren versuchte Manning Transportprobleme zu vermeiden. Die vorgefertigten Häuser können in kleine Bündel gepackt werden und waren somit für den Transport per Schiff gut geeignet. Ferner war kein Bauteil so schwer, daß er nicht von einem Menschen zu Fuß mehrere Meilen weit transportiert werden konnte. Durch diese Vorgaben kommt schließlich ein sehr klares äußeres Erscheinungsbild des Hauses zustande. Andere Hersteller versuchten zeitgleich, die von Manning vernachlässigte Isolierung durch Verwendung zweischaliger Wände mit zwischenliegender Wärmedämmung zu verbessern. So bot zum Beispiel die Firma von Peter Thompson im »South Australian Record« 1838 verschiedene »Emigrants Houses« an. Die Käufer konnten zwischen den Standard-Cottages und der luxuriösen »Residence«-Ausführung wählen. Thompsons Programm bot im Gegensatz zu Mannings auch öffentliche Gebäude an: sowohl ein vorgefertigtes Bankgebäude als auch eine vorgefertigte Kirche waren im Angebot.

Bis in das Jahr 1841 konnte der Hersteller der »Colonial Cottages« eine große Anzahl von Gebäuden verkaufen. Viele der Einwanderer (1841 immerhin 33 000) kauften diese Häuser. Danach nahm die Zahl der Einwanderer stark ab, und die ausstralische Kolonie ging durch eine Zeit der Depression, in der kaum mehr neue Häuser verkauft wurden.

von Lagerhallen verwendet. Das anfängliche Korrosionsproblem konnte durch die neue Verzinkungsmethode gelöst werden. 1844 erleichterte John Spencer die Herstellung des Wellblechs durch eine Maschine, die Bleche im kalten Zustand umformen konnte. Seit dieser Zeit ist Wellblech in größeren Mengen auf dem Markt verfügbar.

*Coalbrookdalebridge über den Severn von Thomas Farnolds Pritchard 1779, Hersteller: Abraham Darby III.*

*Kornmühle für die Türkei, 1840. Hersteller: William Fairbairn*

*Halle mit Wellblechdach von Richard Walker, 1832*

### Wellblech und die Vorfertigung in Eisen

Mitte des 19. Jahrhunderts wurde die Vorfertigung von Bauelementen in Eisenmaterialien immer bedeutender. Längst stellte man in England Fenster, Stützen, Bögen und Träger aus Gußeisen her, ganze Gebäudestrukturen sollten bald folgen. Die ersten Gußeisenkonstruktionen waren Brückenbauten wie die berühmte Brücke der Coalbrookdale Company[10] über den Severn. Weitere Brücken wurden per Schiff nach Südamerika und nach Rußland transportiert. William Fairbairns,[11] ein Reeder, der bis dahin in großen Stückzahlen Schiffsrümpfe aus Stahl hergestellt hatte, exportierte die erste vorgefertigte Kornmühle aus Eisen in die Türkei. Zu dieser Zeit wurden sogar Leuchttürme aus Metall für die Bermudas produziert. Aus Gußeisen ließen sich fast alle strukturellen Bauteile für ein Haus herstellen. Die zur Vervollständigung noch fehlende Hülle des Hauses wurde in Form des Wellblechs verfügbar. Henry R. Palmer erfand eine Methode, plane Blechtafeln und später Wellblech zuverlässig in größeren Mengen herzustellen. Zuerst wurde das Wellblech als Dacheindeckung

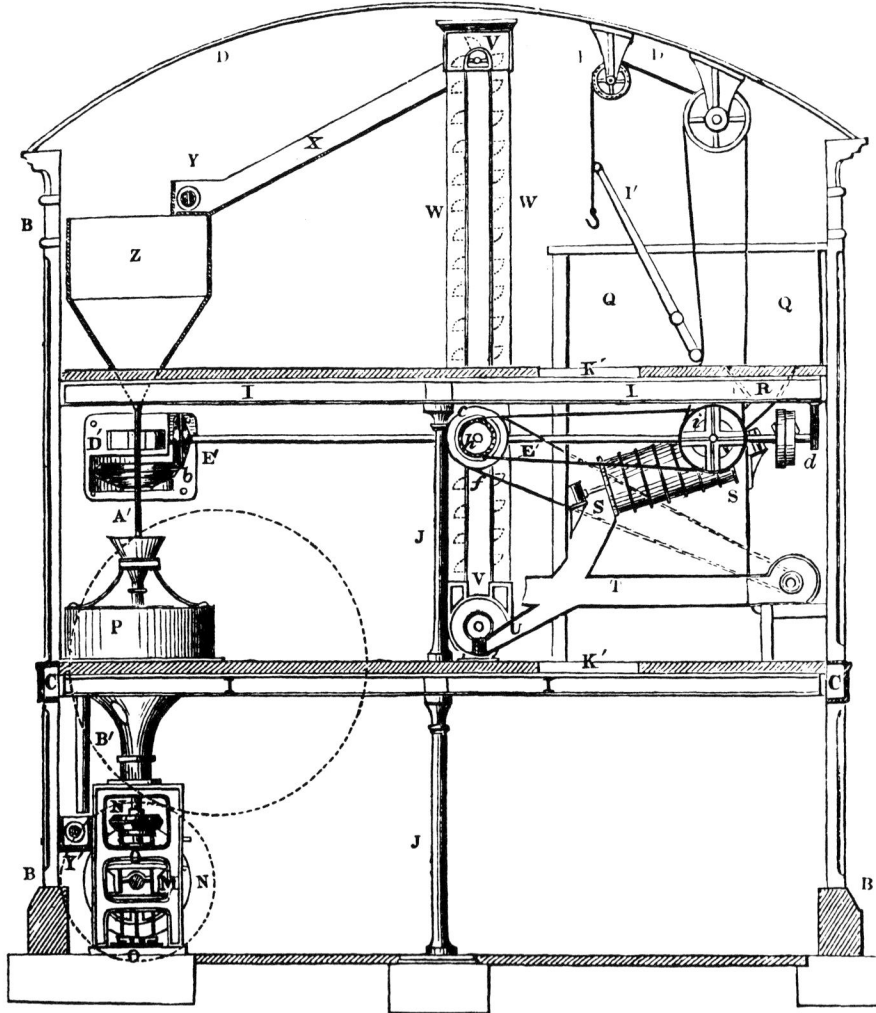

### Iron Cottages

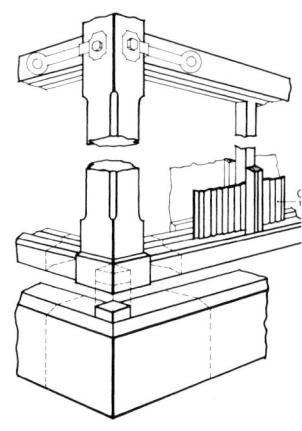

*»Portable Cottage« mit Wellblechfassade, 1843*

*»Iron Cottage«, 1855. Hersteller: C. D. Young*

*»Iron Cottage for Emigrants«, 1851. Hersteller: E.T. Bellhouse*

S.W. Brooke schlug 1843 vor, das Holzskelett eines gewöhnlichen Portable Cottage auf der Außenseite mit Wellblech zu verkleiden. Die Verwendung von Metall hatte durchaus einige Vorteile, zum Beispiel geringere Brandgefahr bei Lagergebäuden, Diebstahlschutz, weniger Gewicht bei geringerem Packvolumen und bei Dacheindeckungen eine bessere Wasserabweisung. Seit 1844 wurden verstärkt komplette Gebäude aus Wellblech in die verschiedensten Teile der Welt geschickt. Die Firma John Porters lieferte ein Wohnhaus und ein Lagerhaus nach Hongkong und 1846 auch an das Kap der Guten Hoffnung. Zwischendurch wurden auch einzelne Blechdächer nach Westindien, Ceylon und an Zar Nikolaus I. nach St. Petersburg geschickt.

1849, im Jahr des amerikanischen Goldrausches in Kalifornien, bekam das Geschäft mit den Vereinigten Staaten plötzlich eine große Bedeutung. Sowohl Holzgebäude als auch zahlreiche Metallhäuser wurden nach Amerika verfrachtet. So ging in den frühen fünfziger Jahren mehr als die Hälfte der britischen Stahlproduktion nach Amerika. Zu dieser Zeit entwickelte sich auch die typische Form dieser Metallhäuser, die in der Regel aus einem einfachen, recht-

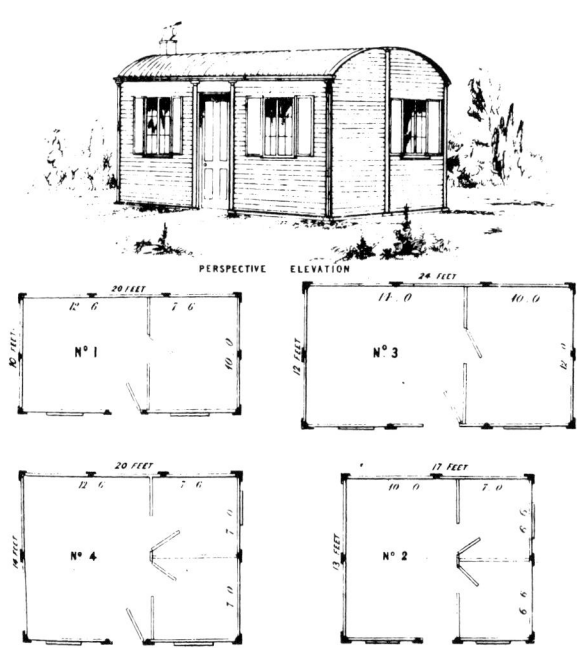

winkligen Grundkörper mit einem auffällig gebogenen, einfach herzustellenden Blechtonnendach bestand. Die gebogene Form gab dem Wellblech zusätzliche Stabilität und führte Wasser optimal ab. Verschiedene englische Produzenten stellten hauptsächlich Lagerhäuser, aber auch einige derart geformte Wohnhäuser her.

Zwei große Hersteller, die Firmen E.T. Bellhouse und Charles D. Young, produzierten für Kalifornien in der Hauptsache Lagerhäuser, aber auch kleine Arbeiterhäuser mit ein oder zwei Zimmern. Diese kosteten 1850 zwischen £ 40 und £ 80, während die Lagerhäuser zwischen £ 500 und £ 1000 zu beziehen waren. Die Programme der beiden Hersteller unterschieden sich lediglich im Fassadenaufbau und in der Ausrichtung der Wellblechverkleidungen. Beide Firmen zeigten ihr Angebot natürlich auf der 1851 in London stattfindenden Weltausstellung. Bellhouse konnte eine Erweiterung seiner Produktpalette hier einem größeren Publikum vorstellen: Das neue »Iron

EAST INDIA VILLA.

HEMMING'S PATENT IMPROVED PORTABLE HOUS[...]

»Iron Cottage« in Melbourne, Australien, ca. 1853

Abbildung aus dem Verkaufskatalog: »Hemming's Patent improved portable Houses«

wieder in den Mittelpunkt. Die britischen Hersteller konzentrierten sich auf eine noch junge Stadt namens Melbourne, in der Nähe der Ballarat Goldfelder. Ein schnelles Wachstum der Stadt war zu erwarten und damit ein großer Bedarf an Häusern. Tatsächlich reisten zeitweise mehr als tausend Einwanderer pro Woche ins Land. Die angebotenen Häuser kosteten zwischen £ 40 für ein Zweizimmerhaus und bis zu £ 5000 für eine große Villa. Die Herstellerfirmen, die hauptsächlich in London, aber auch in Liverpool oder Glasgow ansässig waren, mußten sogar ihre Betriebe vergrößern: Zeitweilig beschäftigte manche Firma mehr als tausend Arbeiter. Diese Firmen stellten nicht nur Häuser her, sondern auch Brücken und Maschinengußteile.

Eine der mittlerweile sehr zahlreichen Firmen, die eine größere Produktpalette anboten, war »Hemming's Patent improved portable Building Manufactory« in Bristol. Hemming hatte ähnliche Verkaufsabsichten wie Manning, der Hersteller des hölzernen »portable colonial cottage«: Primär wollte er den Einwanderern eine Schutzbehausung anbieten. Sein Programm ging allerdings weit über dieses Standardangebot hinaus: Mittlere und große Häuser sowie sogar Villen waren verfügbar, unter anderem verkaufte er eine Villa an den Erzbischof von Sydney. Die größten vorgefertigten Villen hatten zwei Empfangsräume, sechs bis sieben Schlafzimmer, eine Bibliothek und einen Wirtschaftsraum für einen Butler. Weiterhin bot Hemming verschiedene Ladengebäude an: einfache Läden mit kleiner angehängter Wohnung bis hin zu ganzen Ladenzeilen. Der Höhepunkt des Katalogs war ein komplettes 80-Personen-Hotel, zweigeschossig mit Veranda, für £ 2500. Dieser großen Vielfalt an Gebäuden stand dennoch eine vergleichsweise geschlossene architektonische Erscheinung gegenüber, die vor allem aus der Verwendung von immer wieder vorkommenden Standardbauteilen resultierte. So wurde zum Beispiel nur eine Sorte Fenster verwendet, geschoßhoch, ganz- oder halbverglast, mit Lamellen und Klappläden. Die Metalldächer hatten kurze Spannweiten mit einem dop-

cottage for Emigrants« unterschied sich durch mehr Platz und Komfort von den sehr viel einfacheren, schmucklosen Blechbehausungen, die für die Minenarbeiter in Kalifornien produziert wurden.

Als der Boom in den Vereinigten Staaten nach dem Ausbleiben weiterer Goldfunde verebbte, gewannen die anderen, fast schon traditionellen Märkte wie Afrika, Australien, Westindien, Ceylon und Südamerika wieder mehr an Bedeutung. 1851 stand die britische Industrie auf dem Höhepunkt ihrer Entwicklung, und Ingenieure und Herstellerfirmen hatten überall in der Welt einen guten Ruf. Zur gleichen Zeit gelangte Australien mit dem nächsten Goldrausch

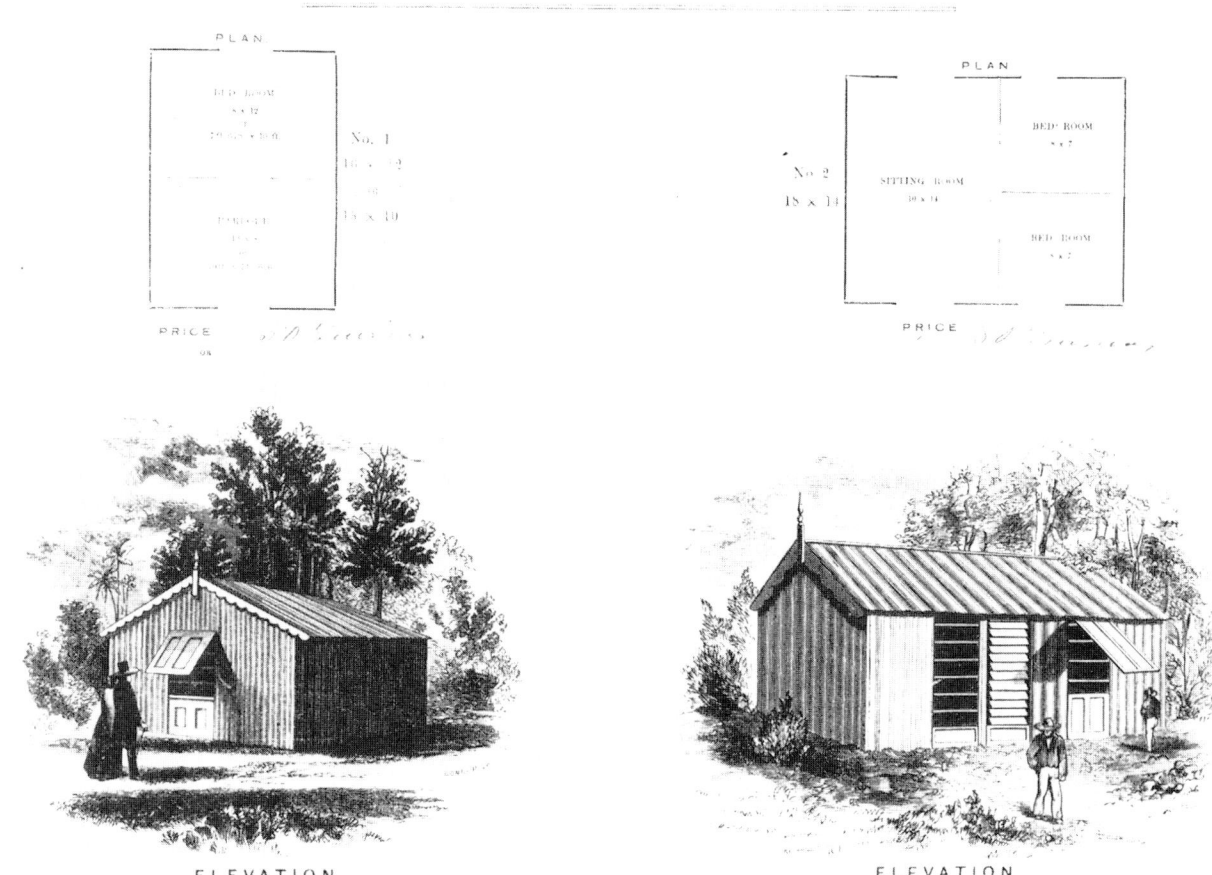

# HEMMING'S PATENT IMPROVED PORTABLE HOUSES,

## MANUFACTORY, CLIFT HOUSE, BEDMINSTER, BRISTOL.

ELEVATION.

ELEVATION

pelten Satteldach und Giebelwänden, die Dachneigung war immer relativ flach. Diese Häuser waren durch ihre charakteristischen Merkmale unverwechselbar. 1853 wurden insgesamt 6369 Hauspakete in den australischen Staat Victoria geliefert, 1854 sogar 30329 Exemplare. Aus diesem Grund ist es nicht verwunderlich, wenn heute noch einige dieser Häuser in der Gegend von Melbourne stehen.

Gegen Ende der fünfziger Jahre wurde die Nachfrage nach transportablen Häusern geringer, da die Siedler endlich auch »solide« Gebäude besitzen wollten und

die Hersteller in Australien ebenfalls begonnen hatten, Häuser und andere Produkte aus Metall zu erzeugen.

Die produktiven Kräfte Englands hatten sich anderen Zielen zugewandt, der Krieg auf der Halbinsel Krim[12] war 1853 ausgebrochen und erforderte Lazarette und Mannschaftsunterkünfte. Außerdem gab es im eigenen Land wieder interessante Aufgaben wie temporäre Kirchen aus Stahl und mehrere große Ausstellungsgebäude, die auf den Erfolg des Kristallpalastes zurückzuführen waren.

## Die Entwicklung in Deutschland

Die industrielle Entwicklung im deutschen Bauwesen setzte erst viel später ein als in England. Das Agrarland Deutschland konnte 1871 durch die Gründung des Kaiserreichs die wirtschaftlichen Probleme der Kleinstaaterei überwinden und an der internationalen Politik teilhaben. Die afrikanischen Kolonien und zahlreiche deutsche Auswanderer nach den USA (Goldrausch) ließen zwar auch einen Bedarf an transportablen Häusern aufkommen, wie er aus England bekannt war. Das beeinflußte allerdings das Erscheinungsbild der ortsfesten Häuser, die in Deutschland entstanden, kaum. Dort wurde vorzugsweise noch massiv gebaut. Eine Mechanisierung der Baustellen gab es in der Regel nicht, so daß eine industrielle Montagebauweise nicht in Frage kam. In Deutschland bevorzugte man im Laufe des 19. Jahrhunderts immer mehr die Steinbauweise. 1883 wurden 10 % der Häuser aus Holz gebaut und 40 % aus Stein, der Rest in Mischbauweise.[13] Diese Verteilung verlagerte sich im Laufe der Zeit immer mehr zugunsten des Massivbaus und hat bis heute die deutsche Bautradition im Wohnhausbau geprägt.

Holzhäuser blieben Ende des 19. Jahrhunderts in Deutschland die Ausnahme; nur aus Schweden, das eine fortschrittliche Holzhausindustrie hatte, wurden einige wenige Häuser nach Norddeutschland importiert.

Zu jener Zeit hatte nur eine Firma mit Holz-Serienhäusern sichtbaren Erfolg, die Wolgaster Aktiengesellschaft für Holzbearbeitung aus Pommern. Die Vorbilder dieser Firma waren eben jene importierten Schwedenhäuser, welche die angestrebte Qualität boten.

Diese Holzhäuser wurden natürlich in handwerklicher, wenngleich auch vorgefertigter Skelettbauweise von Zimmerleuten erstellt. Allerdings entwickelte diese Firma um 1900 auch eine rationalisierte Version der Blockbauweise, die noch mehr die Aspekte eines vorgefertigten und industrialisierten Bauens berücksichtigte.

Weitere Firmen, die mit Holzbauten auf den Markt kamen, waren unter anderem Plate & Sohn und Hamburg & Christoph (später Christoph & Unmack in Niesky). Die Letztgenannte wurde zunächst als Barackenspezialist bekannt. Sie übernahm die Bauweise des dänischen Rittmeisters Doecker und entwickelte sie später weiter. Anfang des 20. Jahrhunderts kamen einige neue Baustoffe auf den Markt, z.B. das sogenannte Steinholz aus Magnesiumoxychlorid mit Holzmehl, Korkschrot, Sägespänen und Asbestfasern oder Dämmplatten aus Kieselgur, bituminierte Papiere und die Holzwerkstoffplatte »Tekton« des Stuttgarter Baurats Karl Hengerer. Tekton wurde aus Sägespänen und Holzwolle hergestellt. Auf der Stuttgarter Bauausstellung 1908 stellte Hengerer sein »Tektonhaus« der Öffentlichkeit vor. Tekton wurde ständig verbessert und bis in die zwanziger Jahre produziert.

# Industrielle Versuchshäuser von Walter Gropius und dem Bauhaus

Das Bauhaus mit seinem langjährigen Leiter Walter Gropius steht seit den zwanziger Jahren als Synonym für avantgardistisches Bauen und hat unser Bild von moderner Architektur bis zum heutigen Tage nachhaltig geprägt. Die Konzepte der Bauhausarchitekten waren ihrer Zeit weit voraus. Vor allem die immer noch wenig bekannten Versuchshäuser waren hinsichtlich ihrer konstruktiven und materialtechnischen Ausformung äußerst innovativ.

1919 wurde der Architekt Walter Gropius zum Leiter der Großherzoglich-Sächsischen Kunstgewerbeschule und der mit dieser vereinigten Großherzoglich-Sächsischen Hochschule für Bildende Kunst berufen. Er gab der neuen Schule den Namen »Staatliches Bauhaus in Weimar«. Gropius hatte bereits vor dem Ersten Weltkrieg in Zusammenarbeit mit Adolf Meyer bedeutende architektonische Arbeiten hervorgebracht: Unter anderen Projekten bedeuten die Faguswerke (1911) in Alfeld an der Leine und die Musterfabrik in der Werkbundausstellung von 1914 wichtige Schritte der modernen Architektur, insbesondere des industriellen Bauens.

Am Bauhaus sah Gropius Möglichkeiten, sich mit den Ideen eines fortschrittlichen Wohnungsbaus auseinanderzusetzen und diese auch zu realisieren. Bereits 1910 hatte er die Grundlage seines Hausbauprogramms formuliert:

*»Nicht Typisierung der Grundrisse mit der schablonenhaften Einseitigkeit der üblichen Siedlungsbauten, sondern Typisierung der einzelnen Bauelemente, um die größtmögliche Variabilität der Grundrisse zu gewährleisten [ …]«*[1]

Das Ausbildungskonzept des Bauhauses förderte einen handwerklichen (später industriellen) Umgang mit Materialien, ähnlich der Arts-and-Crafts-Bewegung in England. Daher waren die Lehrer und Studenten an der Realisierung von Gebäudeproto-

typen sehr interessiert. Als nach langen Verhandlungen mit der Stadt Weimar ein Gelände an der Straße am Horn in Weimar gefunden wurde, sollte dem Bau eines neuartigen Hausbausystems, dem sogenannten »Wabenbau«, nichts mehr im Wege stehen.

## Der »Wabenbau« von 1923

Ähnlich wie beim Maschinenbau mit genormten Baugruppen sollten »Wohnmaschinen« aus unter-

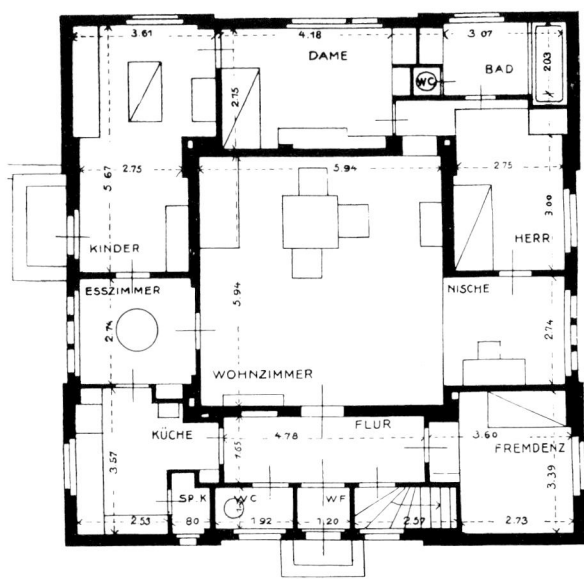

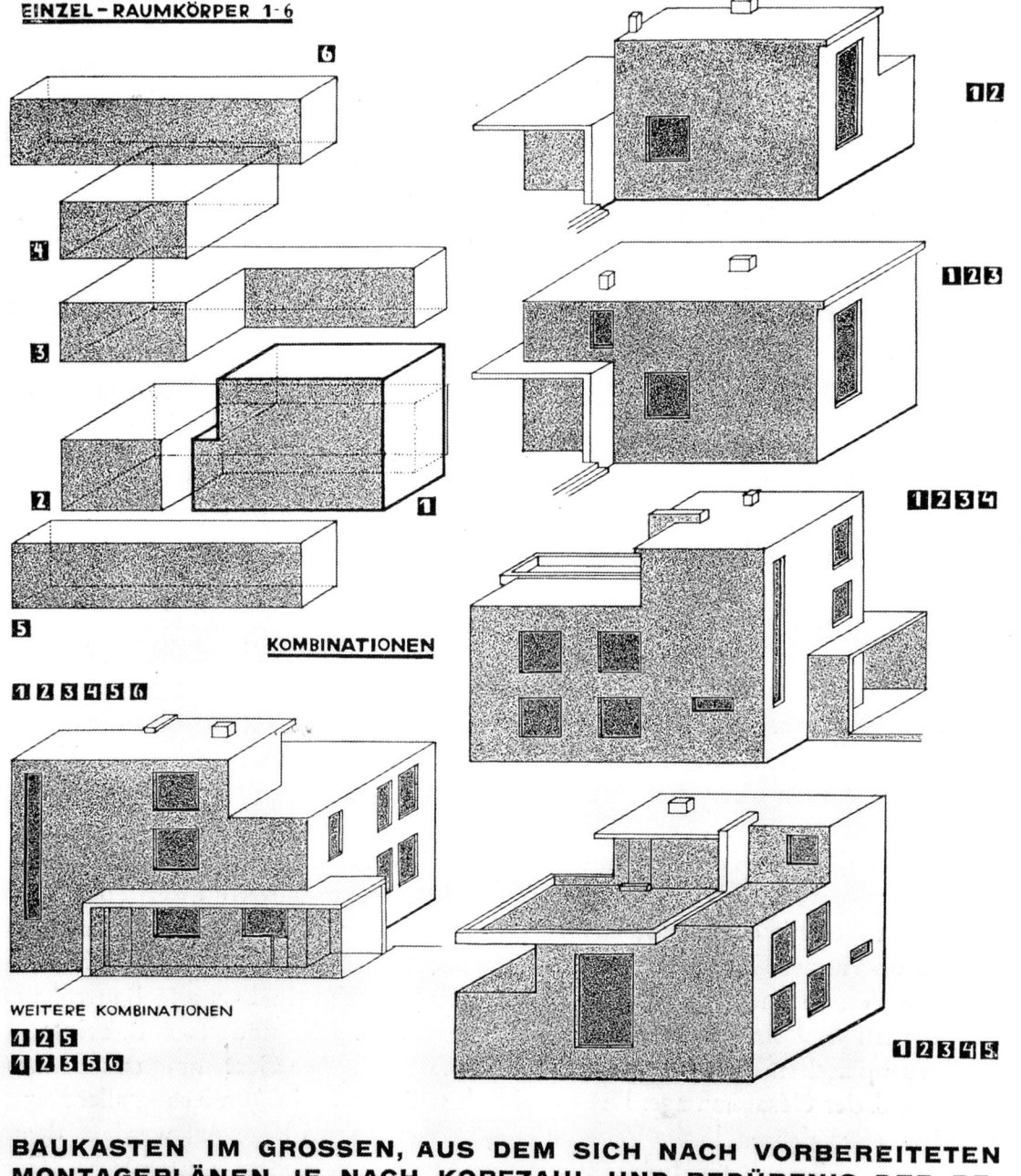

EINZEL – RAUMKÖRPER 1-6

6

4

3

2

1

5

KOMBINATIONEN

123456

WEITERE KOMBINATIONEN
4 2 5
4 2 5 6

12

123

1234

12345

TYPENSERIENHAUS VON WALTER GROPIUS

**BAUKASTEN IM GROSSEN, AUS DEM SICH NACH VORBEREITETEN MONTAGEPLÄNEN JE NACH KOPFZAHL UND BEDÜRFNIS DER BEWOHNER VERSCHIEDENE „WOHNMASCHINEN" ZUSAMMENFÜGEN LASSEN**

schiedlichen »Einzelraumkörpern« zusammengesetzt werden. Ein großer und hoher Wohnraum bildete den Kern des Hauses, an den Eingangsraum, Küche, Bad, Schlafzimmer und das sogenannte Nebengelaß in Form weiterer kleiner Raumzellen angelagert werden sollten. Als Baumaterial war der Vorläufer unseres Ortbetons vorgesehen: Guß- oder Schüttbeton, der zu dieser Zeit als das fortschrittlichste Baumaterial galt und bei einigen kostengünstigen Wohnbauprojekten schon verwendet worden war (sogenannte Zollingerbauweise). Die Betonbauweise bevorzugte man gegenüber dem Mauerwerksbau, da kleine, dünnformatige Steine einen wesentlich höheren Zeit- und Arbeitsaufwand beim Mauern bedingten. Ganz unproblematisch war diese Betonbauweise noch nicht: Die verwendeten Stahlschalungen waren in der Regel zu schwer und konnten von Hand (Baukräne gab es noch nicht) kaum bewegt werden. Holzschalungen hatten den Nachteil, daß sie aufgrund ihrer mangelnden Stabilität nicht geschoßhoch verwendet werden konnten. Für Gropius´ Wabenbau sollte sogar eine Großschalung für einen kompletten Raum gebaut werden, damit diese »Wabe« wirtschaftlich aus einem Stück gegossen werden konnte. Mit diesem Projekt wurden die Raumzellenbauweise und das System der Tunnelschalung erstmalig eingeführt.

Letztendlich konnte außer einem einzigen Prototypen am Horn in Weimar, von Georg Muche in Mauerwerk realisiert, kein weiteres Gebäude in Weimar erstellt werden, da die Stadtverwaltung Bedenken gegenüber den sachlich geformten Kuben äußerte und traditionellere Bauformen favorisierte. Gropius arbeitete mit Fred Forbat, einem emigrierten ungarischen Architekten, an der Idee des Wabenbaus weiter und entwickelte daraus den sogenannten »Baukasten im Großen«.

Rückblickend betrachtet kann man trotz des hohen Innovationspotentials die Zellenbauweise in Beton als unrentabel bezeichnen, da die Strukturen zu schwer (Transport) und zu kostspielig (aufwendige Schalung) ausfallen.

*Versuchssiedlung in Dessau-Törten von Walter Gropius, 1926 - 1928. Plan für die rationelle Einrichtung der Baustelle*

1925 wurde das Bauhaus aus politischen Gründen von Weimar nach Dessau verlegt. Das Stadtparlament in Dessau war der progressiven Haltung des Bauhauses wohlgesonnen, und die in Dessau ansässigen Industriellen, wie der Leiter der berühmten Flugzeugwerke, Hugo Junkers, boten dem Bauhaus und Walter Gropius Unterstützung und Möglichkeiten zu einer Zusammenarbeit an.

### Die Versuchssiedlung in Dessau-Törten 1926-1928

Gropius hatte in Dessau die Möglichkeit, neben dem neuen Unterrichtsgebäude des Bauhauses auch eine neue Versuchssiedlung zu projektieren und zu bauen. Im Ortsteil Törten stellte man dafür ein Gelände bereit. Der Bebauungsplan wurde bereits 1926 genehmigt und ermöglichte eine zügige Ausführung. Ursprünglich war eine Zusammenarbeit mit den Junkers-Werken geplant, die allerdings scheiterte, weil Hugo Junkers eine Konstruktion in Metall bevorzugte, während Walter Gropius die Betonbauweise vorsah.

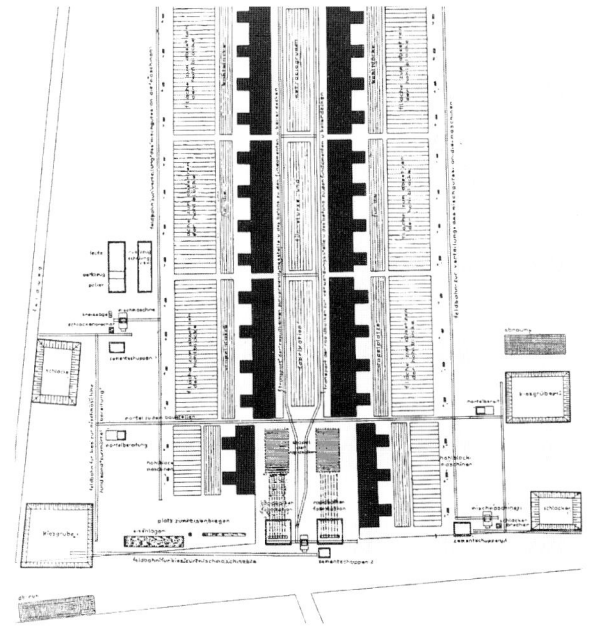

29

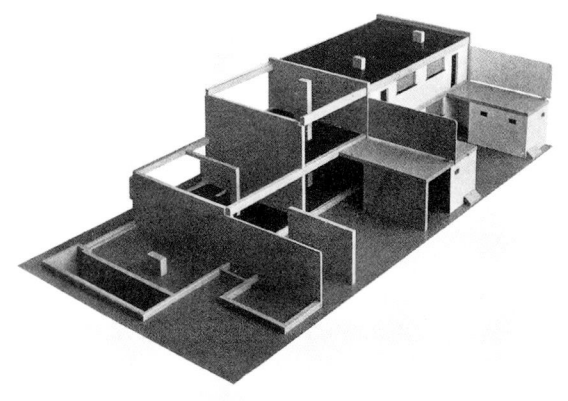

Versuchssiedlung in Dessau-Törten, 1926 -1928. Konstruktionsmodell, vorgefertigtes Beton-Baukastensystem

man von »Schlackenbetonhohlkörpern«, die eine Größe von 22,5 x 25 x 50 cm hatten und noch von einer Person ohne Hebezeug zu verarbeiten waren. Aus diesen Hohlkörpern wurden nur die Brandwände der Reihenhaustypen erstellt, die Decken, frei von Brandwand zu Brandwand gespannt, waren aus Betonrapidbalken zusammengesetzt, die ohne Zwischenfüllung auskamen.

Die Frontwände wurden ebenfalls aus den Hohlsteinen gemauert, deren Last man durch Betonfertigteilbalken abfing. Auf der Baustelle war in großen Mengen Sand und Kies vorhanden, deshalb ließen sich die Betonhohlsteine vor Ort herstellen und damit Transportkosten sparen. Durch sorgfältig abgestimmte Baustellen- und Zeitpläne war ein kostengünstiger und rationeller Bauablauf möglich. Im letzten Bauabschnitt 1928 wurde der Bauablauf immer weiter verfeinert: Innerhalb kürzester Zeit (88 Tage) waren bereits 130 Häuser rohbaufertig und verputzt. Man benötigte also nur zwei Drittel eines Arbeitstages für ein Haus.

Versuchssiedlung in Dessau-Törten von Walter Gropius, 1926 - 1928. Erster Bauabschnitt im Rohbau

### Das Stahlhaus in Dessau von Georg Muche und Richard Paulick 1926

Auf dem Gelände der Törtensiedlung befindet sich noch ein weiteres Experimentalgebäude: das sogenannte »Stahlhaus«, das von dem Bauhausmeister Georg Muche in Zusammenarbeit mit Richard Paulick konzipiert wurde. Muche war am Bauhaus ein Anhänger der Stahlbauweise, da er den aktuellen Betonfertigteilbau geringschätzig »nur« als »organisatorische Übersteigerung der Steinbauweise«[2] betrachtete. Muche und Paulick wollten ein universelles Bausystem entwickeln, das sowohl eingeschossige als auch mehrgeschossige Bauten aus Stahl ermöglichte und nicht nur für den Wohnbau, sondern auch für alle anderen Gebäudetypen mit zellenartiger Struktur wie Bürogebäude und Schulen eingesetzt werden konnte. Für dieses anspruchsvolle Vorhaben sollte ein komplett neues, sehr komplexes System, das den unterschiedlichsten Anforderungen

Schon im ersten Bauabschnitt der Siedlung mußte man den in Weimar entwickelten »Baukasten im Großen« entscheidend verändern: Die Zellenbauweise mit dem aufwendigen Schalungssystem wurde zugunsten eines komplett vorgefertigten Beton-Baukastensystems aufgegeben. Allerdings ließ sich dieser hohe Grad an Vorfertigung nicht durchhalten, da es immer noch an geeignetem Hebezeug mangelte und dessen Entwicklungskosten sehr hoch waren. Als Kompromiß einigte man sich auf eine Teilvorfertigung mit leichten Elementen, die durch ein Großblockmauerwerk ergänzt wurde. Um den tradierten Begriff »Mauerwerk« zu vermeiden, sprach gerecht wurde, entwickelt werden. Muche und Paulick entwarfen eine Struktur, die kreuzförmige Leichtprofile als Stützen vorsah. Diese Sonderkonstruktion erwies sich jedoch in der Herstellung als zu kompliziert. Daher wurde für das Musterhaus doch auf ein bereits auf dem Markt vorhandenes System der Leipziger Firma Carl Kästner zurückgegriffen. Das vorhandene Skelett und die passenden Stahltafeln wurden den Maßen des Musterhauses angepaßt. Architektonisch war das Stahlhaus lediglich ein einfacher Kubus, gestaltet nach dem neuen formalen Ideal der funktionalen Bauhausarchitektur. Das Gebäude fand große Beachtung in der Öffentlichkeit, da es das erste ausgeführte Objekt war, das alle Merkmale eines modernen, voll industrialisierten Bauens aufwies. Wie sooft führten avantgardistische Ideen auch zu einigen Problemen: So erwies sich der Wandaufbau, bestehend aus Blechtafeln mit Torfpreßplatten als Wärmedämmung, als ungenügend,

da Kondenswasser zu Korrosion an der Stahlstruktur führte.

Walter Gropius hatte am Beispiel des »Stahlhauses« in Dessau-Törten erkannt, daß für Einzelhäuser eine industrielle Vorfertigung der »schweren Art«, das heißt Betonfertigteilbauweise, wegen der hohen Kosten für die Hebezeuge nicht sinnvoll ist. Aus diesem Grunde arbeitete sein Büro seit 1926 verstärkt an Leichtbauweisen aus Holz und Stahl. 1927 bot sich die Gelegenheit, bei der Werkbundausstellung »Die Wohnung« in Stuttgart diese neuen Konzepte umzusetzen.

*Stahlhaus in Dessau-Törten von Georg Muche und Richard Paulick, 1926. Erster Entwurf und Ausführung*

*Stahlhaus in Dessau-Törten. Grundriß und Ansicht. Hergestellt nach dem Bausystem der Firma Carl Kästner*

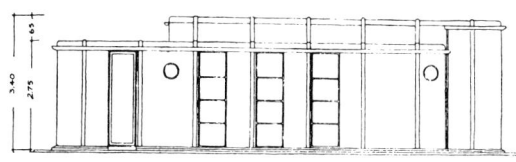

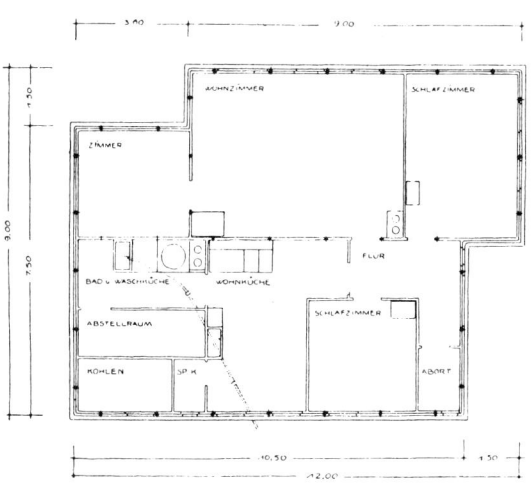

## Zwei vorgefertigte Wohnhäuser in der Stuttgarter Weißenhofsiedlung 1927

Ziel des Werkbunds war es, in der Stuttgarter Weissenhofsiedlung eine Ausstellung zu errichten, die verschiedene Wohnvorschläge der modernen europäischen Architektur einander gegenüberstellt. Viele führende europäische Architekten dieser Zeit, z.B. J.J.P. Oud, Ludwig Mies van der Rohe, Peter Behrens und Le Corbusier, waren neben Walter Gropius vertreten, der sogar die Möglichkeit bekam, zwei Häuser zu bauen. Beide Gebäude sollten ein Experiment des industriell gefertigten Wohnbaus werden, mit dem Ziel, die Kosten zu senken und die Wohnqualität zu verbessern. Gropius versuchte dies mit zwei unterschiedlichen Konzepten. Er entwarf ein in Trockenmontage komplett vorgefertigtes und erstelltes Haus, dessen Stahlskelettkonstruktion aus leichten Z-förmigen Profilen mit Korkplatten als Wärmedämmung ausgefacht und mit einer Wetterhaut aus Asbestzement abgedeckt war. Die Innenwände und Decken waren mit Lignatplatten verkleidet. In den Feuchträumen wurden diese Platten wiederum durch Asbestzement ersetzt. Der Trockenbau bot den Vorteil, daß das Gebäude sofort bezogen werden konnte und keine Zeit für die Bautrocknung aufgewendet werden mußte. Dieses komplett industriell vorgefertigte Projekt (bis hin zur Sanitärinstallation) erforderte auch eine Veränderung der Planung: »*Die Aufgabe des Architekten ist heute die des Organisators, der alle biologischen, sozialen, technischen und gesellschaftlichen Probleme zu sammeln und zu einer selbständigen Einheit zu verschmelzen hat*«,[3] so Gropius nach dem Bau der Häuser in Stuttgart.

Das zweite Haus, ein Halbtrockenbau, war ähnlich den Reihenhäusern in Dessau aus großformatigen Bimshohlblöcken gemauert. Gropius verwendete vorgefertigte Fenster- und Türstürze; die Innenwände und Decken wurden mit dünnen Bauplatten belegt. Stahlfenster mit Doppelfalz und Einbauschränke waren weitere Merkmale dieses Hauses.

1928 verließ Walter Gropius das Bauhaus. Sein Nachfolger Hannes Meyer maß dem industriellen Bauen geringere Bedeutung bei, so daß am Bauhaus praktisch und theoretisch nicht mehr an der Entwicklung der Vorfertigung gearbeitet wurde. Als freischaffende Architekten hingegen kamen Gropius und sein Büro in Kontakt mit den Hirsch-Kupfer- und Messingwerken Finow AG. Diese Firma hatte lang-

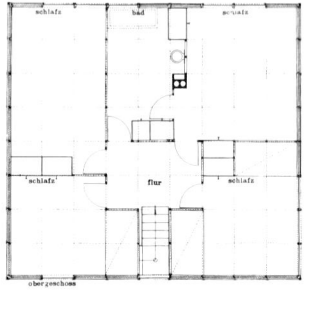

*Weißenhofsiedlung Stuttgart, Haus 16 von Walter Gropius, 1927. Grundriß. Stahlskelettkonstruktion mit Asbestzement-Fassadenelementen*

*Weißenhofsiedlung Stuttgart, Haus 16 von Walter Gropius, 1927. Vorgefertigtes Haus in Trockenmontage*

*Weißenhofsiedlung Stuttgart, Haus 17 von Walter Gropius, 1927. Halbtrockenbau aus Bimshohlblöcken*

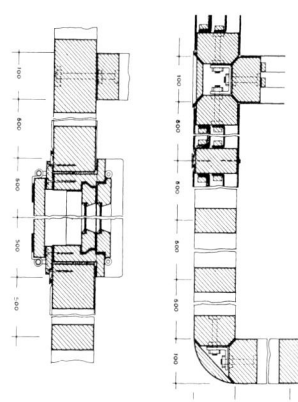

*Hirsch-Kupfer-Haus von Walter Gropius, 1931. Detailzeichnungen der Wandelemente. Die Außenhaut ist aus Kupfer, innen Putz mit Asbestzement*

*Montage des Eckelements*

*Montage der Wandelemente*

*Hirsch-Kupfer-Haus. Auf der Berliner Ausstellung*

jährige Erfahrung im Bau von Metallhäusern. Gropius war zunächst als unabhängiger Berater tätig, später konnte er ein komplett neues Haus konzipieren, das als das »Kupferhaus« bekannt wurde.

### Das »Hirsch-Kupfer-Haus« von 1931/32

Dieses vorgefertigte System für ein »wachsendes« und demontierbares Haus wurde 1932 auch auf der Berliner Ausstellung »Sonne, Luft und Haus für alle« von Martin Wagner gezeigt. Dazu schrieb Gropius: »*Die Vorteile dieser vorgefertigten und leicht montierbaren Häuser sind folgende: keine Feuchtigkeit beim Bauen; reduziertes Gewicht der Bauteile; Unabhängigkeit von jahreszeitlichen und Witterungseinflüssen; Senkung der Wartungskosten dank der hohen Materialqualität, wobei das Material durch die Serienfertigung preisgünstiger wird; die Möglichkeit, einen Festpreis zu bestimmen; kurze Lieferzeiten.*«[4] Das System des Kupferhauses besteht aus einem Holzgerüst, in dem die vorgefertigten Teile ohne Verbindungsmittel verankert sind. Für die Isolierung wurden nur Aluminiumbleche verwendet, für die Verkleidung außen Kupfer und innen Asbestzement. Formal gesehen unterscheidet sich das Gebäude sehr

von denen, die Gropius für den Weißenhof in Stuttgart geplant hatte. Es ähnelt eher den Projekten von Hugo Häring aus dieser Zeit.

Die Firma Hirsch-Kupfer- und Messingwerke fertigte seit 1930, mit dem Erwerb der Rechte des Systems zur Vorfertigung von Häusern von F. Förster und R. Krafft, Kupferhäuser. Neun verschiedene Modelle waren im Programm, unter anderem das sogenannte »Kupfercastell« oder der »Frühlingstraum«.

Bereits vor der Ausstellung in Berlin plante Hirsch-Kupfer die Versuchshäuser K, M$_2$, M in Zusammenarbeit mit Walter Gropius. Der sogenannte Typ K wurde als Versuchshaus bis Februar 1932 in Finow hergestellt, worauf Gropius im Februar 1932 in einem 32 Punkte umfassenden Bericht alle Verbesserungen zusammenstellte. Die wichtigsten waren ein horizontal gewelltes Kupferblech für die Außenwand, Aluminiumtafeln anstelle des Stahlblechs innen, eine vereinfachte Eckverbindung sowie ein anderes architektonisches Erscheinungsbild. Obwohl verschiedene Anfragen vorlagen, die neuen Häuser für die Sowjetunion oder Südamerika in größerer Zahl zu liefern, kam es wahrscheinlich zu keiner Produktion der Gropiusschen Typen. Nach der aufwendigen Planungsarbeit und der Vorbereitung des Verkaufsplakats und

*Typenhäuser der Firma Hirsch-Kupfer- und Messingwerke Finow AG, Architekt Walter Gropius, Typen K, $M_2$, M, 1931*

-katalogs wurde Gropius erst im März 1932 mit den zwei Versuchshäusern für die Ausstellung »Das wachsende Haus« beauftragt. Im Juni 1932 schrieb ihm Aaron Siegmund Hirsch überraschend, daß die Verträge aufgelöst seien und die Fabrikation der Kupferhäuser nicht durchgeführt werde.

Walter Gropius emigrierte wie viele avantgardistische europäische Planer 1933 in die USA und wurde zum Direktor der Architekturabteilung der Harvard University in Cambridge, Massachusetts, berufen. Dort beschäftigte er sich in Zusammenarbeit mit einem weiteren Emigranten aus Deutschland, Konrad Wachsmann, erneut mit dem Thema der Vorfertigung. Dieses Mal sollte es sich um eine Holzkonstruktion in »Paneelbauweise« handeln.

## Das Bauhaus und Hugo Junkers

Zwischen den Junkers-Werken und dem Bauhaus in Dessau gab es wiederholt kreative Kooperationen bzw. Parallelen. Hugo Junkers war ein einfallsreicher, weltoffener Geist, dessen Betätigung weit über den Flugzeugbereich hinausging, und so ist es nicht verwunderlich, daß seine Firma mit dem Bauhaus in der Möbelproduktion und im architektonischen Bereich zusammenarbeitete. Nicht zuletzt durch den Einfluß von Junkers konnte sich das Bauhaus nach seiner Weimarer Zeit in Dessau niederlassen. Für die Siedlung in Dessau-Törten war ursprünglich eine direkte

Zusammenarbeit mit Gropius geplant; aber sie kam dann doch nicht zustande, weil Gropius eine Ausführung der Gebäude in Beton favorisierte, während Junkers Metall bevorzugte. Junkers entwickelte trotzdem einen Entwurf für Metallhäuser.

Erfahrung im Metallbau hatten die Junkers-Werke aus der Produktion von Flugzeugen, die zu den fortschrittlichsten ihrer Zeit gehörten. Die Junkers-Werke entwickelten als erster Hersteller Ganzmetallflugzeuge mit geschlossenen Druckkabinen. Die leichte Bauweise beruhte bei den Flugzeugen auf der Verwendung von dünnen Blechen, die, ähnlich dem Wellblech, eine Profilierung hatten. Dieses Prinzip des Leichtbaus mit einer möglichst dünnen Blechhülle, die gegen Ausbeulen gewellt oder profiliert ist, wurde im Hochbau eingesetzt. Die Junkers-Hochbauabteilung bestand bereits seit einigen Jahren und war vorwiegend mit der Entwicklung und Planung von stützenfreien Hangars für Flugzeuge beschäftigt. Dabei wurde auf die Idee Zollingers[6] für den Bau eines Holzlamellendachstuhls zurückgegriffen. Er ging dabei von sparsamer Materialverwendung bei geringem Gewicht mit kleiner Stablänge aus. Junkers übersetzte die Konstruktion Zollingers von Holz in Metall. Beim Junkers-Hausbau wurde Profilieren und Materialsparen konsequent verfolgt: Metalltafeln sollten durch ihre Formgebung Steifigkeit gegenüber Einbeulen geben und das nötige Tragverhalten bekommen. In den nächsten Jahren wurden mehrere Patente für diese Entwicklung angemeldet, Veröffentlichungen gab es aus Geheimhaltungsgründen allerdings nicht.

1929 wurde dieses Prinzip erstmals angewandt. Die neue Farbspritzhalle auf dem Werksgelände und das Clubhaus des Tennisplatzes waren aus den entwickelten Wandpaneelen gebaut worden, für die Dachkonstruktion kam jeweils ein leichter Stahlfachwerkträger zur Anwendung. Für die Fenster fand Junkers ebenfalls ungewöhnliche Wege: In der Regel waren sie schmal und lang, entsprechend den Paneelen geformt, manche aber wurden auch als waagerechte Schlitze ausgeführt.

Man versuchte diese Paneelbauweise bei weiteren Entwürfen universell anzuwenden, so zum Beispiel für Wohnhäuser und Bürohäuser in fast allen Maßstäben. Heute sind vermutlich nur noch zwei Bauten existent, ein Versuchsbau, der 1935 nach München versetzt wurde, und ein eingeschossiges Einfamilienhaus in Dessau. Alle anderen Bauten wurden wieder abgebrochen.

Hugo Junkers kam am Ende der Weimarer Republik in Bedrängnis, da er seine Flugzeugindustrie nicht in der Rüstung einsetzen wollte. Von den Nationalsozialisten wurde er schließlich aus Dessau verbannt und konnte nur noch seine zivilen Werke leiten.

*Tennisclubhaus, 1929. Das Haus wurde abgebrochen.*

*Flugzeughangar mit Lamellendach*

*Verschiedene Wandquerschnitte nach dem Junkerssystem*

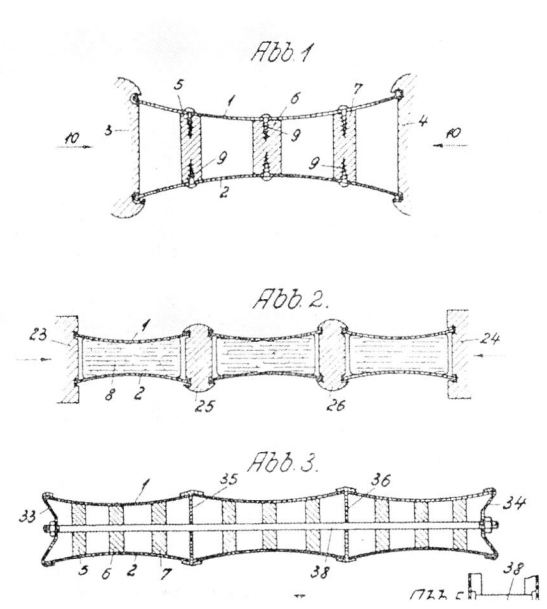

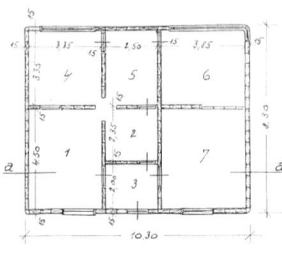

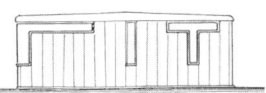

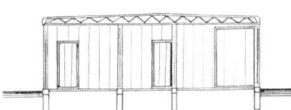

*Wohnhaus in Dessau*

*Junkers Flugzeug über dem Bauhaus in Dessau*

*Wohnhaus in Dessau, nach München versetzt*

Junkers starb 1935, während die Nationalsozialisten sein Flugzeugwerk für Rüstungszwecke betrieben. Das Metallhausprinzip von Junkers erweist sich jedoch auch heute noch als sehr fortschrittlich. Die konstruktiv tragenden, formstabilen Paneele waren ihrer Zeit voraus und fanden erst wieder in der Nachkriegszeit Anwendung in ähnlicher Form bei dem M.A.N.-Stahlhaus[7] oder auch bei dem fg 2000[8] wenngleich auch »nur« in glasfaserverstärktem Kunststoff.

# Das wachsende Haus –
# ein Wettbewerb von 1932

Als Folge der Weltwirtschaftskrise von 1929 gab es in Deutschland zu dieser Zeit kaum genügend Kapital, um die erforderlichen Wohnungen zu errichten. Zudem konnte sich die Bevölkerung aufgrund des gesunkenen Einkommens keine größeren Wohnungen mehr leisten. Somit sank der Bau von Wohnungen auf ein Drittel des Umfangs von dem vor 1929; damit waren große Teile der Architektenschaft ohne Aufträge.

Infolgedessen verabschiedete die deutsche Reichsregierung ein Programm, nach dem nur noch der Bau von Kleinstwohnungen mit staatlichen Mitteln gefördert werden durfte.

Martin Wagner, der damalige Stadtbaurat von Berlin, vertrat jedoch die Ansicht, daß durch den Kleinstwohnungsbau »schlechter Wohnungsstandard auf hundert Jahre hinweg verewigt« würde. Als einzige Alternative betrachtete er das Bauen »auf Stottern«: Zu einem erschwinglichen Preis sollte ein Kernhaus errichtet werden, welches die Grundbedürfnisse des Wohnens abdeckte. Je nach Finanzlage und Raumbedarf des Bauherrn und Besitzers sollte dieses Kernhaus in mehreren, von Anfang an mitgeplanten Schritten erweitert und ausgebaut werden können. Zur Umsetzung dieser Idee galt es, Grundrisse zu entwickeln, die diese Erweiterbarkeit enthielten.

Es gelang Martin Wagner, den Berliner Magistrat zur Einrichtung einer Arbeitsgruppe zu bewegen, die sich mit diesem Thema auseinandersetzen sollte. Neben Wagner gehörten dieser Gruppe u.a. Walter Gropius, Bruno und Max Taut, Hans Scharoun, Hugo Häring, Ludwig Hilberseimer, Erich Mendelsohn, Hans Poelzig, Paul Mebes und Egon Eiermann an.

Bei Bearbeitung der Aufgabe stellten sich weitere Aspekte heraus: Zum einen sollte der arbeitenden Bevölkerung der Zugang zur Natur ermöglicht werden, zum anderen sollte eine menschlichere Form des Städtebaus gefunden werden.

Auf Anregung von Hans Poelzig wurde ein Wettbewerb ausgeschrieben mit der Absicht, dem Thema »Das wachsende Haus« eine möglichst breite Basis zu geben. Der wichtigste Punkt des Ausschreibungstextes beinhaltete die Forderung, bei einer Realisierung Bauweisen mit industrieller Vorfertigung einzusetzen, um erstens die Baukosten zu senken, des weiteren eine möglichst verlustlose Erweiterung zu gewährleisten und nicht zuletzt diese so schnell und störungsfrei wie nur möglich durchzuführen.

Die Reaktion auf die Auslobung war sehr groß; 1079 Beiträge gingen ein. Schließlich entstanden anläßlich der Berliner Sommerschau, die 1932 unter dem Motto »Sonne, Luft und Haus für alle« veranstaltet wurde, 24 Musterhäuser: die Entwürfe der ersten drei Preisträger und die der oben genannten Arbeitsgemeinschaft.

In der Fachwelt und in weiten Kreisen der Bevölkerung stieß die Ausstellung der Häuser auf reges Interesse. In zahlreichen Veröffentlichungen fast aller Fachzeitschriften wurde unterschiedliche Kritik an dem Konzept und den verschiedenen Umsetzungen geübt.

Obwohl ein Teil der Häuser Aufnahme in die Programme einiger sozialen Bauträger fand, konnte sich die Idee vom »wachsenden Haus« nicht durchsetzen. Dafür gab es verschiedene Gründe: In diesen ungewissen Zeiten war selten jemand an solchen Experimenten interessiert; zudem ermöglichte die baupolizeiliche Einstufung keine Beleihung der Häuser. Die Bauindustrie hatte keinerlei Interesse an diesen ihr fast fremden Bautechniken, und nicht zuletzt sorgte die zunehmende politische Radikalisierung nach rechts für eine Verhinderung jeglicher Experimente.

Somit hatte Martin Wagner die wirtschaftlich-politische Zukunft falsch eingeschätzt. Seine Idee war dennoch seiner Zeit weit voraus.

## Unterschiedliche Schwerpunkte bei den Wettbewerbsarbeiten

Legten die Teilnehmer der Arbeitsgruppe um Martin Wagner den Schwerpunkt der Aufgabe des »wachsenden Hauses« auf den Aspekt der industriellen Vorfertigung, so läßt sich dennoch eine große Bandbreite von Interpretationen des Themas innerhalb der Wettbewerbsergebnisse erkennen. Angefangen bei städtebaulichen Ansätzen mit teilweise landschaftsplanerischen Überlegungen über den Gedanken des Hauses als wachsenden Organismus bis hin zu konstruktiven Detaillösungen war alles im Wettbewerb vertreten.

So ging Leberecht Migge als Architekt für Gartenbau bei seinem Entwurf vorrangig vom Haus als Bestandteil der landwirtschaftlichen Produktion aus und konzipierte es unter ökologischen Gesichtspunkten.

Das Wachsen einer ganzen Siedlung stand zum Beispiel bei Willi Zabel im Vordergrund. Um eine sparsame Ausnutzung des Baugrunds zu erreichen, schlug er eine teppichartige eingeschossige Bebauung vor, welche er durch einen L-förmigen Grundriß des ausgebauten Hauses erreichen wollte. Ähnliche städtebauliche Konzeptionen verfolgten Ludwig Hilberseimer und Walter Gropius.

Nahezu alle Architekten versuchten, durch die Ausrichtung ihrer Gebäude und die Organisation der Grundrisse eine möglichst optimale Belichtung und Besonnung zu erreichen.

Betrachtet man die Art und Weise des »Wachsens« der einzelnen Entwürfe, so unterscheiden sie sich grundsätzlich in der Größe der kleinsten Einheit, dem sogenannten Kernhaus, ihrer jeweiligen Ergänzung, der dazu erforderlichen Teile und der Wachstumsrichtung.

Das kleinste eingereichte Kernhaus war das von Herrmann Zweigenthal; es wies lediglich 9 m² auf und ermöglichte auf dieser Minimalfläche einen Allraum mit Bett, Tisch, Kochnische und einer separaten Dusch-/WC-Kombination. Das größte Kernhaus wies immerhin 45 m² auf, Hugo Häring versah

es von vornherein mit einem vorgelagerten Glasanbau. Die Endausbaustufen variierten in ihrer Größe von 36 bis 144 m².

Beim eigentlichen Wachsen kann man verschiedene Arten unterscheiden. Architekten wie Max Säume und Günther Hafemann, Paul Mebes und Alfred Gellhorn zum Beispiel dachten bei ihren Projekten an eine lineare Erweiterung des Kernhauses um addierbare ganze Baukörper von ähnlicher Größe. Dagegen ist das wachsende Haus von Erich Mendelsohn mehr im Sinne von Bauabschnitten unterschiedlicher Größe ausbaubar. Das Baukastensystem von Ludolf von Veltheim und Klaus Müller-Rehm sollte bei einer geringen Anzahl von Bauteiltypen eine große Freiheit in der Grundrißgestaltung ermöglichen. Einen sehr eigenen Weg beschritt Hans Scharoun mit seinem »Baukarosystem«. Hierbei konnte der Bauherr an der Anzahl der »Grundrißkaros« schon frühzeitig in der Planungsphase die entstehenden Baukosten ausrechnen, wobei auch dieses Entwurfskonzept dem Gestalter eine gewisse Freiheit einräumte.

Bezüglich der Wachstumsrichtung lassen sich in der Horizontalen ein lineares, ein radiales und ein ungerichtetes Wachstum unterscheiden. Typisch für die erstgenannte Kategorie sind die bereits erwähnten Projekte von Erich Mendelsohn, von Max Säume und Günther Hafemann und von Hans Köhler und Jürgen Schweitzer. Radiales Wachsen im Sinne von »Jahresringen« sahen beispielweise Martin Wagner und Ullrich und Schalow vor.

Eine vertikale Erweiterung boten Architekten wie Egon Eiermann und Fritz Jaenecke, Bruno Taut und Erich Heinnicke an; ihre Entwürfe waren auf Zweigeschossigkeit angelegt.

Eine besondere Form des Ausbaus beinahe im wörtlichen Sinn konzipierten Hans Poelzig und Paul Mebes mit A.D. Emmerich. Von vornherein wurde bei beiden Projekten die komplette Gebäudehülle zweigeschossig im Rohzustand erstellt. In weiteren Innenausbaustufen sollte sich der Bewohner das ganze Gebäude abschnittsweise zunutze machen können. Bei der Konstruktion traten überwiegend leichte

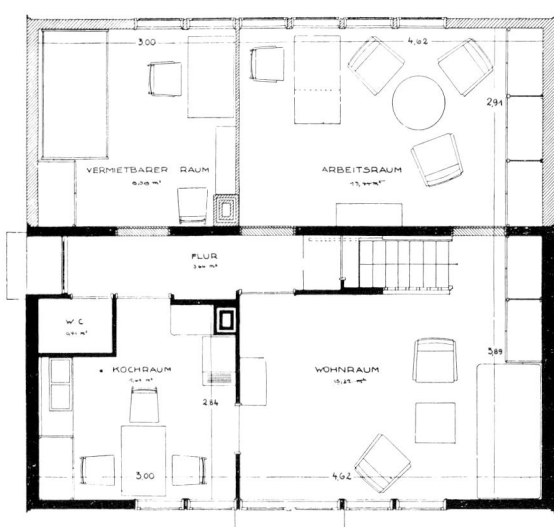

Bauweisen wie Holz- und Stahlskelette mit unterschiedlichen Ausfachungen oder Tafelbauweise auf.
Oft kann man in den Entwurfserläuterungen der
Wettbewerbsteilnehmer einen Satz wie »Die Isolierung des Wandaufbaus entspricht einer 140 cm starken Ziegelwand« lesen. Der Vergleich mit der zu dieser Zeit gängigen einschaligen massiven Bauweise
läßt den Schluß zu, daß es zu dieser Zeit unüblich
war, Außenwände aus leichten Materialien wie Holz
oder in einem mehrschichtigen Aufbau mit Isolier-
dämmung zu erstellen.
Trotzdem gab es schon Firmen, die solche Wände in
industrieller Weise vorfertigten. Paul Mebes zum

Beispiel arbeitete mit einem System der Firma Richter
& Schädel; Max Taut bediente sich der Müller-
Holtzmann-Methode.
Bemerkenswert ist ferner die Konstruktion des
Hauses von Bruno Taut. Bei ihm lag das Tragwerk in
Form eines Stahlskeletts außen; Wand, Decke und
Dach wurden von vorgefertigten Bimsbetonplatten
mit innenliegender Isolierschicht gebildet. Eine wei-
tere Ausnahme bildete die Bauart der Architekten
Hans Köhler und Jürgen Schweitzer. Hier gab es kein
eigenes Tragwerk, es war vielmehr in der Wand- und
Deckenkonstruktion aus Holz integriert, so daß man
von einer richtigen Tafelbauweise sprechen kann.
Für die Gründung verwendete jeder Teilnehmer Ortbeton.

## Das »wachsende Haus« im Konzept der Idealsiedlung von Ludwig Hilberseimer

Wohnen und Arbeiten werden klar voneinander getrennt, in Parzellen gefaßt und entsprechend der Hauptwindrichtung ausgerichtet, so daß die industriell verunreinigte Luft, das Hauptproblem seit der Industrialisierung, nicht in die Wohngebiete gelangt. Hilberseimer entwickelte auch Versuche, das aufkommende Verkehrsproblem der Städte zu lösen. Er schlug vor, die Siedlung oder Stadt in drei Verkehrsebenen zu gliedern, die sich von unten nach oben wie folgt entwickeln: Fern-, Stadt,- und Fußgängerverkehr. Die jeweiligen Ebenen werden wiederum in zwei Nutzungsebenen unterteilt: Arbeiten und Wohnen.

Durch seine sozialhygienisch begründeten Untersuchungen über den Abstand der Gebäude zueinander und die ausreichende Besonnung und Luftzufuhr fand Hilberseimer heraus, daß die eingeschossige Bebauung nicht mehr Grundfläche beansprucht als eine Geschoßbauweise.

Die Untersuchung der Besonnung von Wohnräumen ergab, daß die Wohn- und Schlafräume einer Wohnung oder eines Hauses immer nach Süden liegen sollten. Im Winter, wenn die Sonne benötigt wird, dringt sie tief in die Räume ein. Im Sommer dagegen, wenn die Sonne im Haus stört, sind die Räume durch Verschattungselemente gut gegen Überhitzung geschützt.

Hilberseimer untersuchte zum ersten Mal mögliche Raumkonstellationen in bezug zur Sonne und kam zu folgenden Ergebnissen: Die Schlafräume liegen in Richtung Südosten ideal, auch ihre Ostlage ist akzeptabel. Keiner der Aufenthaltsräume sollte nach Westen liegen. Der Wohnraum hätte seine beste Lage nach Südosten oder Südwesten. Südost-Orientierung für Schlafräume, verbunden mit Südwest-Orientierung für den Wohnraum, kann als das Optimum bezeichnet werden und ist für jedes freistehende Haus möglich.

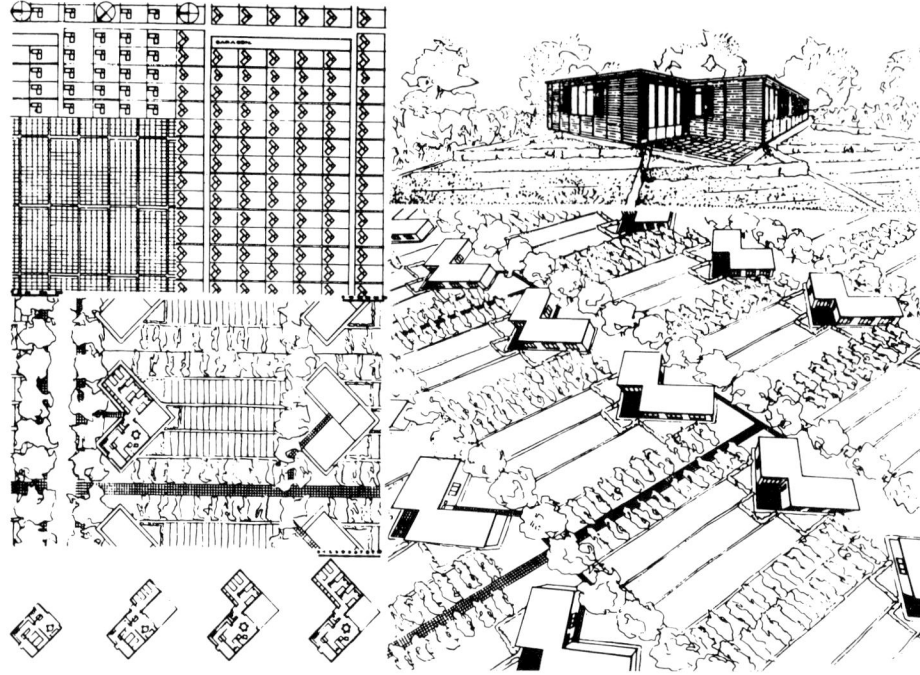

*Ludwig Hilberseimer, Das wachsende Haus*

Zu den Überlegungen der Idealplanung einer Siedlung kam der ideale Wohnhaustypus hinzu, der 1932 bei dem Wettbewerb »Das wachsende Haus« vorgestellt wurde.

Das »wachsende Haus« ist ein Einfamilienhaus, das als eingeschossiger Flachbau ohne Unterkellerung geplant wurde. Der Entwurf ermöglicht durch seine elementierte Bauweise eine beliebige Erweiterung des Gebäudes. So können sich Bauherren mit geringem Einkommen im Laufe der Zeit, je nach Vermögens- und Bedürfnislage, räumlich verändern. Die kleinste Einheit des Gebäudes besteht aus einem Wohnraum mit einem Eßplatz, einem Arbeitsplatz, einer Küche und einem Bad. Die Erweiterungen bestehen jeweils aus einem Schlafzimmer oder einem Kinderzimmer. Für die Beheizung des Gebäudes wurde eine Zentralheizung vorgesehen.

Wie erwähnt besteht das Haus aus Wand- und Dachelementen. Das Material ist Holz. Die Abmessungen der Grundelemente sind auf eine Breite von 0,95 m x Geschoßhöhe normiert. Die Außen- und Innenwände sind in den Abmessungen gleich.

Die Möglichkeit, das Gebäude nachträglich zu erweitern, verhilft auch Familien mit niedrigem Einkommen zu einem Eigenheim. Jeder Wohnraum kann direkt zum Grün hin orientiert werden.

Die Variabilität der Haustiefe ermöglicht eine gute Durchsonnung der Räume und eine beliebige Ausrichtung nach allen Himmelsrichtungen.

Die Baukosten können durch Wegfall des Treppenhauses sowie der Unterkellerung und durch eine vereinfachte Bauweise reduziert werden. Eine industrielle Fertigung in großen Stückzahlen war beabsichtigt.

Ludwig Hilberseimer: »*Die beste Wohnung ist zweifellos die, die alles Notwendige enthält, allen Ansprüchen genügt und zugleich die geringste Arbeit verursacht.*« [1]

## Das »Werfthaus« von Otto Bartning

Der Schwerpunkt von Otto Bartnings Werk lag im Kirchenbau. Seit 1918 war Bartning als Mitglied im Arbeitsrat für Kunst maßgeblich an der »Neuordnung der Lehre an den Architekturschulen« beteiligt. In dieser Funktion arbeitete er teilweise mit Walter Gropius zusammen. Der Lehrplan des Arbeitsrats und das Programm des Bauhauses erschienen zeitgleich und stimmten in wesentlichen Teilen überein. Otto Bartning konnte seine Lehrvorstellungen ab

ne Gesellschaft für den Vertrieb, die »Werfthaus System Bartning GmbH«.

Das Werfthaus ist kein Typen-Haus, sondern ein Baukastensystem aus Eisenrahmenverbindungen und Tafelausfachungen, die eine große Grundriß-Variabilität erlauben. Der kleinste Kern mit ca. 25 m² besteht aus einem Wohnschlafraum, einer Kochnische sowie Bad und WC. Das Haus kann schrittweise erweitert und so den finanziellen Mitteln und der persönlichen Situation der Bewohner angepaßt werden.

*Werfthaus von Otto Bartning*

*Tragkonstruktion aus Stahl*

1926 als Leiter der staatlichen Bauhochschule verwirklichen. Diese Reformschule wurde auf Betreiben konservativer Kräfte 1930 aufgelöst. Der erste Montagebau von Bartning war die Stahlkirche in Köln (1928). Ein weiterer Montagebau aus dieser Zeit ist das Werfthaus.

Otto Bartning entwickelt das Werfthaus 1931 im Rahmen des Wettbewerbs »Das wachsende Haus«, 1932 wird es auf der Berliner Sommerschau vorgestellt. Es gilt als ein technisches Glanzstück des Wohnungsbaus in Stahl, der in der Zeit zwischen der Stabilisierung der Währung 1924 und der Wirtschaftskrise 1929 seine Blütezeit hatte. Die Teile für das Haus wurden auf einer Werft in Stettin gefertigt, daher der Name. Otto Bartning gründete eine eige-

*Grundrißvarianten des Werfthauses, System DGRM, 1932*

*Werfthaus, System Bartning,*
*1931*

## Das »System Bartning« DRGM

Schilderung der Montage aus der Systembeschreibung von 1932: »»*Trockene Montage*‹ unabhängig von der Jahreszeit. Das 60-qm-Haus auf dem Freigelände der Ausstellung ›Sonne, Luft und Haus für alle‹ wurde am 29. April, früh 4 Uhr in Stettin auf das Lastauto geladen, traf vormittags 9 Uhr auf der Baustelle ein; mittags um 12 Uhr stand das gesamte Gerippe, am Abend desselben Tages waren sämtliche Bautafeln montiert und das Dach eingedeckt. Ebenso kann Abbruch und Wiederaufbau an anderer Stelle in kürzester Zeit ohne Materialverlust erfolgen. Im Gegensatz zu konventionell gebauten Häusern, bei denen die Lohnkosten fast 70% der Baukosten betragen, werden hier fast die gesamten Baukosten in hochwertigen, fabrikmäßig veredelten Materialien angelegt. Für dieses Bausystem ist ein fester Preis kalkulierbar. Die Fundamente und der Ausbau können vom billigsten Anbieter oder in Eigenarbeit ausgeführt werden.«[3]

Auf den Montagezeichnungen läßt sich das Entstehen eines Hauses gut nachvollziehen. Die Fundamente werden vor Ort erstellt, einzelne Fußpunkte sind ausreichend. Auf dem Fundament wird der Fußrahmen befestigt, darauf die Zwischen- und Eckstützen und als Abschluß der Kopfrahmen. Stützen und Rahmenteile sind aus einfachen Winkeleisen gefertigt und rostgeschützt sowie wärmegedämmt; als Rostschutz diente der damals übliche Ölfarbenanstrich. Zur Montage in die Skelettfelder stehen drei verschiedene Arten von Bautafeln zur Verfügung: Normaltafeln ohne Fenster, Fenstertafeln und Türtafeln. Die Außenhaut besteht aus 2 mm starkem kupferlegiertem und rostgeschütztem Stahlblech. Im Inneren der Tafeln befinden sich 62 mm starke Korkplatten, die durch ein Spezialverfahren mit der Außenhaut verklebt sind. Durch diese luftdichte Verklebung wird die Bildung von Schwitzwasser und Rost verhindert. Die Innenhaut besteht aus stoßfest gehärteter Leinwand. Sie ist dadurch nagelbar und außerdem ausreichend durchlässig, um Feuchtigkeitsschwankungen auszugleichen. Die Wärme- und Schallisolierung der Bautafeln entspricht einer 100 cm dicken Mauerwand. Zur Montage werden die Bautafeln durch ein patentiertes Verschraubungsverfahren luftdicht an die Stiele gepreßt.

Die Zwischenwände bestehen aus Sperrholz und sind mit Decken und Fußböden verschraubt. Das Dach und der Fußboden werden direkt an der Baustelle aus genormten Teilen mit allen erforderlichen Isolierungen hergestellt.

1948 distanzierte sich Otto Bartning von der kompletten Vorfertigung. Er hielt sie zwar für werbewirksam, jedoch nicht für wirtschaftlich. Als optimal

*Heidelberger Wochenendhaus von Otto Bartning und Otto Dörzbach, 1958*

erschien ihm eine Mischbauweise: schwierig herzustellende, funktionelle Teile aus Fabrikfertigung kombiniert mit einfachen Elementen, die auf der Baustelle gefertigt werden.

Die Innenansicht eines Werfthauses erscheint uns heute relativ vertraut. Für die damalige Zeit zeigt sie aber emanzipatorische Ansätze. Im Mittelpunkt der Kritik stand die Wohnung der Gründerzeit, die als schwer zu bewirtschaften galt und in der Möbel hauptsächlich Staubfänger waren. Bruno Taut wollte die Frau von der Sklaverei des Staubwischens befreien. Grete Schütte-Lihotzky entwickelte die »Frankfurter Küche«, um den Haushaltsaufwand zu minimieren. Das ist der Hintergrund für das Werfthaus, mit dem Otto Bartning den »Ausdruck eines neuen Lebensgefühls«[4] schaffen wollte. Daß dieses vorfabrizierte Haus »*einen innerlich neuen, freieren Wohnbegriff und letztlich einen neuen, freieren Menschen voraussetzt*«,[5] war für Otto Bartning 1948 eine Erkenntnis aus seiner Erfahrung mit dem Werfthaus. Die Tatsache, daß diese Menschen in der Minderheit waren, hat zusätzlich zur politischen und wirtschaftlichen Situation der Zeit dazu beigetragen, daß sich das Werfthaus auf dem Markt nicht behaupten konnte.

## Das Heidelberger Haus

Die Reihe der Montage- und Systembauten Bartnings wird durch das im Jahre 1958 vorgestellte »Heidelberger Haus«[6] abgeschlossen. Bartning hat dieses Haus zusammen mit Otto Dörzbach entwickelt und legte damit ein der Zeit des »Wirtschaftswunders« entsprechendes System für ein Ferien- oder Wochenendhaus vor. Der pyramidenförmige Baukörper war auf einer Basis von 6,2 x 6,2 m mit einer Höhe von 6 m errichtet. Entscheidend für die Konzeption war die schnelle und leichte Demontage sowie die Wiederverwendbarkeit an verschiedenen Standorten.

# Jean Prouvés »portiques«

Als Konstrukteur industrialisierter Wohnhäuser nimmt Jean Prouvé sicherlich eine Sonderstellung ein, da es in seinem Werk die Trennung zwischen Architektur im eigentlichen Sinne und industriellen Entwicklungen nicht gibt. Vielmehr war er ein kreativer Ingenieur, Konstrukteur und Unternehmer, der das Potential des Materials Stahl mit industriellen und handwerklichen Mitteln nahezu ausschöpfte. So ist es nicht verwunderlich, daß sein Atelier einer Metallwerkstatt glich. Nach seinem Prinzip arbeiteten Entwerfer und Ausführende seiner Fabrik in Maxéville (bei Nancy) täglich intensiv zusammen. Als Vorteil dieser Konstellation konnten Ideen und Konzepte sofort im Originalmaßstab erprobt und gegebenenfalls modifiziert werden, bevor die Produktion begann. Alle zur Metallumformung notwendigen Techniken konnten in Maxéville ausgeführt werden.

*»Maxéville war eine experimentelle Fabrik. In den Ateliers arbeiten Architekten, Arbeiter und Werkmeister zusammen. Mit Ausnahme der Gebäude werden heute alle Produkte in einem spezialisierten Unternehmen hergestellt oder doch in einer Industrie, die verschiedene Unternehmen zusammenfaßt.«[1] (Jean Prouvé)*

1917 - 1920 absolvierte Jean Prouvé eine Lehre als Kunstschlosser und übte diese Tätigkeit zunächst handwerklich-künstlerisch aus, begann aber bald mit industriellen Verfahren und neuen Maschinen zu experimentieren. Bekanntgeworden sind vor allem seine Metallfassaden für ein Citroën-Autohaus in Lyon[2] und für das Maison du Peuple in Clichy, 1939. Aber er entwickelte auch ein Trennwandsystem und Aufzugskabinen, und bald sollten die ersten Gebäude entstehen. Die Projekte wurden immer mit den fortschrittlichsten Metallumformverfahren realisiert. Jean Prouvé investierte deshalb regelmäßig in neue Maschinen, um alle Arten der Metallumformung, wie Biegen, Runden und Profilieren, durchführen zu können. Der Umgang mit Edelstahl und elektrischen Schweißgeräten war im Baugewerbe noch keine Selbstverständlichkeit. Prouvé wurde zur Leitfigur einer Auffassung, die industrielle Techniken im Bauwesen favorisierte und verwendete.

*»Es ist eine Tatsache, daß sich die hochindustrialisierten Gegenstände, ob sie fahren, fliegen oder stehen, in einer stetigen Entwicklung befinden, daß sich ihre Qualität ständig verbessert und sogar ihre Preise niedriger werden. Die einzige Industrie, die nicht funktioniert, ist die Bauindustrie.«[3] (Jean Prouvé)*

## Soldatenunterkünfte und Notunterkünfte 1939 und 1944/45

Im Krieg entwarf das Atelier Jean Prouvé Baracken für militärische Zwecke. Deren Konstruktion war einfach aus einer gesenkgeschmiedeten Stahlkonstruktion zusammengesetzt. Die Stützen wurden mit den Fundamenten biegesteif verschraubt, die in der Mitte überhöhten Träger legte man auf. Die Fassade bestand aus Holzelementen. Von diesen Gebäuden wurden ca. 400 Stück in nur wenigen Monaten hergestellt.
Von den 1944/45 hergestellten Notunterkünften für »Ausgebombte« in Lothringen wurden sogar 800 Exemplare gebaut. Ein solches Haus konnte von vier Personen an einem Tag gebaut werden. Die Trag-

*Werkstatt in Maxéville*

*Französische Militärbaracke, 1939*

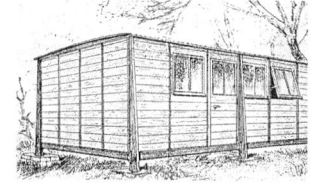

struktur des Gebäudes war bereits mit der später entwickelten Portalstützenkonstruktion verwandt.

### Die Häuser von Meudon

Prouvé hat auch einige Metallwohnhäuser entwickelt und gebaut. Die ersten Ideen dazu stammen aus dem Jahre 1937 und waren im Ferienhaus BLPS, das bereits die charakteristische Struktur der sogenannten »portiques« aufweist, ausgeführt. Die dort verwendeten Portalrahmen werden in den unterschiedlichsten Ausbildungen bei weiteren Projekten verwendet, zum Beispiel bei den Häusern von Meudon-

Bellevue 1949 und bei den sogenannten Tropenhäusern. Der Vorteil ist ein unkomplizierter Aufbau, der schnell und ohne Maschinen oder Gerüste durchgeführt werden kann. Hierzu sind folgende Arbeitsschritte nötig: Als erstes wird eine Plattform für den Boden auf Betonfundamenten aufgestellt, darauf kommen in der Mitte die Portalstützen, die durch einen Mittelbalken verbunden werden. Diese Struktur ist schon ausgesteift, da die Mittelstützen in Querrichtung einen Rahmen bilden und der Mittelbalken einen biegesteifen Anschluß hat und für die Längsaussteifung sorgt. Am Mittelbalken werden die Dachelemente befestigt, hochgeklappt und mit Wandelementen unterstützt, dadurch ist bereits ein wetterdichtes Dach verfügbar, die restlichen Wandelemente werden anschließend untergestellt.

*Montageablauf einer Portalrahmenkonstruktion*

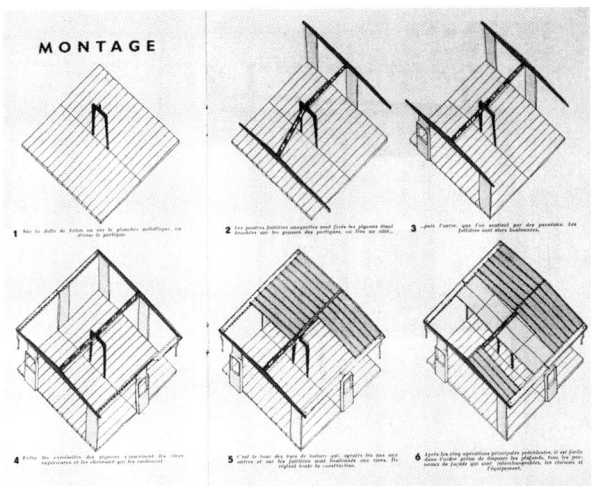

*Haus im Park von Meudon. Architekt: Henri Prouvé*

*Die Häuser im Park von Meudon*

*Haus im Park von Meudon*

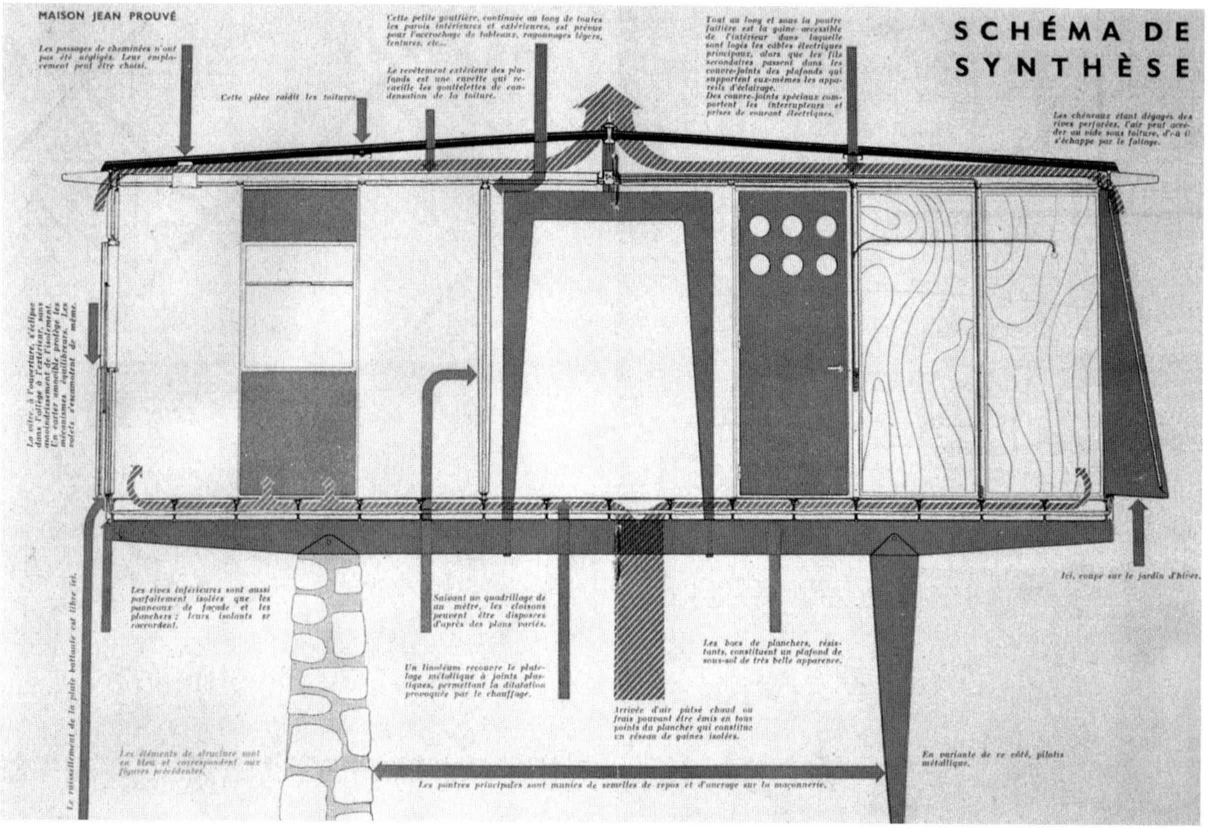

**MAISON JEAN PROUVÉ**

# SCHÉMA DE SYNTHÈSE

*Schnitt durch ein Haus von Jean Prouvé: massiver Unterbau, Plattformboden, Portalstütze, Blechdach, tragende Wandelemente*

Von den Meudon-Häusern sollten ursprünglich laut Auftrag der Regierung 1200 Stück als Notwohnungen für Kriegsbeschädigte hergestellt werden. Das einfache Gebäude mit einem Grundriß von 8 x 8 m konnte mit einem einzigen Lastwagen transportiert und von vier Personen an einem Tag aufgebaut werden. Die verwendeten Materialien Stahl, Aluminium und Holz waren für Serienfertigung ausgelegt. Von den Fassadenelementen, die in den Grundmaßen alle gleich waren, gab es vier Typen: geschlossen, mit Fenster, mit Türe oder aus Glas. Die Anordnung dieser Elemente, auch im Inneren, ist im Prinzip freigestellt. Eine Besonderheit des Fensterelements war ein in die Brüstung integrierter Schiebeladen aus perforiertem Stahlblech.

Die Häuser wurden dann doch nur in einer kleinen Stückzahl ausgeführt, da sich die Regierung aus unbekannten Gründen von Prouvés Vorschlag distanzierte. Die bereits hergestellten 25 Gebäude blieben in der Fabrik, bis sie von Mitarbeitern genutzt und dann schließlich im Park von Meudon errichtet wurden. Sie sind noch heute bewohnt und in gutem Zustand.

## Tropenhäuser

1949 wurde eine Abwandlung der Meudon-Häuser für Afrika entwickelt, die sogenannten Tropenhäuser. Mehrere Gebäude, die hauptsächlich aus Aluminium bestanden, wurden hergestellt. Durch eine Louver-Fassade und große Dachüberstände war eine Anpassung an die klimatischen Verhältnisse

*Durch das positive Volumen-Gewicht-Verhältnis ist der Lufttransport der Tropenhäuser möglich.*

*Tropenhaus, 1949*

*Tropenhaus, 1949.*
*Modifizierter Schnitt*
*einer Portalkonstruktion:*
*besondere Firstausbildung*
*zur Entlüftung*

*Wohnzelle des*
*Saharahauses, 1958.*
*Eine weitere Variante*
*des Tropenhauses*

*Haus für Abbé Pierre, 1956.*
*Die hölzernen Fassaden-*
*elemente sind kunstharz-*
*beschichtet, die Fenster*
*sind aus Aluminium, und die*
*Dachkonstruktion besteht*
*aus Leimholzträgern.*

*Haus für Abbé Pierre, 1956.*
*Bad und Küche sind als*
*zylindrisches Raumelement*
*in das Haus eingestellt.*

möglich, der Querschnitt erlaubte eine wirksame Durchlüftung. Das Volumen-Gewichts-Verhältnis war durch die Verwendung von leichten Materialien und minimierten Konstruktionen ideal für den Lufttransport. Ein Gebäude wurde tatsächlich in einem Frachtflugzeug nach Niamey in Algerien versandt.

1958 wurde eine weitere Variante, das Saharahaus, für Ölsucher entwickelt: ein großes Blechdach mit weiten Überständen und darunterstehenden, klimatisierten Wohnzellen kennzeichnete den Entwurf. Eine abgewandelte Form der Portalstützen in H-Form wurde verwendet. Claude Prouvé fertigte die Konstruktionszeichnungen an, die elegante Innenausstattung wurde von Charlotte Perriand entworfen.

## Einfamilienhäuser

Jean Prouvé hat in den Jahren 1967-1969 auch individuell hergestellte Einfamilienhäuser gebaut. Die Häuser in Beauvallon, Minguerin und in St.-Dié sind Beispiele hierfür.

*»Das Einfamilienhaus muß leicht und flexibel sein. Dem entspricht die Serienherstellung, die industrielle Fertigung.«[4] (Jean Prouvé)*

Im wesentlichen werden bei diesen Häusern die bereits bekannten Prouvéschen Bau-Prinzipien wie elementierte Fassaden, große Blechdächer mit eingestellten Raumzellen sowie Metalle und Kunststoffe in allen Formen angewendet. Zum Teil wurden auch im Handel erhältliche Standardelemente eingebaut. Als Vorläufer dieser Bauten gelten die Häuser für Abbé Pierre. Er machte 1955 die französische Öffentlichkeit auf die große Wohnungsnot aufmerksam

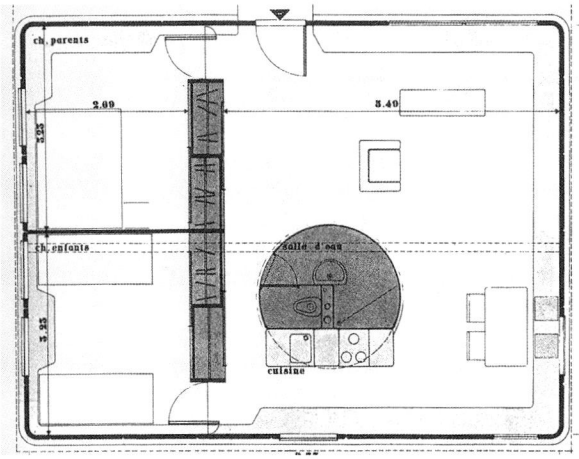

und setzte sich für eine Lösung mit industriell vorgefertigten Häusern ein. Für die Fassaden wurden kunstharzbeschichtete Holzplatten verwendet, die Fenster waren aus Aluminium. Die Decke bestand aus verleimtem Holz mit einer Blechabdeckung. Das Gebäude konnte zu ungewöhnlich niedrigen Preisen hergestellt werden.

Diese Projekte entstanden, als Jean Prouvé bereits ein Beraterbüro in Paris (1954) eröffnet und nur noch wenig Einfluß auf die Umsetzung der Projekte in Nancy hatte. Seine Konstruktions- und Fertigungsstätte Maxéville bei Nancy hatte zu dieser Zeit bereits um die 200 Mitarbeiter, wodurch Zusammenarbeit und Überschaubarkeit in den Produktionsprozessen litten.

*Ferienhaus von Frau Seynave in Beauvallon*

*Wohnhaus von Frau Jaoul in Minguerin, 1969 Architekten: Jean-Claude und Cathérine Drouin*

# Das »Packaged-House-System«

Schon kurz nachdem Konrad Wachsmann im Winter 1941 in die Vereinigten Staaten emigrierte, beschloß er, zusammen mit Walter Gropius ein »System der Baukonstruktion im Sinne industrieller Forderungen zu entwickeln«.[1] Joseph Hudnut, ein Dekan der Harvard University, bezeichnete diese Entwicklung damals mit »Packaged House«, erst später wurde diese Entwicklung »General Panel System« benannt. Wachsmann hatte bereits während seiner Zeit in Frankreich, auf der Flucht vor den Nationalsozialisten, an einem universellen, modularen Bausystem gearbeitet. Es bestand aus lastabtragenden Paneelelementen, die wärmegedämmt waren und auf der Innen- und Außenseite mit einem Oberflächen-Finish behandelt und mit einem Metallhakenverschluß versehen waren. Dieses »französische« Konzept war Grundlage für das »General Panel System«. Wachsmann und Gropius hatten in den USA die Möglichkeit, ihre Ideen zum industriellen Bauen wie in keinem anderen Land in die Realität umzusetzen. Die amerikanische Fertighausindustrie und damit auch der Holzhausbau waren in bezug auf Fertigungstechniken äußerst modern und fortschrittlich. Zudem wurde 1942 von der amerikanischen Regierung ein Wohnbauförderprogramm für Fertighäuser in Höhe von $ 153 Mio. verabschiedet.[2] Damit sollten längerfristig 42000 Wohneinheiten finanziert werden. Wachsmann und Gropius fanden schon bald die ersten Geldgeber, die unter dem Namen General Panel Corporation in New York firmierten. Schon fünf Monate später entstand ein erstes Musterhaus in Boston. Das Projekt wurde von allen Seiten positiv aufgenommen, die Geldgeber investierten in einen neuen Betrieb mit spezialisierten Fertigungsmaschinen. Bis General Panel allerdings in Produktion gehen sollte, vergingen noch Jahre. Am 15. Juli 1947 begann endlich die Produktion in Kalifornien, nachdem Finanzierungsprobleme, politische Einflüsse und die Organisation des Produktionsprozesses den Beginn der Herstellung beträchtlich verzögert hatten. Wachsmann arbeitete in der Zwischenzeit für die General Panel Corporation an einem Trennwandsystem, das dem »Packaged House System« ähnlich war. Er entwickelte für die Atlas Aircraft Corporation die sogenannte »Mobile Structure«, ein Konstruktionssystem für den Hallenbau.

Konrad Wachsmann 1947:

*»Wenn wir ein zeitgenössisches Haus auf die Modernität seiner Bauweise hin untersuchen wollen, können wir folgendes tun: Wir nehmen zweimal 2 Fuß dieses Hauses und vergleichen es mit einem entsprechenden Ausschnitt aus einem Haus konventioneller Konstruktion. Ohne etwas über den Entwurf der zwei Häuser zu wissen, würden wir sehr schnell sehen, welches von beiden das modernere ist. Es ist das moderne Haus, das uns durch seine Materialien, seine Präzision und die Art der Bearbeitung zeigt, daß zu seinem Bau die Werkzeuge und Methoden unserer Zeit verwendet wurden. Wenn es auf herkömmliche Weise gebaut ist, ist es kein modernes Haus, unabhängig davon, wie es aussieht. Es mag seine Haut verändern, aber der Körper ist noch der gleiche.«*[3]

## Entwicklung des konstruktiven Systems

Das »General Panel System« wurde von Gropius und Wachsmann mit folgenden Kriterien und Zielsetzungen in den Jahren 1941 bis 1947 konsequent entwickelt: Kein bestimmter Haustyp war beabsichtigt, sondern ausschließlich ein Fertigbauelement, das auf der Baustelle von ungelernten Kräften ohne Spezialwerkzeug montiert werden konnte. Es sollte ein »geschlossenes« Bausystem sein, aus leichten, standardisierten Holzbauteilen, die in großen Serien billig industriell gefertigt und zu beliebigen, ein- bis zweigeschossigen Wohnhäusern kombiniert werden konnten.

Zunächst wurde eine Reihe verschiedener Module untersucht: das Materialmodul für die Verwendung

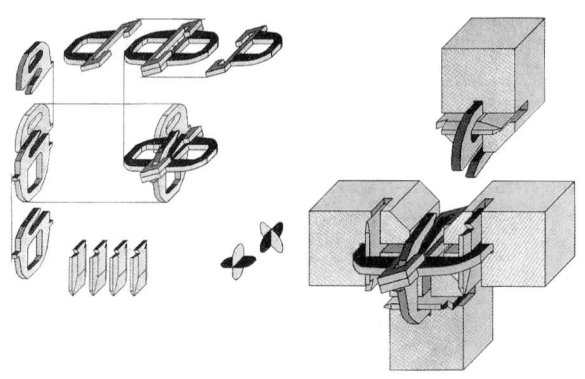

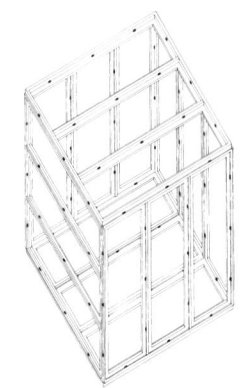

handelsüblicher Dimensionen und Rohmaterialien, das Leistungsmodul für die Beanspruchung der Holzqualität, das Bewegungsmodul für Transport und Handhabung auf der Baustelle, das Geometriemodul für die geometrische Verteilung der Anschlußpunkte, das Konstruktionsmodul für die statistischen Funktionen, das Elementmodul für z.B. Tür-, Fenster-, Wand-, Deckenelemente, das Verbindungsmodul für den Verbinder und das Einrichtungsmodul für die Möbel. Das Ergebnis war ein universelles Bausystem, das Gesamtmodul, das unter Voraussetzung einer Standardverbindung und eines Standardprofils entwickelt werden sollte. Jedes Element darf in seiner Position nicht vorausbestimmt sein, das heißt jeder vertikale und horizontale Plattenanschluß ist gleich.

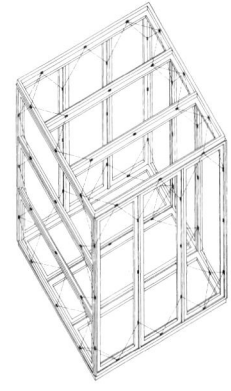

*Die Standardteile der Metallanschlüsse der Bauplatten und die Keile zu ihrer Befestigung in den Schlitzen der Metallrahmen/Holzrahmen*

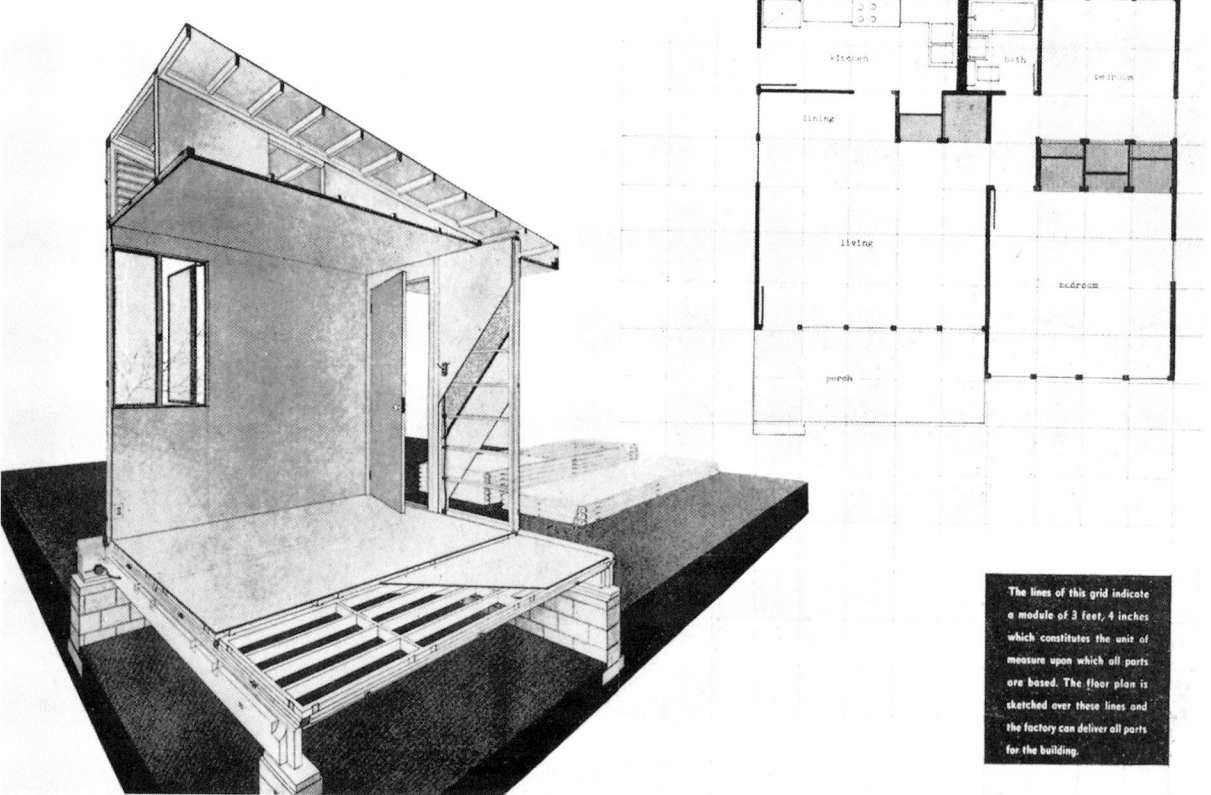

The lines of this grid indicate a module of 3 feet, 4 inches which constitutes the unit of measure upon which all parts are based. The floor plan is sketched over these lines and the factory can deliver all parts for the building.

*Räumlicher Schnitt. Lagerhölzer auf den Fundamenten, Fußboden-, Wand-, Deckenplatten, Dachbinder mit Dachplatten und Giebeln. Variante eines typisch amerikanischen Grundrisses*

*Eine General-Panel-Bauplatte mit allseitig einheitlichem Profil und Metallanschlüssen*

*Aus 18 Standardelementen zusammengefügter Kubus mit den Positionen der Metallanschlüsse (Verbinder). Die Elemente können sowohl waagerecht als auch senkrecht verwendet werden. Die Abmessungen eines Elements betragen 3 x 1m.*

*Produktionsablauf. Hakenverschlüsse werden automatisch in das Randprofil eingesetzt.*

Das Planungsraster der Elemente ist ca. 1 m, das Vorzugsmaß der raumabschließenden Elemente ist 3 x 1m. Daraus ergibt sich das Grundmodul, das sich in Form eines Kubus mit 3m Kantenlänge darstellen läßt. Das Randprofil der flächigen Bauteile ist eine kraftschlüssige Verbindung aus gestanzten Hakenverschlüssen als standardisiertes Verbindungsmittel (vierteiliges Verbindungsstück aus Stahl, der sogenannte Metallhakenverschluß, engl.: Connector). Der Elementkatalog besteht aus einer geringen Anzahl von relativ kleinteiligen Standardelementen, die vielfältige Grundrißkombinationen gestatten. Eine weitere, wichtige Rolle spielte das Installationsmodul: Dieses beschränkte sich in der Hauptsache auf die Entwicklung des Wasserinstallationsaggregats und der elektrischen Installation.

### Produktionsabläufe und Fertigungstechnik

Von 1942 bis 1943 wurden die Bauteile des »Packaged House« noch manuell in der General-Panel-Fabrik in Boston hergestellt. Wachsmann hat, um den Herstellungsablauf zu optimieren, intensiv an

Verbesserungen der Produktionsmaschinen gearbeitet. So mußten zum Beispiel Maschinen zum Herstellen der Verbindungsschlitze eingerichtet werden, weitere Apparate setzten die Metallhaken in die Schlitze. Für Verleimungen kam ein modernes Hochfrequenz-Punktverleimungsverfahren zum Einsatz. Ein fast vollautomatisch arbeitender Vorrichtetisch, auf dem man alle Fertigteile anbrachte, wurde entwickelt. In einer automatischen Spritzanlage wurde die sogenannte »Platte« (ein Wandelement) schließlich

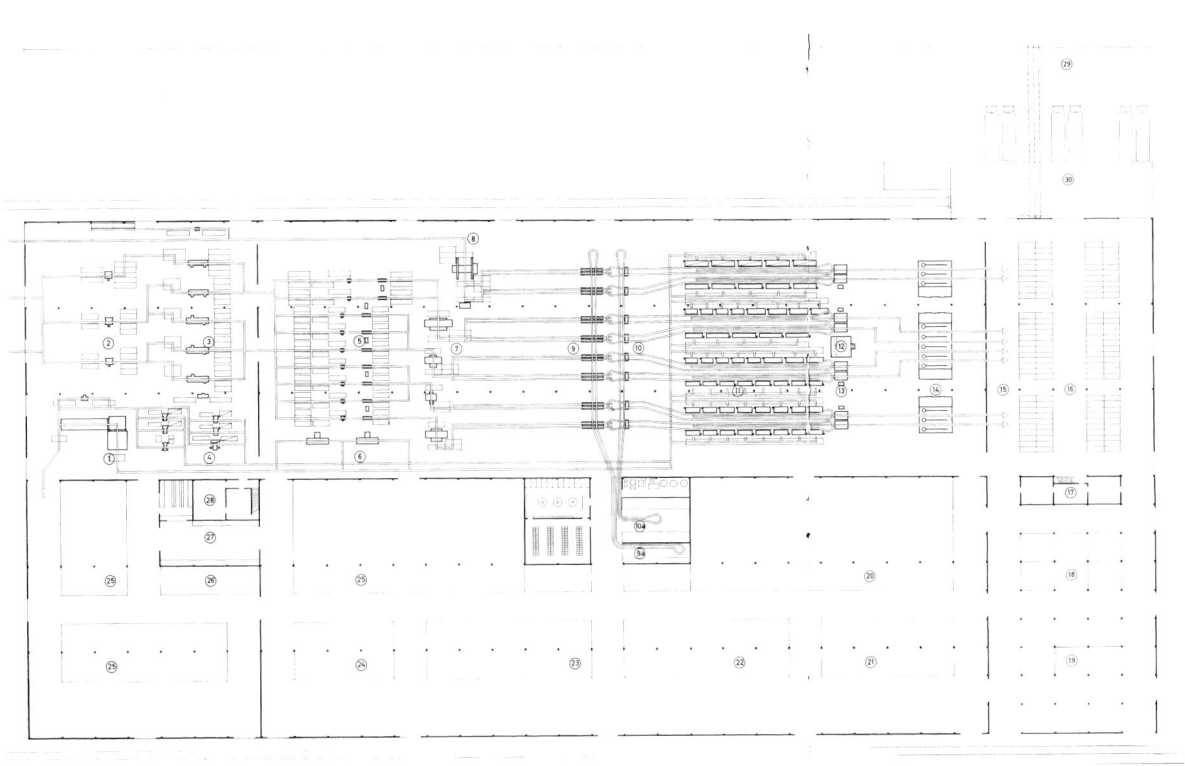

mit Kunstharz überzogen. Dies sollte als Wetterschutz dienen. Von 1945 bis 1947 wurde in Burbank/
Kalifornien eine erste, größtenteils vollautomatische
Fertigungshalle errichtet. 1947 begann der Probe-
lauf, und danach wurden in zwei Stunden die Elemente für ein ganzes Haus produziert. Jede Maschine
war von Konrad Wachsmann erdacht, konstruiert
und in einem Pilotprojekt in New York erprobt worden.

## Montage und Transport des »Packaged-House-System«

Ein Speziallastwagen transportierte alle Fertigteile eines kleinen Einfamilienhauses, einschließlich der
Einbaumöbel, Küchen- und Badezimmereinrichtun-
gen, in einem Umkreis von 500 km an die Baustelle.
Der an die Zugmaschine montierte waagerechte
Ladebaum plazierte die einzelnen Bauelementgrup-
pen an der Baustelle. Ein Haus von ca. 100 m² konnte mit fünf ungelernten Arbeitern in acht Stunden
ohne Abfall und Materialverlust errichtet werden.
Meßwerkzeuge waren nicht nötig, da sich alle Teile
selbst ausrichteten, und als Montagewerkzeug genügte ein Hammer. Der Baustoff Holz wurde gewählt,

weil unter den damaligen Umständen dieses das einzige verfügbare Material war, das in ausreichender Qualität und Quantität vorhanden war und auch in wirtschaftlicher Hinsicht am vorteilhaftesten erschien.

Das mit großem Entwicklungs- und Investitionsaufwand initiierte, fast vollautomatisch hergestellte Fertighaussystem konnte in den USA auf dem Woh-

*Speziallastwagen der General Panel Corporation*

*Zur Montage fertige Bauteile*

*»Packaged-House-System«, 1942. Fügung der Paneele mittels Hakenverschlusses*

*»Packaged-House-System«, 1942*

nungsmarkt der fünfziger Jahre nicht mit wirtschaftlichem Erfolg eingeführt werden. Letztendlich wurden nur etwa 150-200 Einheiten produziert, eine lächerlich kleine Zahl im Vergleich zum großen Produktionsaufwand. Andere Fertighausfirmen (ca. 70) in den USA hatten während der Kriegszeit monatlich über 1000 Einheiten mit insgesamt 200 000 Stück produziert, so daß ein Teil des hohen Wohnhausbedarfs durch das »Veteran Emergency Housing Program« anderer Firmen bereits gedeckt war.

Ein Teil des geringen Erfolgs lag darin, daß das konsequente und funktionell bestimmte Design vom Durchschnittsbauherrn nicht akzeptiert wurde. Dieser war an den Landhausstil der marktüblichen Fertighäuser gewöhnt und wollte ein Fertighaus erwerben, das er sich nach Bildern aus dem Katalog bestellen und fix und fertig aufstellen lassen konnte. Das »Packaged-House-System« hingegen, und das war Wachsmanns Intention, sollte jedem Käufer die Freiheit eines selbstbestimmten Grundrisses lassen. Tatsächlich konnte man mit dem »Packaged House« sehr viele verschiedene Häuser kreieren, was einige Beispielentwürfe aus General-Panel-Teilen von Bromberg, Gropius und Neutra bewiesen. Die wenigen verschiedenen Bauelemente des »General Panel System« ließen aber für den durchschnittlichen Bauherrn kaum Möglichkeiten, seine individuellen Wünsche – üppige Ornamentik kombiniert mit viel Komfort – zufriedenzustellen. Das Konzept war für den allgemeinen Baumarkt zu anspruchsvoll und zu intellektuell. Wachsmanns Idee vom seriell gefertigten Haus scheiterte aber nicht nur aus diesen Gründen. Bei der Vermarktung wurden entscheidende Fehler gemacht, die Marktforschung war ungenügend, flankierende Maßnahmen wie Kauf und Erschließung von Grundstücken und die Organisation der Arbeiten auf der Baustelle berücksichtigte General Panel zu wenig.

Vorteile des »Packaged-House-System« liegen in seiner Wirtschaftlichkeit bei der Herstellung, Montage und beim Transport. Es ist außerdem beliebig erweiterbar, flexibel und nach der Montage sofort bezugsfertig, nur noch ein Anstrich war vorzusehen.

Wachsmann wandte sich später dem Leichtbau aus Metallen zu und schrieb darüber sein berühmtes

Montage der General-Panel-Bauten. Es werden außer einem Hammer keine Werkzeuge benötigt. Weder Schmutz noch Abfall entstehen, und die Montage kann von Laien ausgeführt werden, da die Teile selbstausrichtend sind.

Seite 57:
Ein amerikanisches Wohnhaus aus General-Panel-Bauplatten kann in einer Bauzeit von acht Stunden errichtet werden. Theoretisch sind unendlich viele Varianten möglich.

dungsmitteln des aufkommenden Ingenieur-Holz-baus beruhte. Ende der zwanziger Jahre führte die erhöhte Ausnutzung von Holzbauteilen auch zu eindrucksvollen Bauten wie Brückenkonstruktionen und weitspannenden Hallen. Sogar Walter Gropius hatte bei frühen Bauhaussiedlungen überlegt, Holzhäuser zu bauen.

Das Wohnen im Grünen, sprich das Einfamilienhaus mit Garten, war Anfang der zwanziger Jahre nicht mehr nur ein Privileg der Reichen. Parallel dazu fand

*Tennisklubhaus für den Präsidenten der Reichsbahndirektion in Berlin. Die Überdachung der Terrasse hat eine Spannweite von 9m, Architekt: Konrad Wachsmann*

*Schulanlage in Königsberg, Preußen aus genormten Einzelgebäuden*

*Christoph & Unmack AG O/L Fachwerkbauweise*

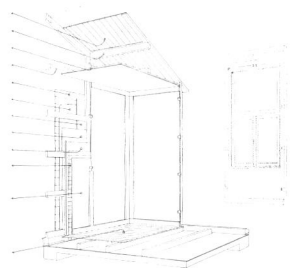

Buch »Wendepunkt im Bauen«.[4] Gropius brachte in den folgenden Jahren seine im industriellen Wohnhausbau gewonnenen Erfahrungen in die später gegründete TAC (The Architects Collaborative) ein. Die Wohnhausprojekte der TAC (zum Beispiel »Six Moon Hill« in Lexington/Massachusetts) stellen die letzte Arbeitsperiode von Walter Gropius dar.

Die Aufbruchstimmung der zwanziger Jahre in bezug auf die industrielle Vorfertigung und den Serienwohnhausbau, gepaart mit verfeinerter architektonischer Ästhetik, konnte auch in den siebziger Jahren, die ebenfalls einige interessante bautechnische Innovationen aufweisen, nicht wieder erreicht werden.

## Holzhäuser von Christoph & Unmack

Während in der Weimarer Republik für den Siedlungsbau hauptsächlich die »schwere Vorfertigung« in Form von Schüttbeton und Betonelementen zur Anwendung kam, wurde im Wohnhausbau die »leichte Vorfertigung« unter Verwendung von Holz und teilweise von Stahl favorisiert. Das vorgefertigte Holzhaus erlebte zu dieser Zeit einen regelrechten Boom, was vor allem auf den verbesserten Verbin-

für den Stadtbewohner das Wochenendhaus großen Anklang. 1927 schrieb das Berliner Messeamt sogar einen Wettbewerb aus, an dem sich namhafte Architekten wie Hans Poelzig, Richard Riemerschmid und Max Taut beteiligten.

Vor dem Ersten Weltkrieg war das Holzhaus noch die Ausnahme, da seine Herstellung wegen traditioneller Handwerkstechnik aufwendig und arbeitsintensiv war. Die Hersteller mußten versuchen, durch Kostensenkung ein konkurrenzfähiges Produkt anzubieten, was bei einer rationalisierten Werksfertigung durchaus möglich war. Erheblichen Anteil an den Gesamtkosten hatte der Transportaufwand, der vom Hausgewicht abhängig war. Ein niedriges Gewicht, das aus einer leichten Konstruktion resultierte, war also von Vorteil.

Die bekanntesten Holzhausproduzenten waren Christoph & Unmack, die Siebelwerke, Fa. G. Hagen, die deutsche Barackenbaugesellschaft und die Allgemeine Häuserbau AG Sommerfeld in Berlin.

Christoph & Unmack hatten ihren ursprünglichen Firmensitz in Kopenhagen (Dänemark), fertigten dort Lazarettbaracken nach dem Prinzip des dänischen Rittmeisters J. Doecker und konnten auch bereits Auszeichnungen für fortschrittliche Planung und Produktion aufweisen. 1874 übersiedelte die Firma nach Niesky in der Oberlausitz, um in einer waldrei-

chen Gegend mit Bahnanschluß in alle Himmelsrichtungen liefern zu können. Das preußische Militär war einer der Hauptkunden, und da auch die österreichischen Militärs an einen direkten Kontakt zu ihrem Barackenhersteller dachten, gründeten Christoph & Unmack eine zweite Fabrik in Bunzendorf/Böhmen. Im April 1893 konnte die Firma bereits die Fertigstellung der eintausendsten Baracke feiern. Von den militärischen Produkten weitete sich die Angebotspalette bald auch auf zivile Nutzungen aus, wie Stallungen, Arbeiterwohnanlagen, Schulgebäude und schließlich Wohnhäuser.

Im Wohnhausangebot gab es im wesentlichen zwei unterschiedliche konstruktive Aufbauten: die Blockbauweise und die Paneelbauweise, wobei die Blockbauweise schon seit 1914 produziert wurde. 1925 boten Christoph & Unmack bereits 36 verschiedene Typen in den unterschiedlichsten Preisklassen an. Um den potentiellen Käufern einen Eindruck von den verschiedenen Modellen geben zu können, entstanden zahlreiche Musterhäuser sowie eine Werkssiedlung auf dem Betriebsgelände.

Die meisten Häuser konnte die Firma in Ostdeutschland verkaufen, was sicher auf den kurzen Transportweg zurückzuführen war - ein längerer Transport der Gebäude hätte den Preis in die Höhe getrieben. Die verschiedenen Modelle wurden in Zusammenarbeit mit lokalen Architekten, die die Bausysteme gut kannten, geplant. Mit zunehmendem Erfolg des Unternehmens wurde auch die Planung immer anspruchsvoller, was zunächst auf den Ingenieur Friedrich Abel zurückzuführen war. Abel zog dann 1926 Hans Poelzig als Berater hinzu, der 1927 ein Wochenendhaus mit einem modernen Grundriß entwarf. Eine weitere Zusammenarbeit kam im selben Jahr auch mit Hans Scharoun zustande, der ein Einfamilienhaus in fortschrittlicher Paneelbauweise vorschlug, das in Liegnitz gebaut wurde. Dabei konnte man zum ersten Mal die traditionell orientierte Bauweise durch eine modernere, stark in einzelne Bauteile gegliederte Architektur ersetzen.

*Das Direktorenhaus in Niesky, Blick von der Gartenseite*

*Das Direktorenhaus im Bau, der obere Wandabschluß mit dem Schlußrahmen, auf dem die Dachbalken liegen. Diese sind ausgeklinkt, damit die Dachrinne unsichtbar verlegt werden kann.*

*Blockbauweise*

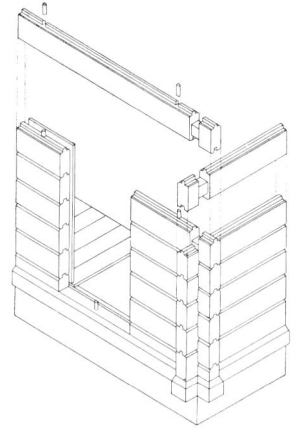

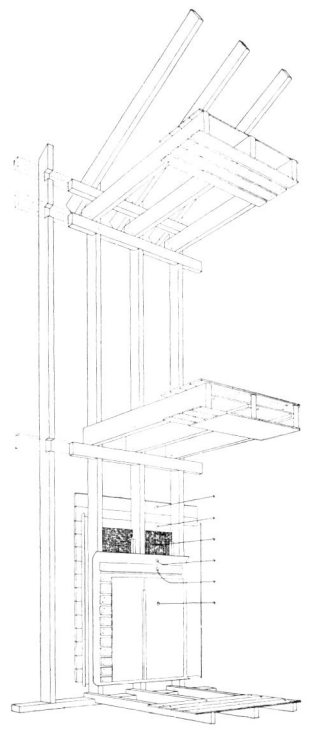

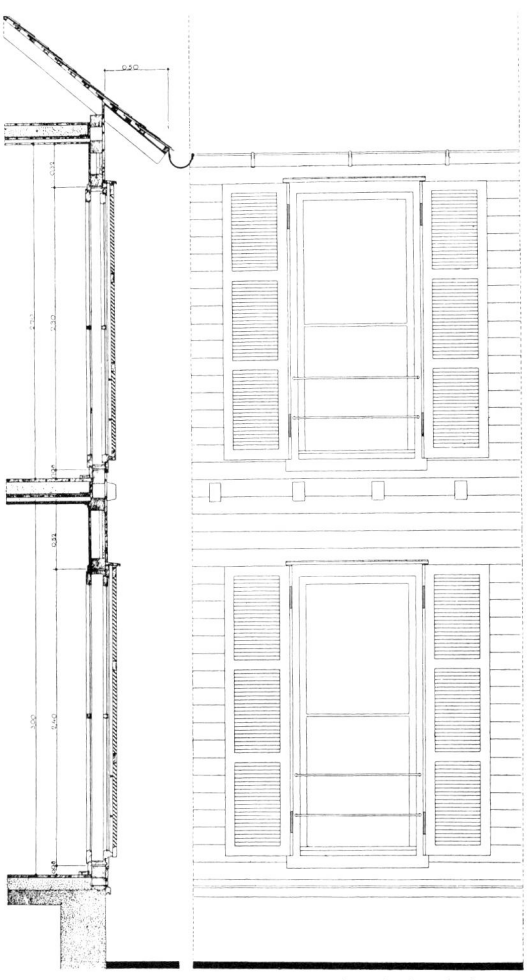

1926 änderte sich die Firmenphilosophie von Christoph & Unmack, als Konrad Wachsmann als Chefarchitekt in die Firma aufgenommen wurde. Er kam auf eine Empfehlung von Hans Poelzig, der Wachsmann eine Zeitlang als Meisterschüler in seinem Büro beschäftigt hatte. Wachsmann nutzte seine Zeit in Niesky (1926 bis 1929), um die konstruktiven Details in der Holzhausproduktion zu verbessern. In der Tafelbauweise führte er zum Beispiel einen Hakenverschluß ein, der später in ähnlicher Form beim General-Panel-System wieder Verwendung fand. Die Fassade konnte insgesamt verbessert werden; so entfielen zum Beispiel die Deckleisten auf den Fugen der Paneele, und die Schalung konnte ohne sichtbare Unterbrechung vom Erdgeschoß ins Obergeschoß weitergeführt werden, was den Baukörper wesentlich homogener erscheinen ließ. Das Blockbausystem konnte in den Details wesentlich verfeinert werden, so daß der Eindruck der Häuser insgesamt eleganter wurde. Ein Beispiel für das neue Erscheinungsbild der Blockhäuser ist das Direktorenhaus in Niesky, das 1929 gebaut wurde und auch heute noch in gutem Zustand erhalten ist.

Der bekannteste Bau aus Wachsmanns Zeit in Niesky ist das Einsteinhaus in Caputh bei Potsdam. Hier konnte Wachsmann seine Version des Skelettbaus realisieren. Bei der sogenannten Hohlwandbauweise wurden Stiele mit minimalen Abmessungen von 5 x 10 cm verwendet; das System war dem amerikanischen Balloon Frame[5] mit genagelten Verbindungen nicht unähnlich. Als Wärmedämmung verwendete man eine 2 cm dicke Torfplatte, auf der Außenseite eine Dachpappe und Spundschalung. Auf der Innenseite gab es eine Absperrung mit Isolierpappe, dann ebenfalls eine Spundschalung. Als Innenverkleidungen dienten sogenannte Lignatplatten, auf die die Firma das Patent hatte. Im wesentlichen waren diese Lignatplatten verkieselte und zementgebundene Holzfaserplatten, die auch als Baumaterial separat zu bekommen waren. Mit dem Einsteinhaus konnte sich Wachsmann nicht nur als Konstrukteur, sondern auch als Architekt einen Namen machen, was ihn veranlaßte, die Firma 1929 wieder zu verlassen und sich trotz der aufkommenden wirtschaftlichen Schwierigkeiten in Berlin selbständig zu machen. Christoph & Unmack, die zum größten Holzhaushersteller der zwanziger und dreißiger Jahre in Europa geworden waren, setzten ihre Produktion bis 1949 fort. Im Krieg wurde das Werk teilweise zerstört und nach dem Krieg größtenteils demontiert. Die Nachfolgefirma stellte hauptsächlich Eisenbahnwaggons für den VEB Waggonbau Niesky Kühlzüge her.

*Luftaufnahme des Werks mit den verschiedenen Teilen: Waggonfabrik, Stahlbau und Holzbau*

*Innenaufnahme der Betriebstischlerei, ca. 1937*

# Häuser der Metallindustrie nach dem Zweiten Weltkrieg

## Bauen während der Weltwirtschaftskrise und im Nationalsozialismus

Die architektonischen Errungenschaften des industriellen Bauens der zwanziger Jahre wurden sehr rasch mit dem Beginn der Weltwirtschaftskrise und der Machtübernahme durch die Nationalsozialisten in Frage gestellt. Vorreiter des industriellen Bauens wie Walter Gropius, Konrad Wachsmann und Marcel Breuer emigrierten in die Vereinigten Staaten, wodurch das Know-how einer modernen Bautechnik in Deutschland wesentlich abnahm. Während der Weltwirtschaftskrise fiel die Industrieproduktion steil ab, und die Arbeitslosigkeit erreichte Rekordhöhen. Die Bauwirtschaft war am stärksten davon betroffen. Die staatliche Wohnbaufinanzierung, die 1930 fünf Milliarden Reichsmark betragen hatte, wurde fast vollständig eingestellt. Damit gab es praktisch keinen öffentlichen Wohnungsbau mehr. Die vorausgegangenen Förderungen wurden von Reichsbankpräsident Schacht als enorme Fehlinvestition dargestellt, da eine große Anzahl von Wohnungen leerstand.[1]

Somit hatte die Weltwirtschaftskrise bewirkt, daß die positiven Ansätze der zwanziger Jahre zunichte gemacht wurden. Die Förderung des Wohnbaus wurde auf handwerklich gefertigte Häuser und auf den Bau kleiner, konventionell gebauter Siedlerhäuser beschränkt. Eine Senkung der Baukosten sollte nicht – wie bei einer industriellen Produktion – durch große Stückzahlen und Maschineneinsatz erreicht werden, sondern durch eine Reduktion des Standards: Einfachste Bauausführung, qualitativ niedrige Ausstattung, Selbsthilfe, Schotterstraßen und Verzicht auf eine Kanalisation waren die Folge. Der einzige technisch innovative Aspekt war eine zeitweilige Förderung des Holzbaus, allerdings auch nur mit dem Ziel, die angeschlagene Holzwirtschaft zu stärken. Diese Förderung währte nur kurz, da durch die forcierte Rüstung große Mengen an Bauholz für Rüstungsbauten benötigt wurden. Die Vorfertigung bei den Rüstungsbauten beschränkte sich auf Baracken für Arbeitslager und auf transportable Kriegsunterkünfte. Bei den Geschoßbauten verwendete man weiterhin kleinformatiges Mauerwerk. Diese aufwendige, arbeitsintensive Bauweise wurde gewählt, um viele Erwerbslose zu beschäftigen. Für Kleinhäuser gab es die Empfehlung, die Gebäude in handwerklicher, konventioneller Bauweise zu errichten. Moderne Materialien, insbesondere Stahl, wurden als »internationale Materialien« verurteilt, natürlich mit dem Hintergedanken, daß alle Metallerzeugnisse in der Rüstung verwendet werden konnten. Albert Speer publizierte sogar Abhandlungen, in denen die Vorzüge von Stein propagiert wurden.[2] Nach Kriegsausbruch im Jahre 1939 wurde ein Bauverbot von Wohnhäusern erteilt. Nur noch Reparatur- und Umbauarbeiten waren zugelassen. Nach der Besetzung Frankreichs gab es einen Erlaß über den Wohnungsbau für die Nachkriegszeit[3]: Es wurde mit staatlichen Großbauten riesigen Ausmaßes gerechnet, und die gesamte Bau- und Baustoffindustrie bewarb sich um die Aufträge. Die Förderung des Wohnungsbaus beabsichtigte indirekt eine Stärkung der Bevölkerungszahl, um die Kriegsverluste auszugleichen. Deshalb wurden Haustypen für kinderreiche Familien gefördert. Man dachte an Bauten in großen Serien mit Normierung und Mechanisierung der Bauteile. Entgegen vorhergehender Tendenzen arbeitete man an der Vereinfachung und Beschleunigung der Bauarbeiten. Das Büro Albert Speers stand für technisch-konstruktive Anfragen zur Verfügung, während der Reichswohnungskommissar für die Planungen zuständig war. Diese Wohnbaukonzepte wurden allerdings rasch wieder verworfen, da der Krieg mit dem Überfall auf die Sowjetunion fortgesetzt wurde und die Ressourcen aus der Bauindustrie abgezogen werden mußten.

Bis zum Kriegsende wurde kaum an weiteren Wohnbauprojekten gearbeitet, abgesehen von den

»Behelfsheimen«, die als Ersatz für zerstörte Häuser konzipiert waren, und dem sogenannten »Kriegseinheitstyp«, der die einzige Antwort auf Wohnraumbedarf war.

## Das Behelfsheim

Die Behelfsheime, als zeitweiliges Provisorium gedacht, sollten in einfachster Form nur minimal ausgestattet und industriell gefertigt werden. Ziel war es, bei der Einsparung von Material und manueller Arbeitskraft möglichst vielen ausgebombten Familien eine »Festigung der inneren Form« zu verschaffen. Das Behelfsheim, auch als »Notvolkswagen« bezeichnet, war ein kurzlebiges Massenprodukt, das mit extremer Materialausnutzung und hohem Einsatz maschineller Kraft hergestellt wurde.

## Kriegseinheitstyp/Reichseinheitstyp 001

Der Kriegseinheitstyp ist ein von Ernst Neufert präzise durchgearbeiteter Haustyp, der auf dem Angebot der Bauteileindustrie basierte. Dieser Typ, der dadurch vollständig industriell hergestellt werden konnte, bekam eine baurechtliche Zulassung. Die Baugenehmigungsverfahren wurden ausgesetzt, um möglichst ohne Verzug bauen zu können. Die Gemeindeverwaltungen hatten unentgeltlich Baugebiete zu erschließen.

Der »totale Krieg« forderte schließlich, wie Neufert es 1943 formulierte, »*die Beschränkung...[der] Lebensbedürfnisse auf das unbedingt Notwendige*«[4], so daß der Kriegseinheitstyp auf den Reichseinheitstyp 001 »reduziert« wurde. Der Leiter des Deutschen Wohnungshilfswerks, Robert Ley, verlangte eine noch bescheidenere Bauweise, die dann von dem Architekten Spiegel in einen Entwurf umgesetzt wurde. Das deutsche Wohnungshilfswerk wurde speziell zur Umsetzung dieses einer Wohnlaube ähnlichen Konzepts gegründet. Das Minimalhaus konnte aus allen verfügbaren Materialien, sogar unter Verwendung von Trümmern, durch Laien erstellt werden.

Eine Abwandlung des Typs 001 war der Typ 125, der mit geringfügig anderen Maßen unter der Verwendung von industriell vorgefertigten Teilen entstand. Zur Montage wurden hauptsächlich KZ-Häftlinge herangezogen.

## Die Situation nach dem Zweiten Weltkrieg

Die Situation im Wohnhausbau nach dem Zweiten Weltkrieg war ähnlich wie nach dem Ersten Weltkrieg, allerdings wesentlich verschärfter: Der Bedarf an Wohnraum war sehr groß, da ca. 4,9 Mio. Wohneinheiten durch Bomben zerstört worden waren, was ungefähr 20% des damaligen Bestands entsprach. Gewöhnliche Baumaterialien waren Mangelware, da die komplette Industrie nur für die Rüstung produziert hatte, Baufachkräfte gab es fast keine

*Reichseinheitstyp 001*

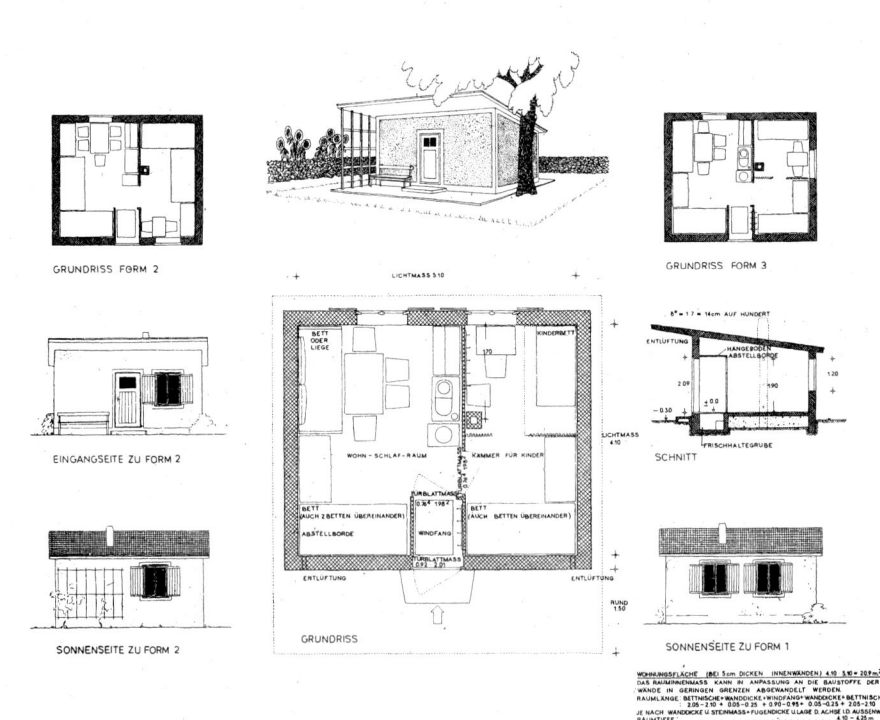

mehr. Anstelle von Facharbeitern mußten ungelernte Kräfte mit Bauaufgaben betraut werden (»Trümmerfrauen«), die fehlenden Baustoffe ersetzte man durch Trümmer oder durch Materialien und Einrichtungen aus der Rüstungsindustrie.

Während der Hochrüstungsphase waren sehr viel Stahl und zahlreiche serienmäßig hergestellte Betonfertigteile produziert worden, das heißt die Industrie war auf eine Fertigung von großen Mengen Metallerzeugnissen eingerichtet. Das hatte zur Folge, daß diese Firmen, vor allem die Flugzeugindustrie, trotz der Produktionsbeschränkung des Stahls (z.B. auf 5,8 Tonnen im Jahre 1946) ihre Produktion auf den Wohnbau ausrichteten. Andere Möglichkeiten gab es kaum, da eine Fertigung von Rüstungsgütern verboten war. Zudem war der Export von Wohnhäusern gestattet und der Bedarf auch im Ausland groß. So entstanden in der Besatzungsphase der Nachkriegszeit zahlreiche industrielle Montagehausprojekte der ehemaligen Rüstungsindustrie, die allerdings architektonisch nicht am modernen Bauen der zwanziger Jahre orientiert war, sondern traditionelle Bauformen mit modernen industriellen Mitteln favorisierte.

## Dornier-Heim und Dornier-Wohnzeug

Die Flugzeugwerke Dornier in München, Lindau und Friedrichshafen gründeten 1945 die »Dornier Wohntechnische GmbH« zum Bau von Serienhäusern. Die erste Entwicklung war das sogenannte Wohnzeug, ein Kleinsthaus, das wohnwagenähnlich aus Metall, Holz und Kunststoff konstruiert wurde. »*Das Wohnzeug bedeutet die Erfüllung des menschlichen Grundbedürfnisses Wohnen, mit den Mitteln der Technik*«,[5] so die technische Beschreibung von 1947. Das Objekt sollte kostengünstig, leicht transportierbar und einfach zu montieren sein. Die Techniker von Dornier entwarfen eine Art Raumzellenbauweise, welche die zuvor aufgeführten Probleme lösen sollte. Das Konzept sah zwei identische, noch am Ort mit transportablen Einbaumöbeln zu versehende Raumzellen vor, die entlang der Längsachse einfach zusammengeschraubt werden sollten. Dadurch ergab sich eine Fläche von immerhin 38,5 m², die einer vierköpfigen Familie genügend Platz bot. Diese intensive Ausnutzung der Fläche konnte nur durch verschiedene Klappmöbel und andere Mechanismen erreicht werden: Wie in einem Wohnwagen konnte man Sitzecken mit Klapptischen zu Betten umbauen. Die Küche und das Bad, die durch eine Installationswand getrennt waren, stellten kompakte, integrierte Zellenelemente dar. Das rumpfartige Gebilde zeichnete sich darüber hinaus durch einen strömungsgünstig ausgeformten Metallschlot aus, der, einem kleinen Triebwerk ähnlich, auf dem Dach befestigt war. Dies war wohl eine formale Anleihe an längst vergangene Flugzeugtage. Es ist nicht bekannt, ob diese mobilen Gebäude jemals, zumindest prototypisch, gebaut wurden.

Das »Dornier-Heim« war im Vergleich zum Dornier-Wohnzeug wesentlich konventioneller konzipiert. Seine Raumzellenbauweise aus Stahlprofilen ermöglichte zwar ebenfalls einen einfachen Transport auf Lkws, aber die Montageart und der Montageaufwand bedingten einen dauerhaften Ortsbezug. Aus diesem Grund stand ein aus Beton gegossener Keller

*Dornier-Wohnzeug. Ansicht Die Außenschale ist eine leichte Metallkonstruktion (Aluminium oder Stahl). Die Dach- und Bodenstruktur besteht aus leichten Holzträgern. Eine einfache Wärmedämmung (k=0,5) wird durch mehrfach Aluminiumfolien erreicht. Preis 1947: 10176 RM, Gewicht: 7583 kg*

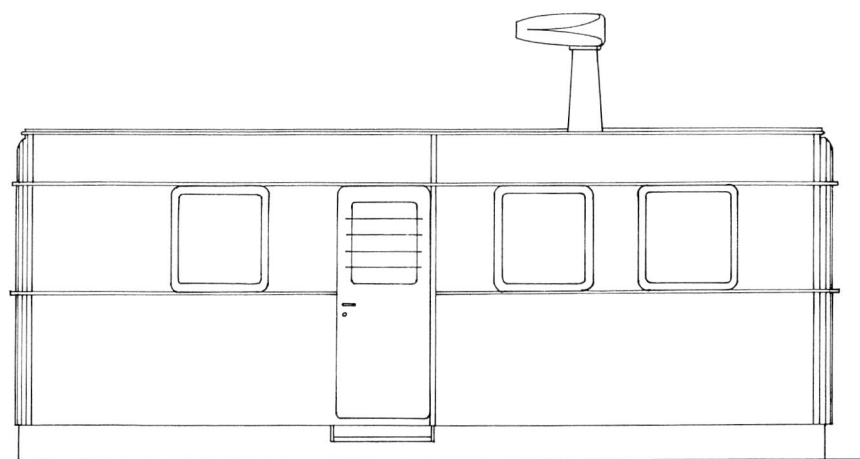

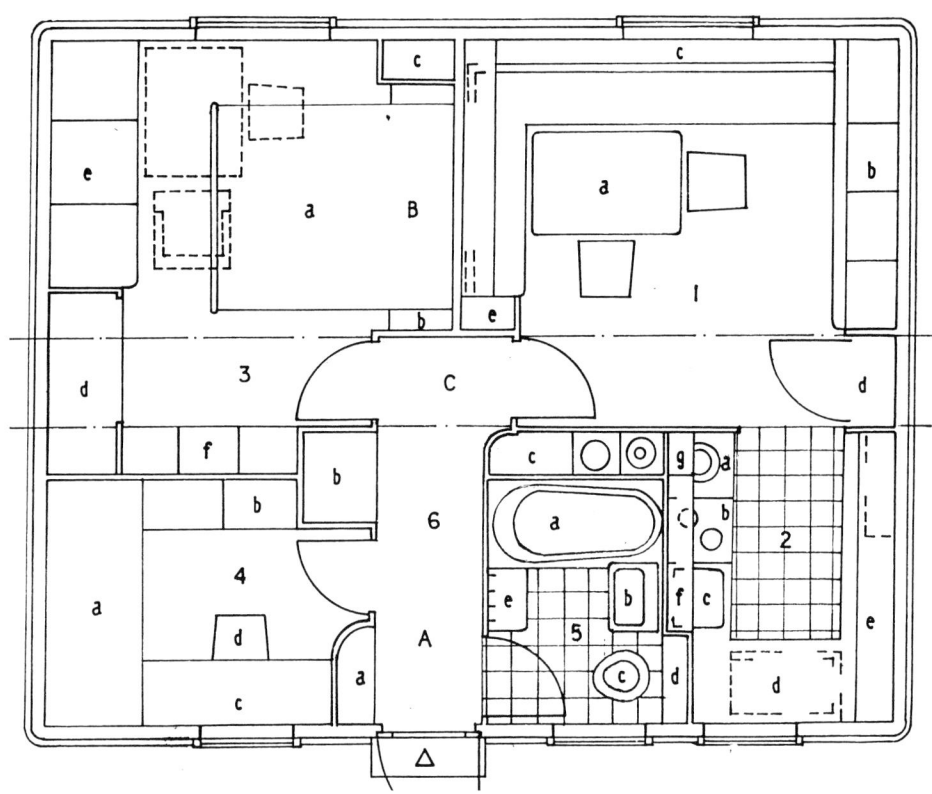

Dornier-Wohnzeug.
Grundriß 38,5m²

**1** Familien-Wohnstube
a Sitzecke  b Wandschrank
c Blumenbord mit eing. Näh-
und Flickschränkchen
d Speiseschrank,
e Schränkchen mit el. Uhr
**2** Kochnische
a Heizkessel mit Kochplatte
b Elektroherd  c Spühle
d Arbeitstisch, darunter el. Kühl-
schrank  e Küchenschrank
f Schränkchen für Küchengeräte
g Abluftkanal
**3** Elternschlafraum  a Klappbares
Doppelbett  b Nachttisch
c Wäscheschrank
d Kleiderschrank  e Sitzecke
f Bücherschrank
**4** Kinderschlafraum  a Stockbett
b Kleiderschrank  c Schreibtisch
d Stuhl
**5** Bad  a Badewanne  b Waschbecken  c WC  d Hausapotheke
e Ablage und Wäschekorb
**6** Flur  a Garderobe  b Schrank
c Schrank

Dornier-Heim als Doppel-
haus in München-Neuau-
bing. Architekt: W. Schmidt

zur Wahl, der allerdings nicht von der Firma Dornier
gefertigt wurde.
Im Mai 1950 wurde in München das erste Musterhaus erstellt. Die Entwicklung war auf Peter Dornier
in Zusammenarbeit mit dem Architekten Walter
Schmidt zurückzuführen. Zur Vorstellung dieses
Musterhauses äußerte sich Claude Dornier folgendermaßen: »Die Gedanken sind nicht neu. Bereits
während des Krieges habe ich mich mit dem
Gedanken befaßt, meine Spezialarbeiter aus dem
Stahlbau und der Flugzeugkonstruktion produktiv in
der Friedenswirtschaft zu beschäftigen. So entstand
der Plan, diese Mitarbeiter dort einzusetzen, wo sie
später am dringendsten gebraucht würden. Beim
Wiederaufbau im Wohnungsbau.«[6]
Das Haus in München war als Doppelhaus entworfen
und bestand aus einer hochindustriell gefertigten

»Innenschale« und einer handwerklich aufgebrachten Außenhaut aus Gasbetonplatten, die nach der Montage verputzt wurden. Dornier versuchte damit ein allzu technisches Äußeres, wie beim Wohnzeug, zu vermeiden. Die Akzeptanz und damit auch die Absatzchancen auf dem Wohnungsmarkt wären bei einem unkonventionellen Aussehen erfahrungsgemäß minimal gewesen. Trotz dieser Kompromisse war das Gebäude technisch anspruchsvoll aufgebaut. Die stählernen Fachwerkwände profitierten durch die Fertigung im Dornier Flugzeugwerk, indem U-förmige, 2-3 mm starke Leichtbauprofile, ähnlich denen im Flugzeugbau, verwendet wurden. Innenseitig wurden diese Profile mit Gipskarton- und Holzfaserplatten beplankt. Auf die Außenseite waren die bereits erwähnten Gasbetonplatten mit speziellen Metallhaltern auf Distanz angebracht. Diese Vorsatzschale war selbsttragend, so daß die Halter nur die Horizontalkräfte und die Bewegungen aus den thermischen Spannungen aufnehmen mußten. Die zweischalige Konstruktion erwies sich als vorteilhaft gegenüber den Konstruktionen der Metallhäuser aus den zwanziger Jahren, die aus Kondensat und thermischen Spannungen herrührende Schäden aufwiesen. Erwähnenswert ist weiterhin, daß die Gasbetonplatten mit dem Grundmaß 1,25 x 0,5 m ohne Verschnitt verlegt werden konnten, was auf eine saubere, rationelle Planung schließen läßt. Der Wandaufbau war Teil der Raumzellen. Im Erdgeschoß genügten zwei der 2,50 m breiten und 6,15 m tiefen, einseitig offenen Einheiten, um die Räume zu bilden. Im Obergeschoß wurde das Prinzip in etwas kleinteiligere Elemente umgewandelt, um die Verwendung eines kostenintensiven Krans zu vermeiden. Die geringen Lasten konnten mit leichtem Hebezeug bewältigt werden.

Der Grundriß des Gebäudes war von äußerster Sparsamkeit geprägt: minimale Erschließungsflächen und ein Mindestangebot an Räumen für eine vierköpfige Familie. Im Erdgeschoß lag der 14 m² große Wohnraum; die Küche, nur vom Wohnraum zugänglich, war 4,8 m², der Waschraum mit einem

mögliche Flugzeugproduktion abzeichnete. Alle Dornier-Wohnhäuser kamen trotz fortschrittlicher Konzepte über den Projekt- oder Prototypenstatus nicht hinaus, was vermutlich an einem falsch eingeschätzten Markt und an den zu technoid ausgeformten Entwürfen lag. Andere Firmen der ehemaligen Rüstungsindustrie hatten mit der Wohnhausproduktion teilweise größere wirtschaftliche Erfolge.

## M.A.N.-Stahlhaus

Die M.A.N.-AG stellte ab 1950 in Augsburg und Gustavsburg ca. 300 Montagehäuser in Stahltafelbauweise her. Die Firmenleitung von M.A.N. hatte bereits 1946 die Lage auf dem Wohnungsmarkt erkannt und einige Grundgedanken zu einem industriell gefertigten Haustyp formuliert:
»*Die Bauindustrie ist nicht in der Lage, den ungeheuren Bedarf an Wohnungen in einer annehmbaren Zeitspanne zu befriedigen. Es ist daher notwendig, daß ein großer Teil der Industriezweige, deren Fertigungsprogramm heute nicht mehr vordringlich ist, mithilft, Häuser mit beliebigen anderen Werkstoffen zu bauen. Dabei wird die Arbeitsteilung so durchgeführt werden müssen, daß sich die Bauindustrie vorzugsweise mit der Durchführung von Reparaturen befaßt, während die anderen Industriezweige die fabrikmäßige Fertigung von neuen Häusern übernehmen. Ganz gleich, welcher neuen oder ungewöhnlichen Baustoffe man sich hierbei bedienen wird, es werden in absehbarer Zeit Häuser jeder Konstruktion auf dem Markt abgesetzt werden können, und zwar selbst dann, wenn sich ein bestimmter Wohnhaustyp oder ein bestimmter Baustoff allen anderen klar überlegen zeigen sollte.*«[7] M.A.N. betrachtete das Stahlhaus nicht nur als einen momentanen, bedarfsorientierten Ausweg, sondern durchaus als eine Lösung, die längerfristig Bestand haben könnte. Nach einer nur zweijährigen Entwicklungszeit wurde im September 1946 der erste Prototyp vorgestellt. Dies war nur möglich, weil M.A.N. auf vorhandene Entwicklungen zurückgreifen konnte

WC nur 1,45 m² groß. Die Badewanne mußte ins Untergeschoß weichen. Das Elternschlafzimmer mit 7,5 m² war im Obergeschoß untergebracht. Dieses wies aufgrund des um 15° geneigten Dachs schräge Decken auf. Im Obergeschoß kamen noch ein größeres und ein kleineres Kinderzimmer hinzu.
Die Haustechnik beschränkte sich auf einen zentral angeordneten Küchenherd mit Gasteil und Dauerbrandbefeuerung, der durch eine Klappe mit dem Wohnzimmer verbunden war und somit als Heizung diente. Das Bad im Keller gab es als Option zusätzlich zum Waschraum.
Schon Anfang der fünfziger Jahre wurde der Wohnhausmarkt von Dornier kaum mehr beachtet, da sich mit der Gründung der Bundeswehr 1955 wieder eine

und zwar auf das Bleckenhaus von 1927. Sicher war das M.A.N.-Stahlhaus letztlich eher eine konstruktiv- oder produktionstechnisch orientierte Idee. Architektonisch fehlte eine klare Aussage, wie in einem Exposé der M.A.N.-AG von 1945 deutlich wird: »[...] man kann es nach persönlichem Geschmack und Umgebung mit flachem Sattel- oder Walmdach, aber auch mit einem Steildach bauen, mit oder ohne Gaupen. Gestalte es nach deiner Idee, füge es in die Landschaft, die du dir dafür gewählt hast, passe es den nachbarlichen Häusern an, um nicht aufzufallen[...]«[8] So sind die negativen Reaktionen der Fachpresse auf das Erscheinungsbild des Gebäudes nicht verwunderlich.[9]

Die Vorteile des Stahlhauses lagen, wie bereits erwähnt, in der Konstruktion der Metallstruktur und im produktionstechnischen Ablauf. Als tragende Teile fungierten die aus 1-mm-Stahlblech gepreßten Außenwandelemente, die mit Glaswollematten ausgelegt und auf der Innenseite mit Hartfaser- oder Sperrholzplatten verkleidet waren. Die Abmessungen dieser Außenwandtafeln betrugen 1 x 2,51 m. Die Elemente wurden linear aneinandergereiht und mittels weiterer Stahlprofile auf ein konventionelles Fundament aufgesetzt. Dieses Bausystem erwies sich im Gegensatz zu einem Skelettbau als äußerst flexibel, da man auf einem Rastermaß von 50 cm planen konnte. Voraussetzung war allerdings eine Gebäudetiefe von 8 m. Diese resultierte aus der Dachkon-

*Errichtung des zweiten Probehauses*

*Montage der Seitenwände*

*Montage der Seitenwände, Hochziehen des Dachbinders*

*Montage des Dachbinders*

*Befestigung der Dachbinder am Obergurt*

*Montage der Giebelwand, Montage der Dachbleche*

struktion, die aus standardisierten Fachwerkträgern mit 8 m Länge bestand. Das kleinste Standardhaus, das angeboten werden konnte, hatte Abmessungen von 8 x 8 m, das nächstgrößere 8 x 10 m, dann 8 x 13 m bis zu 8 x 16 m. Der Fußboden war entsprechend modular aufgebaut: eine Stahlrahmenunterkonstruktion mit aufgelegten Nut- und Federbohlen aus Holz. Die Wärmedämmung aus Glaswolle befand sich im darunterliegenden Zwischenraum.

Die Gestaltung des Innenraums wurde durch das Fehlen von tragenden, festen Wänden sehr erleichtert. M.A.N. bot ein Schrankeinbauset aus verschiedenen Holzsorten an, das dem Rastermaß von 5 cm oder 100 cm entsprach und durch unterschiedliche Anordnungsmöglichkeiten die Wohnräume bildete. Weitere interessante Ausbaudetails waren die doppelt verglasten Schiebefenster, die M.A.N. aus den Erfahrungen der Produktion von Eisenbahnwaggons übernehmen konnte und die sonst in dieser Form nur bei dem amerikanischen Lustron-Haus und bei einigen Konstruktionen Jean Prouvés eingesetzt wurden. Der Montageablauf im Gustavsburger Werk war durch entsprechende Mechanisierung relativ kurz: Der Zeittakt für die Fertigstellung eines transportablen und montagefähigen Hauses betrug für eine acht Personen starke Gruppe eine Woche. Ein 8 x 8 m großes Haus wog ungefähr 15 t bei einem Volumen von 105 m$^3$. Für den Transport reichten zwei Eisenbahnwagen oder zwei LKW-Zugmaschinen mit platzsparenden Spezialhängern aus. Die Montagezeit betrug dann nur noch einen Tag.

Nein, hier scheint uns sogar sehr vieles nicht zu stimmen, soweit es sich um die sichtbare äußere Erscheinung handelt fast alles. Wir sprechen vom M A N - S t a h l h a u s, das mit Hilfe der Presse und des Rundfunks bereits von sich reden macht, und von den Fachkollegen mit Spannung erwartet wird. Das Ersuchen um Unterlagen für die Fachpresse hat die MAN mit der Begründung abgelehnt, daß eine Veröffentlichung erst zu einem späteren Zeitpunkt erwünscht sei. Wohl dann, wenn nichts mehr zu retten ist. Wir können also unseren Lesern nur ein Lichtbild der äußeren Erscheinung bieten, aber wir glauben, es genügt vollauf, um zu zeigen, daß hier d e r Weg beschritten wurde, der dazu führt, das vieldiskutierte „vorfabrizierte" Haus bei allen Menschen von Geschmack und Kulturwillen in Mißkredit zu bringen.

So jedenfalls geht es nicht! Der Maschineningenieur allein kann kein Haus bauen, auch keines fabrizieren, wenn anders ein Haus und nicht eine Stahlschachtel herauskommen soll. Wenn man aber eine Stahlschachtel konstruieren will, wozu man den Architekten eher entbehren kann, dann dürfte diese Konstruktion nicht den untauglichen, um nicht zu sagen lächerlichen Versuch machen dürfen, einem Haus ähnlich zu sehen.

An dem hier abgebildeten „Haus" aber ist kaum e i n e Möglichkeit der Häßlichkeit versäumt worden. Da können auch die Blumenkästen nichts mehr retten.

Es ist tief deprimierend für uns Deutsche, wenn ein Werk von der Bedeutung und den Möglichkeiten der MAN so jede Spur von Kulturwillen vermissen läßt!                                          er

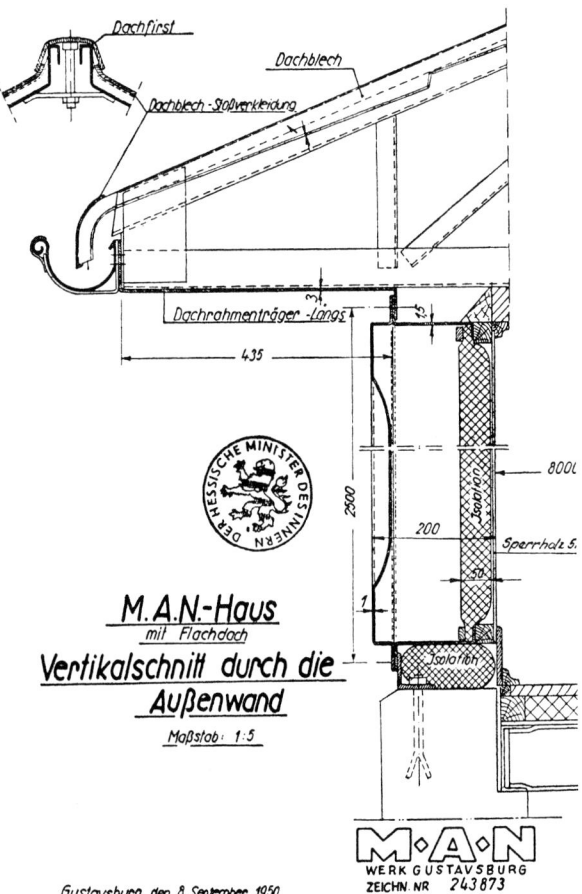

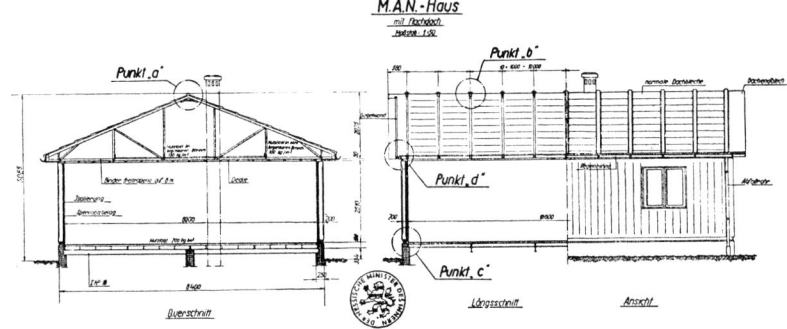

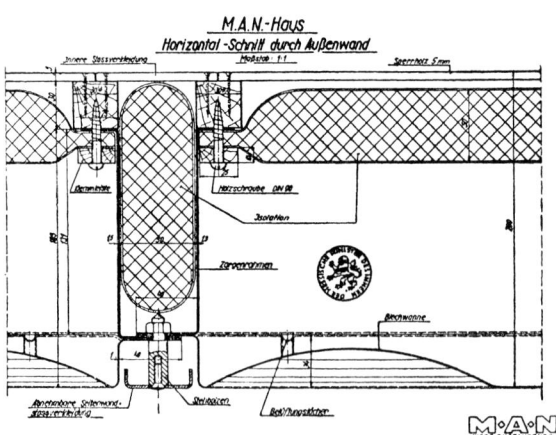

*Zeichnungen aus
der Zulassungsurkunde
vom 29. September 1950.
Hausversion mit
flacher Dachneigung*

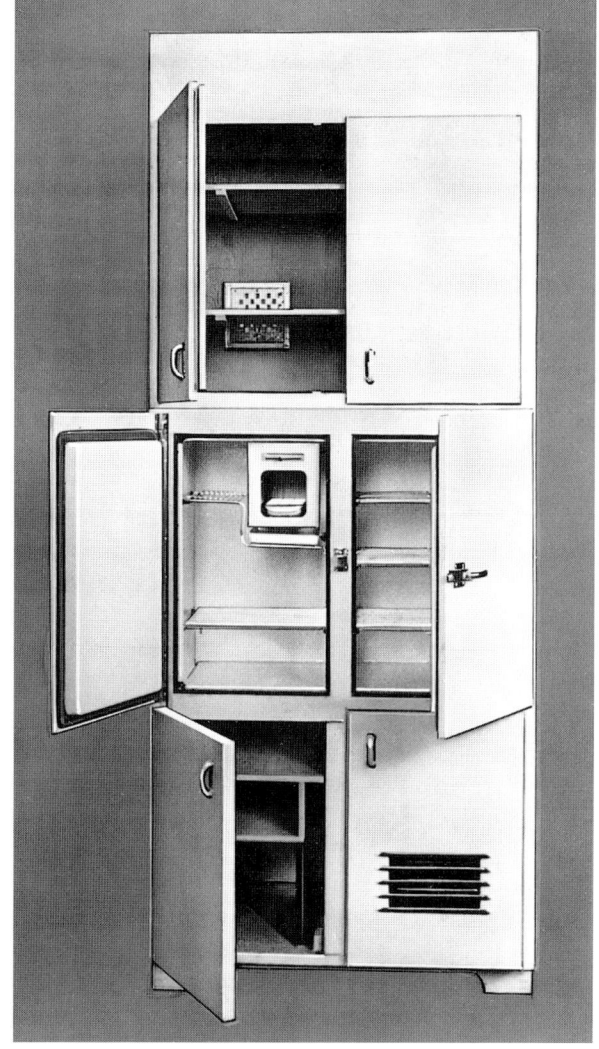

Bei M.A.N. konnten ebenfalls verschiedene Sonder-formen geordert werden: Exporthäuser für Indien zum Beispiel, Reihen- und Doppelhäuser, und sogar Laden- und Schulbauten wurden für eine Über-gangszeit erdacht. Die Produktion verlief allerdings nicht ganz problemlos, da die nötigen Werkzeug-maschinen fehlten und zum Teil auch Engpässe in der Stahlbelieferung vorhanden waren.

Dennoch war die Qualität der hergestellten Häuser für die damalige Zeit sehr gut. Aufgrund der guten Wärmedämmung, der feuerverzinkten Bauteile und der eingebrannten Anstriche kam es kaum zu Korrosions- und Kondensationsproblemen. Vom mehr-maligen Nachstreichen der Fassade abgesehen, mußten kaum Wartungsarbeiten vorgenommen werden. So ist es zu erklären, daß auch heute noch relativ viele M.A.N. Stahlhäuser in gutem Zustand bewohnt wer-den können.

Die Urform des M.A.N-Stahl-
hauses war eingeschossig
und hatte mit dem über die
ganze Hausfläche gehenden
Dachraum unter dem
flachen Giebeldach
ausreichend Platz zum
Wäschetrocknen und zum
Abstellen von Hausgerät.
Die Unterkellerung des
Hauses erfolgte nach
Wunsch.

*Das Badezimmer des M.A.N-Stahlhauses*

*Gruppe von unterschiedlich großen M.A.N-Stahlhäusern in Gustavsburg. Gut zu erkennen sind die Fassaden mit horizontalen oder vertikalen Paneelen.*

## Lustron-Haus

Fast zeitgleich zu den Entwicklungen von M.A.N. in Deutschland wurde in Columbus, Ohio ebenfalls an der Entwicklung eines industriellen Metallhauses gearbeitet. Aufgrund der positiven Wirtschaftsentwicklung in den USA nach dem Krieg war der Bedarf an Wohnhäusern so groß, daß sich sogar die Regierung der Vereinigten Staaten mit der Problemlösung beschäftigte. Der Ingenieur Carl Strandlund, Vizepräsident der Chicago Vitreouos Enamel, der sich bisher vor allem mit emaillierten Stahlkonstruktionen beschäftigt hatte, wurde mit einer Projektstudie beauftragt. Aufgrund der überzeugenden Ergebnisse entschloß sich der Senat mit dem RFC (Regierungsstelle für Nachkriegskredite) im Mai 1946, das Unternehmen von Strandlund mit $15,5 Mio. zu fördern. 1948 und 1949 kamen weitere Kredite in Höhe von 10 Mio. bzw. 7 Mio. hinzu. Diese enormen Geldsummen wurden benötigt, da von Anfang an in großen Stückzahlen mit neugebauten Fabrikanlagen produziert werden sollte. Als Vorbild für die Fertigungsanlagen galt die fortschrittliche, amerikanische Automobilindustrie und die moderne Flugzeugindustrie. So ist es auch kein Zufall, daß die Fabrikhallen mit immerhin 93 000 m² überdachter Fläche auf dem Gelände der Curtis-Wright-Flugzeugwerke gebaut wurden. Produktionsziel waren 85 Häuser pro Tag, was bedeutete, daß die Hauptproduktionsgruppen des Werks, Materiallager, Presserei, Emaillierabteilung, Montage, Schweißwerkstatt und Packerei, ungefähr vier Häuser pro Stunde bewältigen mußten. Dies war nur möglich, indem man die verschiedenen Produktionseinheiten mit einem Förderband zusammenschloß. Überhaupt versuchte man, den Produktionsablauf soweit wie möglich zu automatisieren und bei der Fertigung die modernsten und zugleich einfachsten Verfahren anzuwenden. Fast alle Bauteile wurden aus Blechtafeln oder -bändern im Werk zu entsprechenden Profilen oder Kassetten gepreßt, die dann wiederum mit maschinellem oder automatischem Punktschweißen zusammengesetzt wurden.

Anschließend wurden die verschweißten Trag- und Wandelemente in Emaillieröfen oberflächenbeschichtet, was zu einer fast lebenslangen Haltbarkeit der Metallteile ohne notwendiges Nachstreichen oder -behandeln führen sollte.

Am Beispiel der tragenden Wand- und der Dachprofile zeigt sich exemplarisch die vereinfachte Produktion von eigenen Profilen aus Blechbandmaterial: Das Blechband lief kontinuierlich in eine mit einer entsprechenden Vielzahl von Rollen ausgerüstete Biegewalze ein, wurde dann automatisch abgelängt und kam direkt in eine Vielpunktschweißmaschine, welche die gebogenen Profile im Abstand von etwa 30 cm miteinander verschweißte. Die Herstellung erfolgte im Minutentakt. Daraus entstanden ca. 20 Tafeln, die wiederum zu Wandelementen und Dachbindern zusammengeschweißt wurden

*Grundriß*

1 *Gedeckter Vorraum*
2 *Wohnzimmer*
3 *Elternschlafzimmer*
4 *Bücherschrank*
5 *Frisiertisch*
6 *Kinderschlafzimmer*
7 *Bad*
8 *Wirtschaftsraum*
9 *Heißwasserbereitung*
10 *Heizaggregat an der Decke*
11 *Küche*
12 *Eßraum*

*Seite 75:*
*Lustron-Haus in den USA.*
*Ansicht der neuen Planung,*
*Pressen für die Stahltafeln*

Architektonisch betrachtet war das Lustron-Haus allerdings alles andere als innovativ, es orientierte sich an der traditionellen Form des amerikanischen Farmhauses. Zur Wahl standen vier Standardgrößen, bei denen aufgrund des hohen Automationsgrades keine Sonderwünsche erfüllt werden konnten.

Installationen wie Bad und Küche waren komplett als Einheit vorgefertigt und mußten vor Ort nur noch eingebaut werden. Gleiches galt für die Elektro- und Sanitärinstallationen. Der Transport war mit speziellen Lkws gut vorbereitet und organisiert, so daß das Gebäude von zwölf Personen in etwa einer Woche aufgebaut werden konnte.

Längerfristig konnte sich das Unternehmen wirtschaftlich nicht durchsetzen, weil die Investitionen gemessen an den verkauften Einheiten zu hoch waren. Lustron mußte bereits 1950 Konkurs anmelden, da die Regierungskredite nicht verlängert wurden. Die Marktchance, die anfangs aufgrund des hohen Bedarfs an Wohnhäusern vorhanden war, konnte wegen einer zu langsam anlaufenden Produktion nicht genutzt werden. Zum Teil waren die Investitionen in die Produktionstechnik auch unüberlegt und sogar falsch dimensioniert. Als die Produktion endlich zu großen Stückzahlen gelangte, war die Nachfrage bereits durch lokale, konventionelle Bauprojekte gesättigt.

### Weitere Metallhausprojekte

In England hatte man wie in Deutschland das Problem, sich mit den Kriegsverlusten an Wohnraum auseinanderzusetzen. Die Regierung suchte nach einem Weg, die Flugzeugindustrie weiterhin zu beschäftigen und gleichzeitig den Bedarf an Wohnraum für die nächsten zehn Jahre zu decken. Das Ergebnis war das sogenannte Airoh-Haus, das ab 1946 in Serie gefertigt wurde. Immerhin wurden bis 1948 ca. 78 000 Aluminiumhäuser errichtet, die noch heute in England zu finden sind. Die Besonderheit dieses Hauses war eine flugzeugorientierte Fertigung, bei der sogar eine Aluminiumlegierung

Aluminium-Haus Airoh-
Hawksley, Hucclecote,
Gloucester, England.
Montage des Dachbinders
auf einer Hauszelle

Aluminium-Haus Airoh-
Hawksley.
Verbindungselement zweier
Hauszellen

aus dem Flugzeugbau verwendet wurde. Als Verbindungen wurden Hohlnieten, die ebenfalls aus dem
Flugzeugbau kamen, eingesetzt. Durch die Verwendung von Aluminium traten keine ernsthaften Korro-
sionsprobleme auf, allerdings konnten die Möglichkeiten des Materials wegen der konventionellen
Bauform nicht vollständig genutzt werden.

In Deutschland gab es neben den Projekten von Dornier und M.A.N. Wohnhausentwürfe von Willy
Messerschmitt. Bei dessen Bauten handelte es sich
nicht um komplette Häuser, sondern um ein Bausystem, die sogenannte Messerschmittbauweise, mit

dem man Häuser auf einem Rastermaß von 0,60 m bau-
en konnte. Es war eine Tafelbauweise in den Abmessungen von 1,20 x 0,60 m aus Gasbeton, kombiniert
mit Stahlfachwerkträgern im Dach- und Decken-
bereich. Die Gasbetonplatten, präzise mit Nuten und
speziellen Verbindungsnippeln versehen, ermöglichten
einen schnellen, trocken gebauten Wandaufbau. Die
Nuten mußten nach der Montage zur Aussteifung des
Bauwerks mit Beton ausgegossen werden. Durch die
verputzte Modulbauweise versuchte man sich von
den üblichen Fertighäusern abzusetzen und erreichte so das erwünschte traditionelle Aussehen.

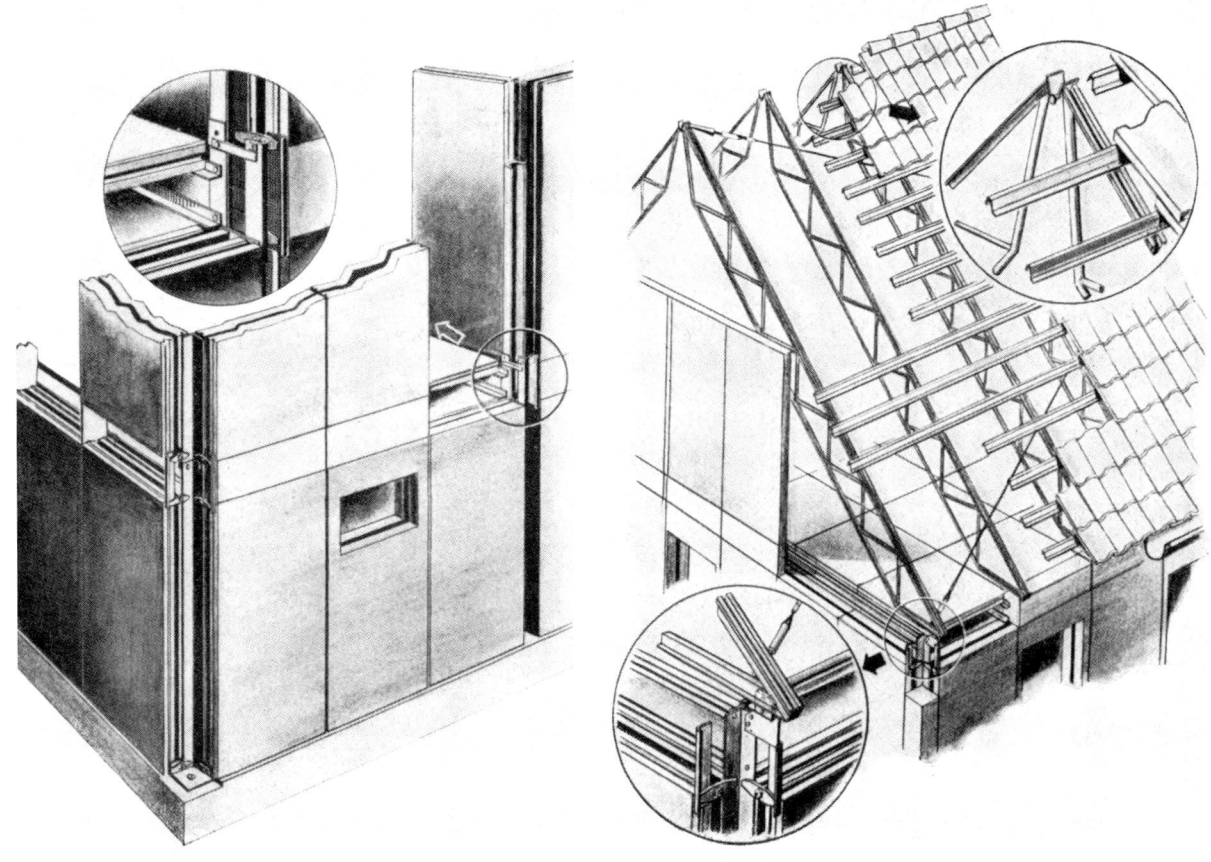

## Die Export- und Versuchssiedlung »Das Fertighaus«

Genau zwanzig Jahre nachdem in Stuttgart die Weißenhofsiedlung internationale Anerkennung erhalten hatte, fand 1947 im Stuttgarter Stadtteil Zuffenhausen eine weitere Ausstellung statt, die kostengünstiges, industrialisiertes Bauen zum Thema hatte: die Exportmusterschau. Allerdings stand diese Ausstellung unter anderen Vorzeichen als die Ausstellung von 1927, die repräsentativ für die gesellschaftlichen Errungenschaften der zwanziger Jahre war und sowohl architektonisch als auch bautechnisch einen Höhepunkt darstellte. Die Exportmuster-

schau stand unter dem Einfluß des verlorenen Krieges mit allen seinen beschränkenden Auswirkungen. So ging zum Beispiel die Anregung zur Stuttgarter Musterschau von der Wirtschaftsabteilung der amerikanischen Militärregierung OMGUS in Berlin aus, die ausländischen Käufern Fertigbauten aus Deutschland vorführen wollte. Alle Gebäude konnten nur mit den in der Nachkriegszeit zur Verfügung stehenden Materialien geplant oder gebaut werden, mußten für einen einfachen Transport ins Ausland geeignet sein und sollten ohne große Ansprüche von Laien zusammengebaut werden können. Da Holz Ende der vierziger Jahre Mangelware war, konnten keine Holzbauten erstellt werden.

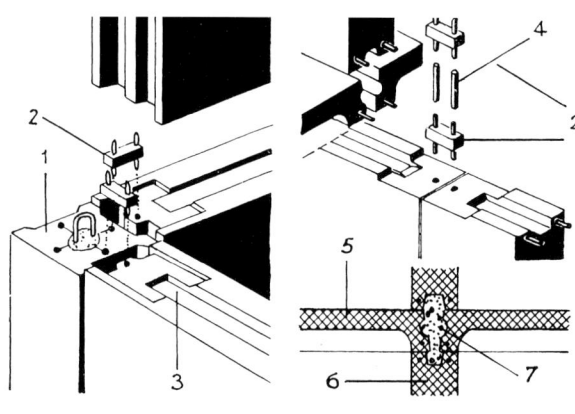
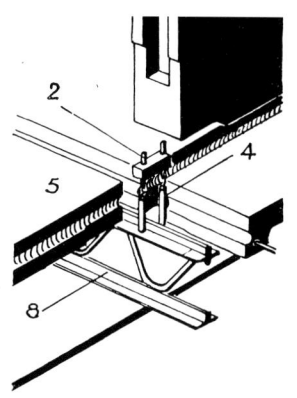
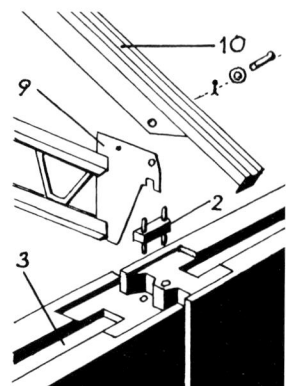

Messerschmitt-
Tafelbauweise, 1949.
Eckpfosten mit
Außenwandanschluß

1 Stockwerkseckpfosten
2 Verbindungsstück
3 Ausgußfuge

Tragende Zwischenwand

4 Distanzhalter
5 Deckenplatte
6 Zwischenwandplatte
7 Zementmörtelverguß

Deckenplatten

8 Deckenträger

Dachträger-Anschluß bei
darunterliegenden
Dachträgern

9 Deckenträger-Aufleger
10 Dachträger

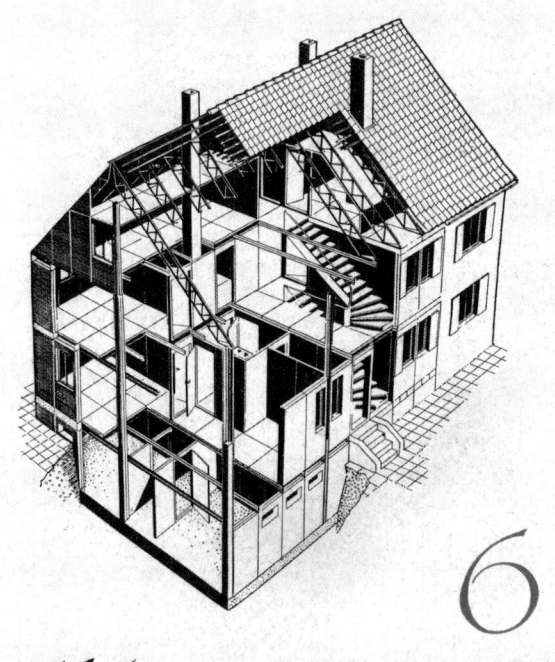

Baumeister

6

46.Jahrgang / Juni 1949

Diese Gebäude sollten möglichst eingeschossig sein
und eine Wohnfläche um 70 m² bieten.
Die weiteren Randbedingungen konnten relativ frei
gewählt werden, da aufgrund des Industrieplans für
den Export keinerlei Bestimmungen und Einschrän-
kungen, etwa baurechtlicher Art, vorlagen.
Die Fertighausexporte sollten den nötigen Erlös für
Lebensmittel und Rohstoffeinfuhren bringen.[10] Allerdings konnten die Häuser als Prototypen noch nicht
überzeugen, da sie zum Teil in schlechter Qualität
ausgeführt waren. Außerdem waren sie nicht Ergebnis ausgefeilter Serienproduktion, eine solche hätte
unter den hinderlichen Umständen der Nachkriegszeit auch kaum entstehen können, da es vor
allem an Maschinen für die Produktion mangelte.

Montage der
Außenwandtafel des ersten
Stocks. Einziehen des
Zugankers für die vier mittle-
ren Platten zwischen den
Ständern

Isometrie. Titelseite der
Zeitschrift »Baumeister«

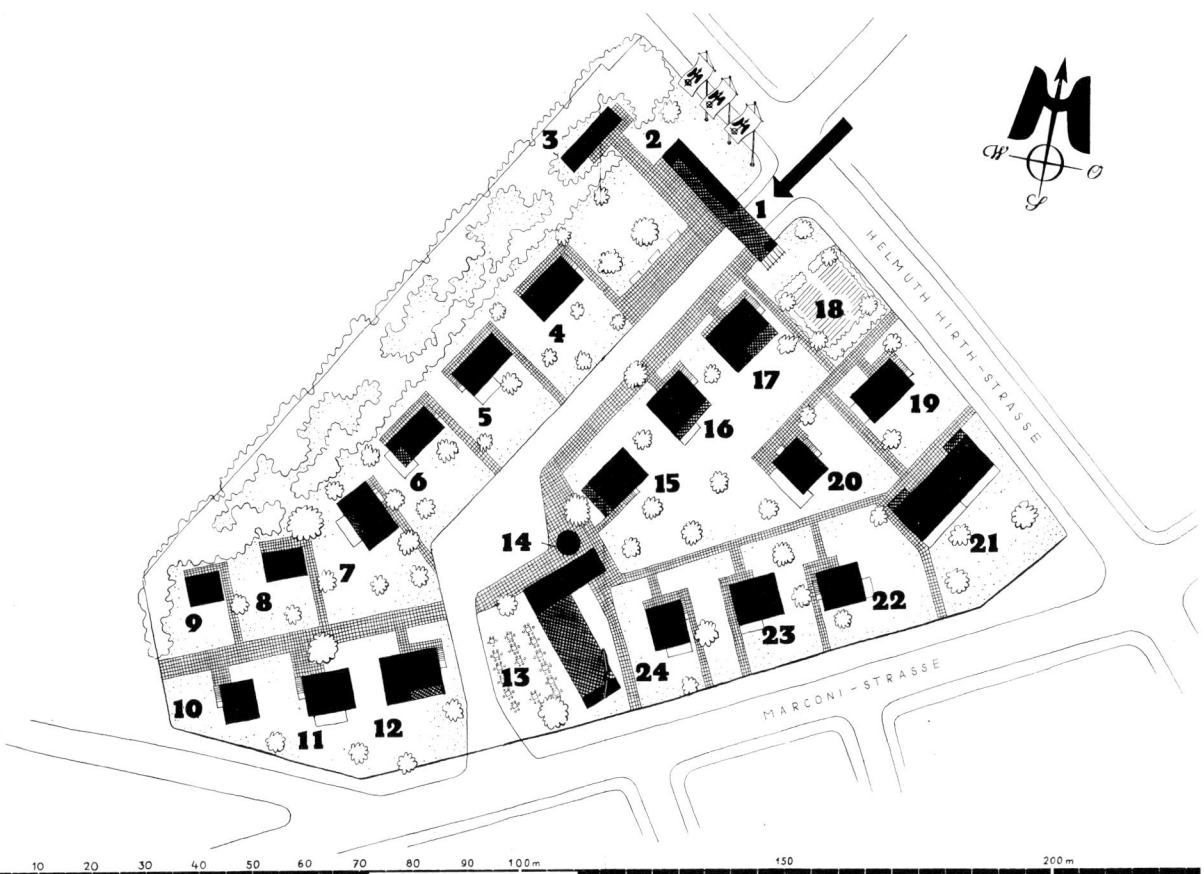

Der eigens für diese Ausstellung gegründete Arbeitsausschuß Fertigbau wählte unter erfahrenen Firmen die, welche fabrikatorische Grundlagen bieten konnten, aus.

Des weiteren wurde die Zusammenarbeit mit bekannten Architekten empfohlen, was aber letztlich nicht stattfand. Immerhin konnte der Ausschuß erreichen, daß wirklich schlechte Entwürfe unterbunden wurden. Aufgrund der schwierigen Voraussetzungen erfüllte sich der Wunsch nach einem guten Exportgeschäft nicht, vielmehr mußte man erkennen, daß auch in Deutschland keine Absatzchance bestand und die Produktion wegen hoher Zinsen und knapper Geldmittel nicht finanziert werden konnte.[11]

Die Musterhäuser dienten danach der Forschungsgemeinschaft »Bauen und Wohnen« in Zusammenarbeit mit der Bauforschungsanstalt der TH Stuttgart für bauphysikalische Messungen. Der Baumeister resümierte 1947 die Ausstellung folgendermaßen: »In Ihrer Erscheinung wirken die meisten Häuser reichlich unreif. Wenn Deutschland auf dem Gebiet des Exporthauses konkurrenzfähig werden will, müssen gerade in dieser Beziehung noch erhebliche Anstrengungen gemacht werden.«[12]

Die meisten der ehemals 23 Häuser stehen noch heute - ein Zeichen für die Bauqualität. Der Abriß einiger Gebäude hat den Originalzustand der Siedlung beeinträchtigt.

Haus Nr. 17, Typ 63 F, Josef
Hebel, Bauunternehmung

1 Eingang, Flur
2 Wohnzimmer
3 Elternschlafzimmer
4 Kinderzimmer
5 Küche
6 Bad, Waschraum, WC
7 Terrasse
8 Kellertreppe

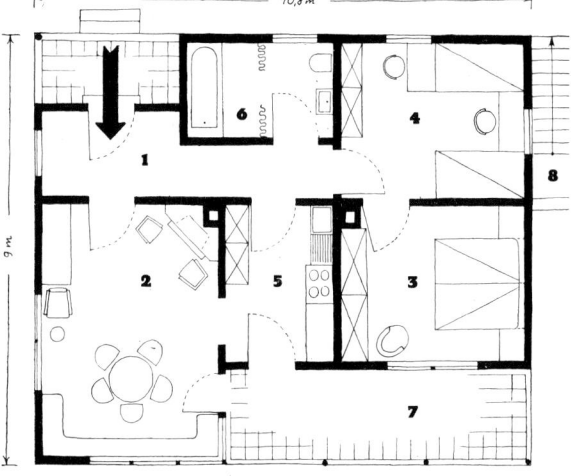

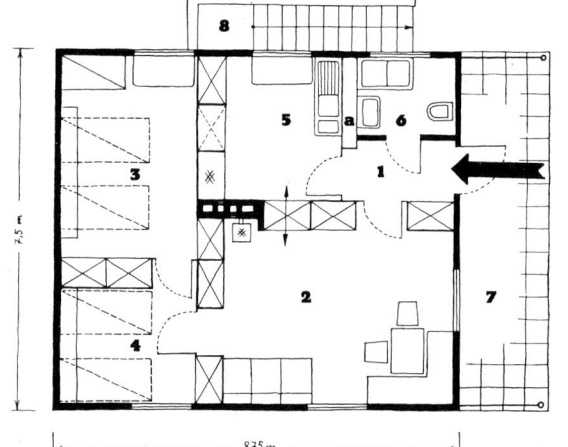

Haus Nr. 15, Typ Homburg,
»Stahlbau« Industrie- und
Handelsgesellschaft mbH

1 Eingang, Flur
2 Wohnzimmer
3 Elternschlafzimmer
4 Kinderschlafzimmer
5 Küche
6. Bad, Waschraum, WC
7 Terrasse
8 Kellertreppe
a Installationswand

Haus Nr. 7, Typ SBU,
Siemens-Bauunion GmbH

1 Eingang, Flur
2 Wohnzimmer
3 Elternschlafzimmer
4 Kinderschlafzimmer
5 Küche
6 Bad, Waschraum, WC
7 Abstellraum
8 Terrasse
9 Kellertreppe
a Installationszelle
mit Kellertreppe

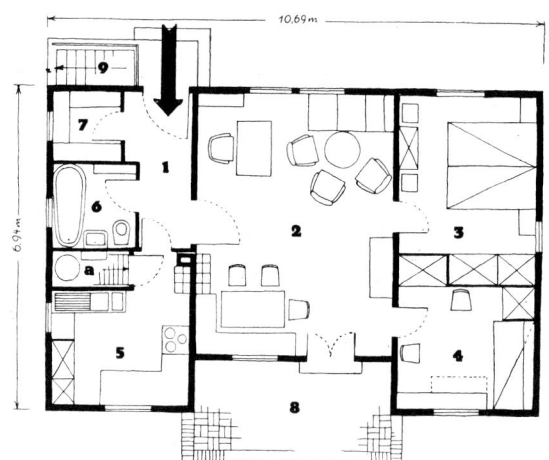
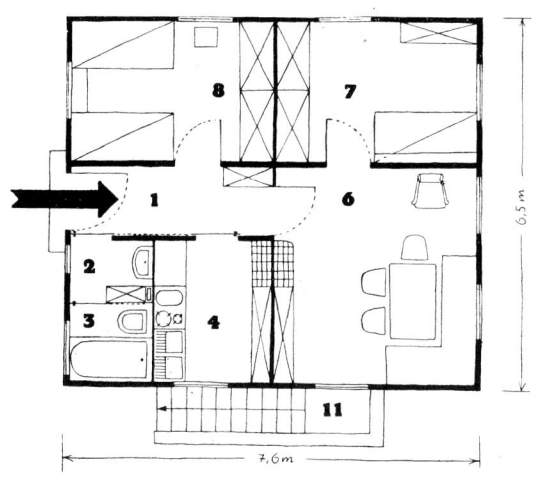

Haus Nr. 10, Typ B 49,
Platex-Hausbau GmbH

1 Flur
2 Waschraum
3 Bad mit WC
4 Küche
5 Eßnische
6 Wohnraum
7 Kinderzimmer
8 Eltern-Schlafzimmer
9 Zimmer
10 Terrasse
11 Kellertreppe
Heizung: nach Wunsch Ofen-,
Warmwasser-
oder Warmluftheizung

In der Broschüre »Das Fertighaus« des Wirtschaftsministeriums Baden-Württembergs hieß es:
*»Der Mangel an Wohnraum lastet nicht nur auf uns Deutschen, die wir vor den Trümmern unserer Häuser und Fabriken stehen und nicht wissen, wie wir den Millionen von Ausgebombten und aus dem Osten Angesiedelten eine auch nur annähernde menschenwürdige Unterkunft verschaffen sollen. Durch ihn werden ebenso mehr oder weniger alle Völker betroffen, die der Krieg mit seinen Verwüstungen heimgesucht hat. Selbst Amerika, das keinerlei Schäden durch direkte Kriegseinwirkungen zu verzeichnen hat, steht vor der Tatsache, daß viele seiner Bewohner ohne Heim sind.*

*Die Beseitigung dieses Wohnraummangels ist somit unbestritten zu einem brennenden Lebensproblem geworden. Die damit der Bauwirtschaft gestellten Aufgaben können mit den herkömmlichen Methoden des Bauens in den nächsten Jahrzehnten auch nicht annähernd gelöst werden und verweisen auf den Weg, industrielle Arbeitsmethoden im Häuserbau nutzbar zu machen, mit dem Endziel, das Fertighaus als Dauerwohnraum zu schaffen, das als Industrieproduktion einer Größenordnung hergestellt wird, die einen wesentlichen Beitrag zur Lösung der gestellten Aufgabe bedeuten kann. Die Möglichkeit, die Fabrikation unabhängig von der Jahreszeit und im wesentlichen mit angelernten und ungelernten Arbeitskräften durchzuführen, ist dabei ein nicht zu unterschätzender Vorteil gegenüber dem normalen Bauen.*

*Ein Blick in das Ausland zeigt, daß die dort bereits entwickelten und praktisch erprobten Konstruktionen einen Grad der Vollkommenheit erreicht haben, von dem wir uns noch gar keine rechte Vorstellung machen können. Wenn wir dann noch erfahren, daß die im Ausland – vor allem in Amerika – angelaufene Produktion bereits über 150 000 Fertighäuser hergestellt und abgesetzt hat, so ergibt sich eindeutig, daß wir einem Vorsprung gegenüberstehen, der nur schwer aufzuholen ist.«*[13]

Siedlung von 1947.
Gesamtübersicht.
Im Vordergrund die
Häuser 23, 22 und 21,
dahinter Haus 20

# Entwicklungen in den USA

### Das »Case-Study-House-Program« – Wohnbau auf neuen Wegen

Die Entwicklung mobiler, seriell gefertigter Architektur erreichte in Los Angeles nach dem Zweiten Weltkrieg ein neues Stadium: John Entenza, der Herausgeber der Zeitschrift »arts & architecture«, forderte in seinem Magazin dazu auf, die Wohnhaustypologien für die Wünsche und Bedürfnisse der Mittelklasse neu zu interpretieren.

Das sogenannte »Case-Study-House-Program«, angekündigt in der Januarausgabe 1945, war an Bauherren gerichtet, die Entbehrungen, und Ungewißheit des Krieges überdrüssig waren und optimistisch in eine bessere Zukunft blicken wollten. Die »Case-Study-House«-Entwürfe wurden ausführlich in »Arts & Architecture« veröffentlicht und – als regionales Beispiel für modernes Bauen – durch eine Musterhausausstellung ergänzt. Die ersten Häuser errichtete man auf einem Gelände über dem Santa Monica Canyon, spätere Bauten waren über ganz Los Angeles verteilt. Als Vorbilder dienten die europäischen Wohnausstellungen »Ein Dokument Deutscher Kunst« in Darmstadt (1901), der »Pavillon de l'Esprit Nouveau« von Le Corbusier bei der »Exposition internationale des arts décoratifs« in Paris (1925), die »Weißenhofsiedlung« in Stuttgart (1927) und die Ausstellungshäuser, die für das »Museum of Modern Art« in New York errichtet wurden (1932). Das »Case-Study-House-Program« konnte allerdings nicht wie die Vorbilder in Europa auf öffentliche Gelder zurückgreifen, sondern mußte aus privaten Mitteln finanziert werden.

### Hintergründe

Der Erfolg des »Case-Study-House-Program« ist durch die Weitsicht von Entenza begründet, der die Häuser für reale Bauherren konzipierte und die Ergebnisse anschließend veröffentlichte. Entenza hatte das Magazin »arts & architecture« 1938 gekauft und in ein internationales Magazin für moderne Architektur und Design umgewandelt. Nach Einschätzung der bekannten Autorin Esther McCoy[1] wurde dadurch das Architekturniveau in Los Angeles in unglaublicher Weise angehoben und die Stadt rasch Teil der internationalen Architekturszene.

Die 36 Case-Study-Projekte, die entworfen und dokumentiert wurden, lassen sich in drei Kategorien einteilen: Bis zum Jahre 1949 herrschte zunächst die Verwendung gemischter Materialien vor, von 1950 bis 1960 wurden Pavillons aus Stahl und Glas entwickelt, und nach 1960 folgten erste Versuche der Siedlungsplanung. Absicht des Programms war, Prototypen moderner Architektur für die Mittelklasse Südkaliforniens zu entwerfen, um die arbeitsaufwendigen Häuser der Vorkriegsjahre durch schnell zu erstellende, vorfabrizierte und zeitgemäße Gebäude zu ersetzen. John Entenza glaubte wie seine europäischen Vorbilder an die Fähigkeit moderner Architektur, das allgemeine ästhetische Empfinden nachhaltig zu verändern. Außerdem gab es eine spezielle Gruppe von Architekten, deren Werk er einer breiten Öffentlichkeit bekanntmachen wollte. Selbstverständlich wollte Entenza auch den Bekanntheitsgrad und Einfluß seines Magazins steigern. Er meisterte die schwierige Aufgabe, eine Vielzahl einflußreicher Kräfte zu verknüpfen und eine Idee in die Wirklichkeit umzusetzen und weiten Kreisen bekanntzumachen.

Auch die gesellschaftlichen Rahmenbedingungen stellten die Weichen für den durchschlagenden Erfolg des Programms. Die Häuser paßten in eine Zeit, in der die wachsende Automobilisierung zur Dezentralisierung führte, und waren maßgeschneidert für eine Region mit niedrigen Grundstückspreisen: Eingeschossige Konstruktionen waren billiger und einfacher zu bauen als mehrgeschossige Häuser, die zur Einsparung von Bauland führten. Ebenerdige Neben- und Abstellräume waren ebenfalls kostengünstiger als Unterkellerungen. Mit Frost war in diesen Breiten nicht zu rechnen, die starke Sonneneinstrahlung stellte ein weitaus größeres Problem dar.

Daß damals rund vier Millionen Amerikaner in sogenannten »mobile homes« wohnten, sprach für eine rege Nachfrage nach einfachen, mobilen Häusern. Der politische Wunsch nach Wohneigentum für jeden und eine neue Gesetzgebung, die den Wohnbau nach Weltwirtschaftskrise und Weltkrieg fördern sollte, verstärkten dieses Interesse. Die Materialknappheit während des Kriegs und auch noch in den Nachkriegsjahren zwang zu einem ökonomischen Umgang mit den Baumaterialien. In dieser Zeit war eine allgemeine Aufbruchsstimmung zu spüren, die den Visionen der Moderne zuträglich war.

## Die Wohnbausituation in den USA nach dem Zweiten Weltkrieg

Die allgemeine Wohnbausituation in den USA war vor allem von traditionellen Holzbauweisen geprägt. Es gab standardisierte Fertigholzhäuser, die von Generalunternehmern produziert und erstellt wurden, da Planung und Ausführung einer strikten Trennung unterlagen. Die Häuser konnten aus Katalogen ausgewählt werden, die historische Baustile aus den verschiedenen Regionen der USA und Europas nachahmten, jedoch in keiner Weise innovativ waren. Dagegen wollte das »Case-Study-House-Program« die Ideen der Moderne vorantreiben. John Entenza war der Auffassung, daß die moderne Architektur nicht wirklich von der Allgemeinheit verstanden werden konnte, bevor sie nicht in gebauten Beispielen erlebbar war. Hunderttausende besuchten die verschiedenen Wohnhäuser, um die Prinzipien moderner Architektur vor Ort zu erfahren: allein ca. 350 000 Besucher interessierten sich für die in den ersten drei Jahren gebauten Häuser des Programms.

Eine schwere Aufgabe war es, auf die Material- und Wohnungsknappheit nach dem Zweiten Weltkrieg zu reagieren. Viele Architekten erkannten, daß es notwendig war, auf eine andere Art und Weise zu planen und zu bauen. Die technischen Neuerungen aus der Hochrüstung der Kriegsjahre konnten auch auf das Bauwesen übertragen werden. So wurden neue Kunststoffe und Kunstharze entwickelt, elektrisches Schweißen ermöglichte die Fertigung filigraner Stahlverbindungen, neuartige Beschichtungen wurden eingeführt, und es gab eine verstärkte Normierung von Industrieprodukten.

Die Vorfabrikation und Massenproduktion von Bauteilen wie Türen und Fenstern in Holz, Stahl und Aluminium wurde zu dieser Zeit intensiviert. Es gab ein verstärktes Interesse an Konstruktions- und Fertigungsprozessen, die auf ökonomische und industrielle Weise abzuwickeln waren. Das »Case-Study-House-Program« war nur ein Teil einer Entwicklung, seit viele Architekten begonnen hatten, mit ähnlichen Ideen zu experimentieren.

## Die erste Phase: 1945 - 1949

Zu Beginn war das »Case-Study-House-Program« von Gebäuden mit Holzkonstruktionen geprägt. Das erste Haus des Programms wurde 1946 nach einem Entwurf von J.R. Davidson gebaut. Es stand auf einem Grundstück von 21 x 30 m und hatte eine Wohnfläche von 102 m$^2$ - zu dieser Zeit in den USA die gesetzlich erlaubte Obergrenze.

Eine Stahlbetonfundamentplatte mit eingebauter Fußbodenheizung und darüberliegende Asphalt- oder Kunststoffböden dienten als Basis für die Holzskelettkonstruktion. Diese war außen mit einer Holzverschalung oder mit einem Putz auf Rabitzgewebe verkleidet. Innen verwendete Davidson Gipsplatten und birkenfurnierte Sperrholzplatten. Die Qualitäten des Hauses bestanden in einer einfachen Materialwahl und in der praktischen und revolutionären Grundrißlösung, die völlig ohne Flure auskam. Dies war damals in den USA unüblich, gehört jedoch heute zum Standard - sicherlich zum großen Teil eine Errungenschaft des »Case-Study-House-Programs«. Wohnbereich und Privatbereich waren in zwei Zonen gegliedert und öffneten sich zu einer gemeinsamen Terrasse. Ein weiteres Case-Study-House wurde mit

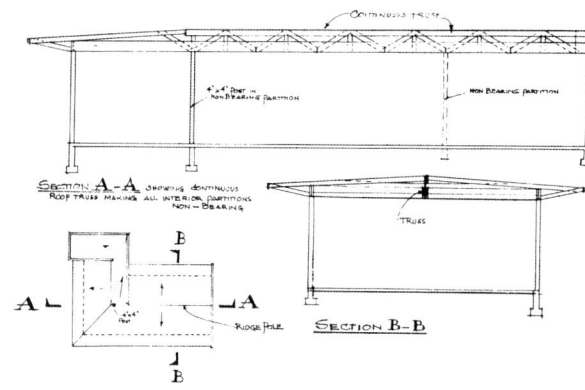

*Case-Study-House Nr. 1 von J.R. Davidson, West Los Angeles, 1946. Südansicht mit Glasschiebefenster*

*Holzskelett und Dachaufsicht*

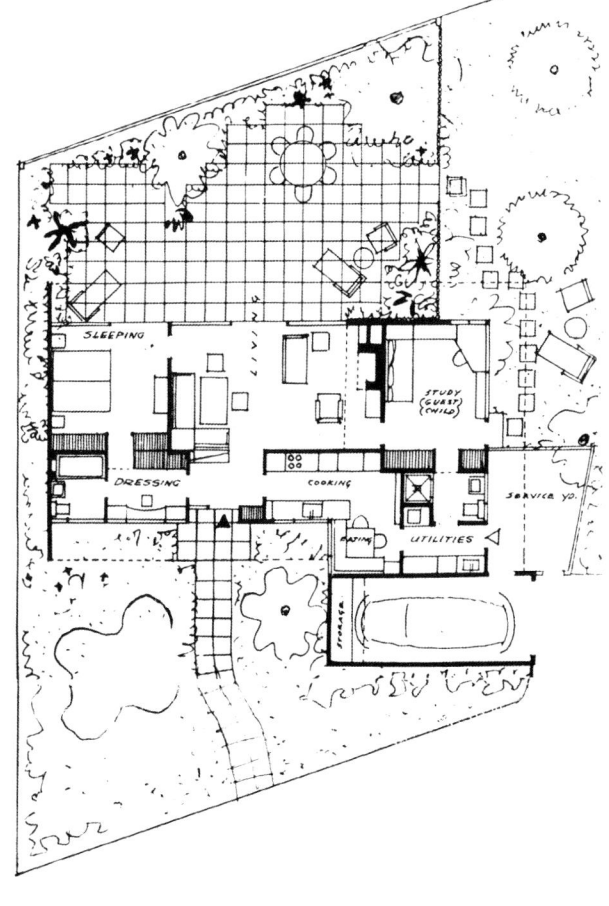

*Grundriß*

dem gleichen Grundriß gebaut, was verdeutlicht, daß die Häuser des Programms keine Unikate sein sollten, sondern wiederholbare, für die Serie konzipierte Entwürfe.

Eines der bekanntesten Beispiele dafür ist das Eames-House von 1945. Es ist Teil einer Gruppe von Häusern, die oberhalb der Klippen von Pacific Palisades mit Blick auf den Pazifik erstellt wurden. Diese Gruppe schließt das Entenza-House und die Case-Study-Houses von Rodney Walker und Richard Neutra mit ein. All diese Häuser wurden auf die speziellen Bedürfnisse der Bauherren maßgeschneidert. Beim Eames-House waren die Stahlrahmen für die Konstruktion zwar schon fertig an die Baustelle geliefert worden, Eames verwarf aber seinen Entwurf in letzter Minute noch einmal. Die Rahmen konnten auch für die geänderte Version verwendet werden, jedoch war eine Überarbeitung auf der Baustelle unumgänglich.

Der Architekturkritiker Reyner Banham berichtet in seinen Veröffentlichungen, wie das Case-Study-House Nr. 8 von Ray und Charles Eames für europäische Beobachter immer mehr zur Verkörperung der gesamten Versuchsreihe geriet – hauptsächlich wegen des exzellenten Gebäudes, aber auch aufgrund der Inneneinrichtung, die modernes Leben mit mehr Komfort und Funktionalität verband als zum Beispiel die von Le Corbusier oder von Bauhausschülern ent

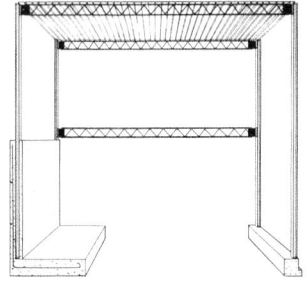

nicht nur dessen Hülle war von Bedeutung, selbst der Garten gehörte zum Bestandteil eines jeden Entwurfs. In dieser neuen, modernen Welt mit all ihren Qualitäten, in welche die Kriegsveteranen nun zurückkehrten, war alles darauf angelegt, eine moderne Lebensart zu unterstützen. Bis auf Richard Neutra, William Wurster, J.R. Davidson und Eero Saarinen war zu Beginn des Programms die Mehrheit der Architekten, die Entenza berief, außerhalb Kaliforniens relativ unbekannt. Aus verschiedenen Gründen wurden andere, bekanntere Namen wieder ausgeschlossen, auch deswegen, weil einige Bauherren es ablehnten, ihre Häuser nach Fertigstellung der Öffentlichkeit zugänglich zu machen.

## Die zweite Phase: 1950 - 1960

Nach dem Eames-House waren die wohl einflußreichsten Häuser des Programms die Case-Study-Houses von Pierre Koenig (Nr. 21 und 22). Sie entstanden in der Zeit von 1950 bis 1960, der zweiten Phase des »Case-Study-House-Programs«. In diesen Jahren lag der Schwerpunkt auf Stahlkonstruktionen, damit aus jedem Haus ein Prototyp erstellt werden konnte, der theoretisch in Serienproduktion von Fließbändern rollen konnte. Es wurde versucht, eine engere Beziehung zwischen Architektur und industriellen Techniken aufzubauen, um handwerkliche Baumethoden abzulösen. Probleme entstanden dadurch, daß nun keine Improvisationen auf der Baustelle mehr möglich waren und zu dieser Zeit

worfenen Möbel. Über den Gebrauchswert hinaus waren diese Eames-Möbel natürlich auch ästhetisch eindrucksvoll. Sie verkörperten den herrschenden Zeitgeist, der in der Ausstellung auch eher verständlich wurde als durch theoretische Abhandlungen.
Die Einstufung der Möblierung ist wichtig, denn sie beleuchtet einen essentiellen Aspekt des Programms: Der gesamte Lebensbereich eines Wohnhauses und

keine auf den Wohnbau zugeschnittenen Walzprofile von der Industrie erhältlich waren, da zuwenig Wohnhäuser in Stahl gefertigt wurden.

Das Case-Study-House Nr. 21 wurde erstmals im Mai 1958 als Zeichnung veröffentlicht und noch im selben Jahr erstellt. Mit einer charakteristischen Ökonomie der Mittel unterteilte Koenig den Grundriß mittels eines Sanitärblocks, der zwei Bäder und einen

*Case-Study-House Nr. 22 von Pierre Koenig, Los Angeles, 1959. Winkelförmiger Haustyp mit Pool im Zentrum*

*Geschlossene Straßenfront mit Stellplatz*

*Perspektive Stahlskelett*

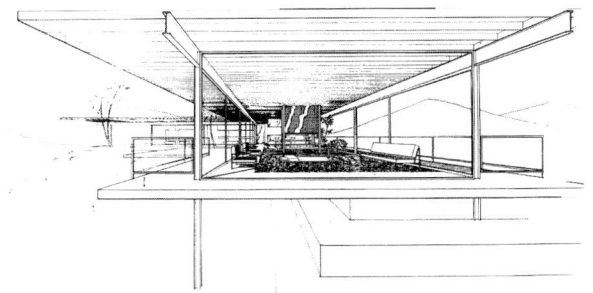

Technikraum für die Klimaanlage beinhaltete, in verschiedene Wohnbereiche und erreichte dadurch eine großzügige Wirkung des Innenraums. Um eine formale Balance mit der strengen Form der Stahlkonstruktion zu erreichen, umgab Koenig das Haus mit reflektierenden Wasserbassins, überbrückt von Terrassen und Stegen, die Innen- und Außenraum, Haus und Natur miteinander verbanden. Koenig verwendete gängige Industriehalbzeuge, um eine hohe Flexibilität in der Konstruktion und eine strukturelle Einfachheit zu erreichen. Seine sachliche Auseinandersetzung mit Stahl ist gepaart mit Einfallsreichtum in Grundriß und Detail, Gefühl für Proportionen und - beim Case-Study-House Nr. 21 - mit einem besonderen Gespür für die Wirkung des Wassers. Die eigentliche gebäudetechnische Innovation ist jedoch die Mechanik, die das Wasser aus den Becken zur Kühlung auf das Dach des Hauses pumpt, um es an den Seiten wieder über Wasserspeier in die Bassins zurückfließen zu lassen.

Im starken Gegensatz zum pavillonartigen Case-Study-House Nr. 21, das später den Namen Laurel-Canyon-House erhielt, macht das Case-Study-House Nr. 22 von Koenig, das 1960 fertiggestellt wurde, einen eher plumpen Eindruck, da die Klippe, auf der es gebaut ist, von Stützmauern verstärkt wird und die Bodenplatte weit auskragt. Die Bauherren, die Familie Stahl, war sich des Potentials des Bauplatzes bewußt und erkannte, daß ein unkonventioneller, offener Grundriß die beeindruckende Aussicht viel besser in Szene setzen konnte. Koenig stattete den Garten mit großen Grasflächen aus, um den Panoramablick über die gesamte Stadt bis in das eigene Grundstück auszubreiten. Der Fotograf Julius Shulman, seit 1950 ebenfalls Besitzer eines Case-Study-Houses, fotografierte das Stahlhaus im Jahre 1960 mit dem nächtlichen Panorama von Los Angeles im Hintergrund. Seine Bilder dokumentieren eindrucksvoll den »american way of life« in den fünfziger Jahren.

Ein weiterer Protagonist dieser Phase war Craig Ellwood, der ein ähnliches Feingefühl für Form, De-

tail und Proportion entwickelte wie Koenig. Er entwarf die Case-Study-Houses Nr. 16, 17 und 18, die ebenfalls als Stahlskelettkonstruktionen ausgeführt wurden und einen pavillonartigen Charakter haben. Die Stahlskelette sind mit Füllmaterialien ausgefacht, die für Ellwood typische Oberflächenstrukturen aufweisen, zum Beispiel vertikale Holzverschalung, Klinkersteine, Mattglas, Drahtglas oder Glasschiebe-

tafeln. Diese Materialmischung verleiht seinen Häusern einen stark industriellen Charakter. Der Rückbau der Eisenbahnen durch die Wirtschaftskrise führte dazu, daß Ellwood alte Schienen als Rohstoffe für neuentwickelte Stahlprofile verwendete. Dieser rostfreie Karbonstahl kann bei geringem Eigengewicht hoch belastet werden. Die Verwendung spezieller quadratischer Stützen für das Case-Study-House Nr. 16, die

*Case-Study-House Nr. 22, von Pierre Koenig. Blick von der Terrasse auf Los Angeles*

Case-Study-House Nr. 22,
Ausbaudetails: Schiebetüren
und Wandelemente aus
Gipskarton

Case-Study-House Nr. 17
von Craig Ellwood, Beverly
Hills, 1954-1956. Blick auf
die Terrasse mit Swimming-
Pool, links das Schlafzimmer

Eingangsbereich, Sicht-
mauerwerksfassade und
Hohlblockwand mit
Fichtenbretterverschalung

Südansicht: durchscheinende
Glasfassade als Abgrenzung
zum »Kinderhof«

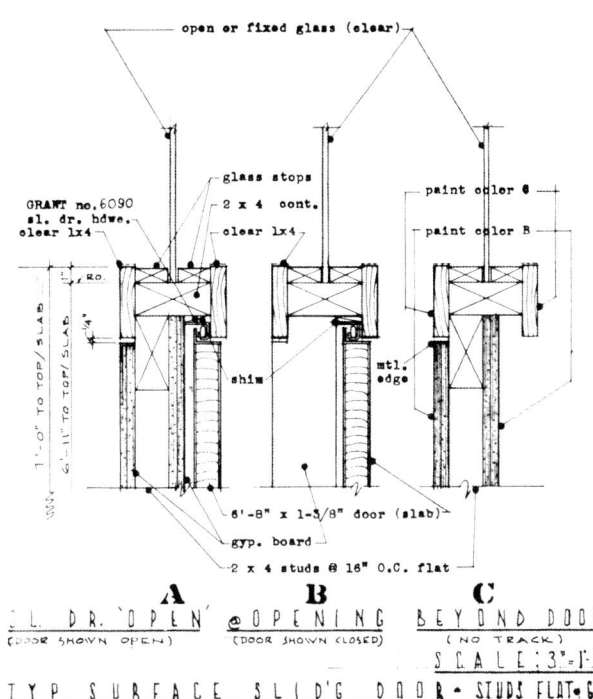

mit 5 x 5 cm extrem schlank waren, und Trägern, die einen Querschnitt von 5 x 14 cm hatten, brachte eine erhebliche Material- und Arbeitseinsparung sowie Gewichtsverringerung mit sich. Die Stützen wurden entweder mit kunststoffbeschichteten Sperrholzplatten oder mit großen Glasflächen ausgefacht. Das Dach war aus Trapezblech gefertigt, während horizontale, blaugefärbte Drahtglasscheiben als Sonnenschutzelemente dienten.

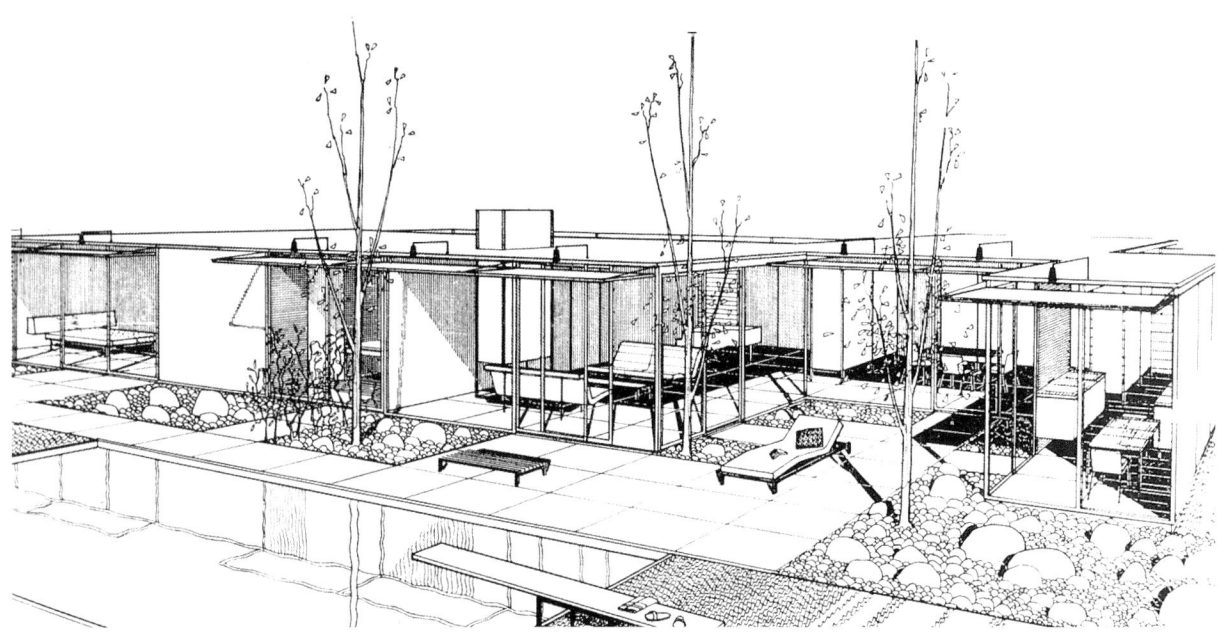

*Case-Study-House Nr. 18
von Craig Ellwood, Beverly
Hills, ab 1956. Perspektive*

*Case-Study-House Nr. 17,
Wandaufbau: Stahlskelett
mit Lochziegeln, zum Teil
mit Beton gefüllt*

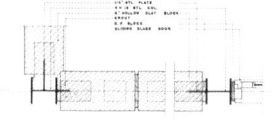

*Case-Study-House Nr. 17,
traditionelle Materialien wie
Holz und Ziegel werden mit
Stahl kombiniert.*

*Case-Study-House Nr. 18,
Perspektive Eingangsbereich:
die vorgefertigten Sandwich-
paneele sind weiß gestrichen.*

Das gesamte Haus konnte durch den Einsatz einfacher Detaillösungen, wie etwa Glastafeln, die nur mit einem Flachstahlstreifen befestigt wurden, in wenigen Tagen errichtet werden. Der Grundriß, der auf einem Raster von 2,40 x 2,40 m beruhte, ermöglichte die Vorfertigung und schnelle Montage des Stahlskeletts.

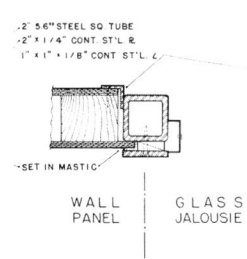

.2" 5.6" STEEL SQ TUBE
.2" x 1/4" CONT ST'L R
1" x 1" x 1/8" CONT ST'L L

SET IN MASTIC

WALL     GLASS
PANEL    JALOUSIE

*Stahlrohrstützen.
Quadratrohr mit
den verschiedenen
Wandanschlüssen*

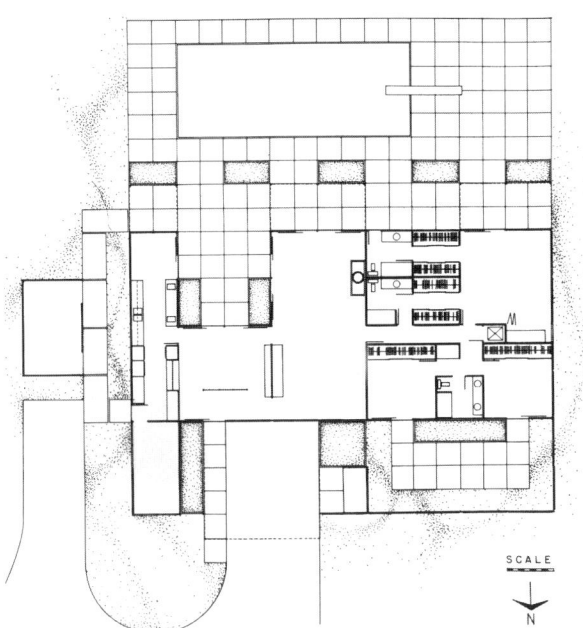

*Case-Study-House Nr. 18,
Grundriß*

SCALE

N

*Stahlskelett aus vorge-
fertigten Rahmen, die
zusammengefügt werden.
Die Aufbauzeit inklusive
Dach beträgt einen Tag.
Das Dach schützt den
weiteren Ausbau vor
Witterungseinflüssen.*

*Nordansicht mit Stellplatz*

## Die dritte Phase: nach 1960

Nach 1960 begann eine dritte Phase, in der das »Case-Study-House-Program« auf neue und umfassendere Ziele ausgeweitet wurde. Während anfangs nur einzelne Häuser gebaut wurden, entstanden nun Planungen von Siedlungen. Es wurden Häusergruppen entworfen, die sich mit neuen Formen des menschlichen Zusammenlebens beschäftigten. Hintergrund für die Auseinandersetzung mit diesem Thema war das anhaltende Wachstum der Städte und die unkontrollierte Entwicklung des Siedlungsbaus. Dazu schrieb John Entenza: »Das ›Case-Study-House-Program‹ ist ein ständig weitergeführtes Projekt dieser Zeitschrift; in seinem Rahmen wurden zwanzig moderne Häuser entworfen, ausgeführt und der Öffentlichkeit zugänglich gemacht. Zum ersten Mal wurden jetzt Pläne für ein Projekt, das drei Häuser gleichzeitig umfaßt, entwickelt. Alle drei sind von den Architekten Edward Killingsworth, Jules Brady und Wangh Smith entworfen. Diese Häuser sollen auch in ihrer Grundidee und in den verwendeten Materialien einheitlich sein.«[2]

Die Architekten Quincy Jones und Frederick Emmons entwarfen mit dem Projekt Nr. 24 eine Siedlung, die im San Francisco-Tal bei Los Angeles entstehen sollte. Auf einem Gelände von 60 Hektar wurden 260 Häuser geplant. Der Gesamtplan umfaßte die Anlage von Grüngürteln, Erholungseinrichtungen, einem Einkaufszentrum, Parzellierung und den Entwurf der Einzelhäuser. Als Finanzier und Bauunternehmer trat die Firma Eichler Homes Inc. auf, die von einem Producer Council unterstützt wurde. Anfänglich geplante gemeinschaftliche Grünflächen verwarf man wieder, weil die Unterhaltung der Anlagen zu teuer und zu schwierig gewesen wäre. Da das Tal dicht mit Bäumen bewachsen war, wurde versucht, einen möglichst großen Bestand zu erhalten, was Auswirkungen auf die Anordnung der Häuser hatte. Die Gebäudestellung wurde auch an die Geländekonturen angepaßt, so daß nur wenig Erdarbeiten notwendig waren. Jones und Emmons strebten mit

*Case-Study-House Nr. 25 von Edward Killingsworth, Jules Brady und Wangh Smith, Long Beach, 1962. Gruppierung von drei Wohnhäusern am Rivo Alto-Kanal*

*Case-Study-House Nr. 24,
von A. Quincy Jones
und Frederick E. Emmons,
San Fernando Valley, 1961.
Ins Gelände eingesenkter
Gebäudetyp*

dem Projekt Nr. 24 eine Art plastische Landschaftsgestaltung an, durch die Häuser und Landschaft zu einer Einheit verschmelzen sollten. Die Bauten wurden deshalb unter dem Niveau der Erdoberfläche angeordnet. Dadurch betonten sie die Geländeform und traten gleichzeitig in den Hintergrund, um den landschaftlichen Gesamteindruck zu unterstreichen. Mit dem Bau der ersten Häuser wurde 1962 begonnen. In eine Ausschachtung von 15 x 20 m wurde das Haus mit einer Grundfläche von 163 m² (mit vier Schlafzimmern und drei Bädern) hineingestellt. Der Erdaushub aus der 60 cm tiefen Baugrube wurde am Rand zu Erdwällen aufgeschichtet, um die Aussicht zu modifizieren und Schallschutz zu gewähren. Der 6 x 15 m große Garten trennt den Schlafteil des Hauses vom Wohnteil, beide Bereiche sind durch einen gedeckten Gang miteinander verbunden, der Wohnraum ist dreiseitig von Terrassen umgeben. Die

Häuser wurden in Holzskelettbauweise ausgeführt und die Außenwände mit Sperrholzplatten verschalt. Die geplanten Siedlungen wurden nie vollständig angelegt, da das Interesse aufgrund der gestiegenen Baukosten zurückging.

Das »Case-Study-House-Program« hat letztendlich bewiesen, daß innovative und qualitätvolle Ideen in Architektur umgesetzt werden können, wenn Unternehmer, Planer, Bauherren, Hersteller und die Initiatoren Einigkeit zeigen. Daß damit Geschichte der modernen, amerikanischen Architektur und Geschichte des »american way of life« gebaut wurde, ist eine logische Konsequenz.

## Experimentelle Häuser von Albert Frey

Albert Frey wurde 1903 in Zürich geboren und studierte unter anderem in Frankreich und in der Schweiz Architektur. Er arbeitete zunächst in Belgien und später bei Le Corbusier, dessen neue Architektur ihn begeisterte. Der technologische Vorsprung der USA veranlaßte ihn, Ende der zwanziger Jahre dorthin zu emigrieren. 1930 gründete er in New York eine Bürogemeinschaft mit Lawrence Kocher, die bis 1935 Bestand hatte. Aus dieser Zeit stammen die beiden nachfolgend beschriebenen Projekte.

## Das Aluminaire-House von 1931

Zielsetzung des Projekts war die Entwicklung eines kostengünstigen, allgemein erschwinglichen Wohnhauses. Das Ergebnis war eine umgebungsneutrale, absolute Form mit offenem Eingangsgeschoß und einer Dachterrasse. Es bestand aus einer Kombination der europäischen Moderne mit neuer amerikanischer Technik unter Verwendung der Materialien Aluminium und Stahl. Der Entwurf wurde zum Publikumsmagnet einer Gebäudeausstellung von 1931, wo das sogenannte »Aluminaire« in zehn Tagen auf- und in sechs Stunden wieder abgebaut wurde.

Das »Aluminaire« wurde jedoch nie in Serie gefertigt. Eine Serienfertigung von mindestens 10000 Stück zu einem Preis von je $ 3200 war zwar geplant, konnte aber aufgrund zu hoher Kosten und logistischer Probleme nicht ausgeführt werden. Der Prototyp wurde jedoch zum mobilen Haus, ganz dem Konzept des ortsungebundenen Hauses entsprechend. Es steht heute als denkmalgeschütztes Objekt auf dem Campus der Architekturabteilung in Central Islip auf Long Island.

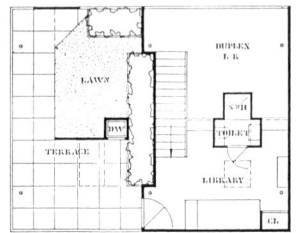
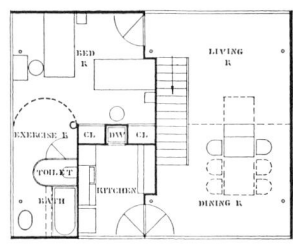
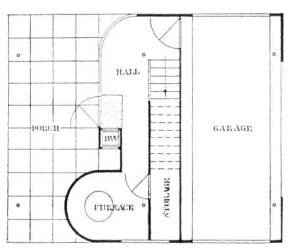

*Haus aus Aluminium, Aluminaire in Syosset, New York, Grundrisse des Dachgeschosses Obergeschosses und des Erdgeschosses*

*Haus aus Aluminium, Aluminaire in Syosset, New York, Vorderansicht und Gartenansicht*

*Dachkonstruktion aus Holz, runde Stahlrohrstütze*

*Anbringen der diagonalen Verschalung*

*Aufbringen der Dachbahnen aus Leinengewebe (Segeltuch)*

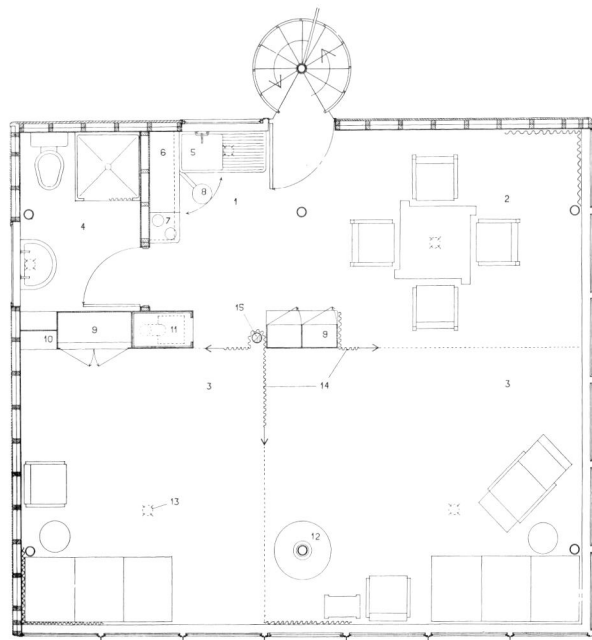

*Albert Frey, experimentelles Wochenendhaus, Grundriß*

1 *Küche,* 2 *Eßzimmer,*
3 *Wohn- und Schlafraum,*
4 *Bad,* 5 *Waschbecken,*
6 *Garderobe,* 7 *elektrischer Kocher,*
8 *drehbarer Hocker,*
9 *Geschirrschrank,* 10 *Regal*
11 *Warmwasserspeicher,*
12 *Sitz,* 13 *elektrische Beleuchtung,*
14 *Vorhänge,* 15 *Regenrohr*

Das »Aluminaire« war als Einzelelement für den Siedlungsbau konzipiert. Der Entwurf sah eine in Höhe und Tiefe gestaffelte Anordnung der Häuser vor, was Raum ließ für große Grünflächen, für Intimität, ungehinderten Lichteinfall und auch für Privatparkplätze. Diese Entwürfe versuchten das Potential des »Aluminaire« als Prototyp für den Siedlungsbau auszuloten.

Das »Aluminaire« besteht aus vorgefertigten Einzelteilen. Es war das erste vollständig aus Leichtmetall und Aluminium entwickelte Wohnhaus. Die beiden oberen Ebenen ruhen auf sechs Aluminiumstützen mit einem Durchmesser von 13 cm, die an Primärträgern aus Aluminium und Stahl befestigt sind. Ein auf Sekundärträgern liegender Stahlboden ist mit Korkdämmplatten und Linoleum belegt. Die nichttragenden Wände haben lediglich Trennwandfunktion. Das schmal gerippte Aluminium der Außenwände ist mit Dämmplatten und Dichtungspappe hinterlegt. Verbunden ist das Ganze mit Schrauben aus Aluminium. Die nur 7,5 cm starken Außenwände sollen einen höheren Dämmwert haben als eine Klinkermauer von 30 cm Dicke. Alle Schiebeflügelrahmen, Türen und Rahmen sind aus Stahl. Der Terrassenboden ist mit strapazierfähigen Asphaltfliesen belegt, die Innenseite der Brüstung mit Asbestzement verkleidet.

Das Erdgeschoß umfaßt neben einer offenen Veranda einen Speiseaufzug, Versorgungsräume, den Eingang und eine Drive-throught-Garage. Der gut vier Meter hohe Wohnraum weist eine doppelte Geschoßhöhe auf und ist durch einen metallgerahmten, gläsernen Einbauschrank vom Eßzimmer getrennt. Zwei Rohre beidseits des Schranks versorgen das darüberliegende Badezimmer, dessen Duschzelle in den Wohnraum ragt und frei im Luftraum des Wohnbereichs hängt.

Das oberste Geschoß enthält eine Bibliothek, das Badezimmer mit der auskragenden Dusche sowie eine Dachterrasse. Das Haus sollte vom Tageslicht unabhängig sein. Im Wohnzimmer sind beispielsweise über und vor den Fenstern auf der Höhe des zweiten Stocks verschiedenfarbige Neonleuchten mit Reflektoren in die Decke eingelassen - ultraviolettes Licht zum Bräunen und Lichtquellen zur Simulation von Tageslicht am Abend. Das Konzept sah vor, einen selbst bei Nacht mit Tageslicht erfüllten Raum zu schaffen. Das gesamte Mobiliar wurde von Albert Frey entworfen.

### Das Wochenendhaus von 1932

1932 erhielt Frey vom Cotton-Textile-Institute den Auftrag, die Verwendbarkeit von Baumwollsegeltuch für den Hausbau zu prüfen. Das architektonische Konzept des Entwurfs ist ähnlich dem des »Aluminaire«: ein über dem Boden schwebender Kubus. Durch die Absetzung vom Bodenniveau wurde eine Spannung geschaffen, die den Baukörper in Kontrast zur Landschaft stellte. Dieser Entwurf diente als Vorbild für das ausgeführte Wochenendhaus für Freys Partner Lawrence Kocher.

7 6 5
13
12
11
14 8
220
10
9
8
7
6
5
4
5
15
3
230
2
1

16
8
9.
5

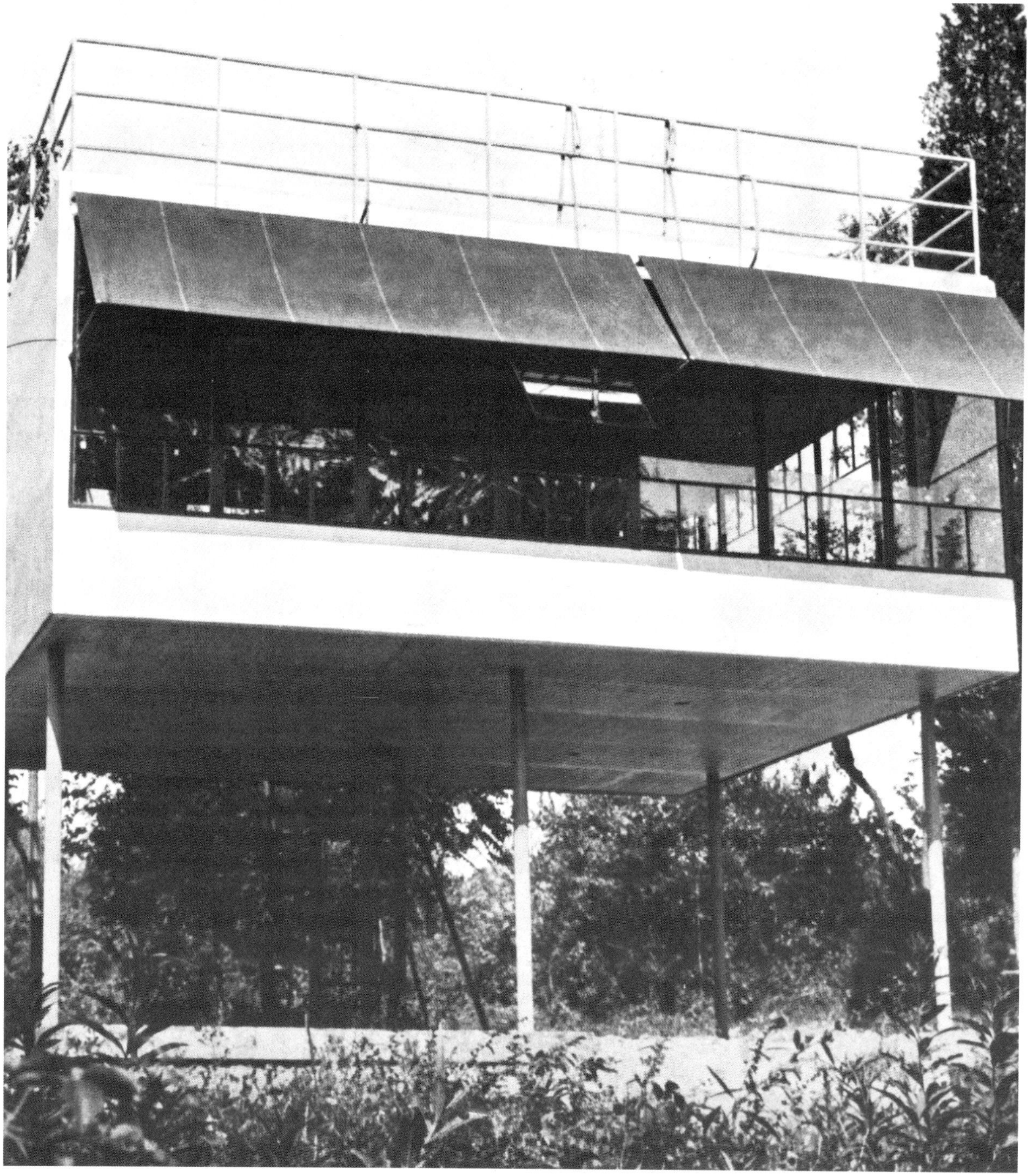

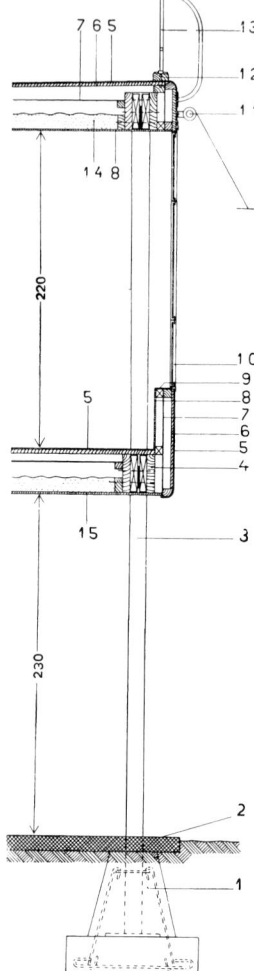

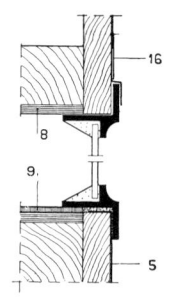

Das Gebäude umfaßte drei Ebenen. Nur die mittlere war geschlossen und über eine äußere Wendeltreppe zugänglich. Das offene Erdgeschoß diente als Terrasse und Garage, das Flachdach als Solarium und Schlafraum unter freiem Himmel. Die mittlere Ebene enthielt alle öffentlichen und privaten Räume in einem einzigen Gemeinschaftsbereich. An der Decke verlief eine Schiene, an der nachts von den Fenstern her Vorhänge in die Hausmitte gezogen wurden, die den Wohnraum in zwei Schlafzimmer teilten. Süd- und Ostfassade waren durchgehende Fensterwände, Nord- und Westseite bis auf ein kleines Fenster geschlossen.

Das Konstruktionsprinzip beruhte auf einer Leicht- und Trockenbauweise mit einem Skelett aus Stahl und Holz. Das Haus wurde von sechs durchgehenden Stahlrohrstützen von 10 cm Durchmesser getragen, die zur Windaussteifung 90 cm tief in Einzelfundamente aus Ortbeton eingespannt waren. Für die Verbindung zwischen Rohrstütze und Holzrahmenböden wurden an erstere zwei Flacheisenflansche angeschweißt.

Zur Dämmung der Decken und Außenwände verwendete Frey Aluminiumfolie. Die Dämmfähigkeit dieses vielfach nur bei technischen Bauten eingesetzten Materials beruhte auf der Reflexion thermischer Strahlen durch seine spiegelähnliche Oberfläche. Die Folie teilte den Luftraum von Außenwand und Decke in zwei Teile. Zur Erhöhung der thermischen Trägheit des Bodens und der Decke kam außerdem Mineralwolle zum Einsatz. Die auf der Holzrahmenkonstruktion angebrachte Diagonalverschalung in Rotholz wurde unmittelbar vor Auflage des mit Marineleim behandelten Segeltuchs mit Bleigrundierfarbe gestrichen. Dies sollte den Stoff an das Holz binden. Der Stoff wurde von unten her horizontal aufgelegt, und zur Befestigung der überlappenden Kanten dienten Kupfernägel im Abstand von 15 cm. Drei Schichten Ölfarbe wurden zum Schutz des Holzes aufgebracht. Aluminiumfarbe als abschließende Deckschicht verlieh der so entstehenden, reflektierenden Oberfläche einen höheren Wärmeschutz. Für Dachfläche und Fußboden im Wohnraum kam eine stärkere Qualität Segeltuch zur Anwendung. Die Außenhaut mußte etwa alle drei Jahre neu gestrichen werden. Beachtenswert sind Details wie die gerundeten Hauskanten und der Anschluß des Segeltuchs an die Fensterrahmen. Die Fensterflächen bestanden aus gewöhnlichen Fabrikstandardfenstern aus Eisen. Bis auf je einen Klappflügel in Wohnraum, Bad und Kochnische waren die Fenster fest verglast. Als Sonnenschutz dienten die frei vor die Fassade gesetzten Stoffrollos sowie innen angebrachte Vorhänge aus Aluminiumstoff.

Das Gebäude besaß ein auffälliges Farbkonzept: das Segeltuch aluminiumfarben, die Eisenstützen, Geländer und der Dachterrassenboden graugrün, Fenster und Sonnenmarkisen tiefrot. Im Innenraum dominierten natürliche Materialien: Wände und Decken waren aus Mahagonisperrholz, der Segeltuchboden im Inneren war tiefrot eingefärbt.

Die Baukosten waren sehr niedrig, da das Cotton-Textile-Institute das Segeltuch gratis zur Verfügung gestellt hatte, um seine Verwendbarkeit zu testen. Marineleimbehandeltes Segeltuch wurde bis dato nur als Bedachungsmaterial für Flachdächer und Terrassen verwendet, und erst Frey hatte diese Technik zur Verkleidung eines ganzen Gebäudes benutzt.

Das Wochenendhaus stand auf Kochers Privatgelände in North Port, New York, nahe der Küste und überstand 1938 sogar unbeschädigt einen Hurrican, der die umliegenden Bäume entwurzelte. In den späten fünfziger Jahren fiel es den Plänen eines Bauunternehmers zum Opfer.

## Richard Neutra - Mobile Fundamente und Sperrholz

Richard Neutra verließ Österreich 1918 nach dem Studium an der Wiener Technischen Hochschule, wo er von Otto Wagner entscheidend beeinflußt worden war. 1921 arbeitete er in Berlin mit Erich Mendelsohn zusammen, ehe er 1923 nach Chicago auswanderte. Dort lernte er Frank Lloyd Wright kennen, in dessen

Büro er kurze Zeit arbeitete. 1925 gründete er bereits sein eigenes Büro. Er widmete sich vielen Bereichen der Architektur, und so entstanden Möbel, Stadtplanungen und eine Vielzahl von Einfamilienhäusern. Zu seinem Werk gehören auch Publikationen, unter anderem über neues Bauen in Amerika, die auch in Deutschland veröffentlicht wurden. Das Hauptfeld seiner Tätigkeit war jedoch die Auseinandersetzung mit der Vorfertigung. Sein Anliegen war sowohl eine zuverlässige Konstruktion als auch eine gute Gestaltung der industriell gefertigten Teile und des daraus gefügten Gebäudes.

## Neutras Planungsziele

Die Vorfertigung von Bauten war Neutras Idealvorstellung in Bezug auf kostengünstiges Bauen. Sein Büro verfügte über ausgedehnte standardisierte Plantypen für Fenster, Türen, Installationen etc., die ständig in seinen Projekten Verwendung fanden. Diese Details bildeten den Grundstock des gewaltigen, methodisch klassifizierten Planmaterials über Holzkonstruktionen, Metallbauweise, Eisenbetonbau, Hausinstallationen, Mobiliar etc. Die unterschiedlichen Bauteile sollten in verschiedenen Fabriken vorfabriziert und zu den jeweiligen Baustellen angeliefert werden.

Dieser Baumethode widersprach nach Neutras Meinung die »Erdenschwere der konventionellen Fundamentierung«. Seine Versuchshäuser aus den zwanziger und dreißiger Jahren (1923 Diatom Prefabricated Houses, 1926 »One plus two« Prefabricated Houses, 1936 Plywood Model House) waren Vorboten einer Architektur der Zukunft: leicht, flexibel, demontierbar und weltweit in jedem Klima einsetzbar. Dafür entwickelte er vorfabrizierte Fundamente, die nicht in die Erde eingegraben werden mußten, sondern auf dem Erdboden auflagen und im Bedarfsfalle auch leicht demontierbar waren. Das Grundprinzip der Fundamente beruhte auf einer gleichmäßigen Verteilung der horizontalen und vertikalen Kräfte, die auf das Fundament auftreffen

und an einem zentralen Gewinde zusammenlaufen.

Die Fundamente hatten drei Funktionen zu erfüllen: Einrichten des Gebäudes auf einem bestimmten Niveau, die seitliche Arretierung gegen Verschieben und permanenter Schutz des Gebäudes vor klimatischen sowie tektonischen Einflüssen.

*Das vorgefertigte Diatom-Haus, 1923. Die Diatomelemente bestehen aus dampfgehärteter Infusorienerde.*

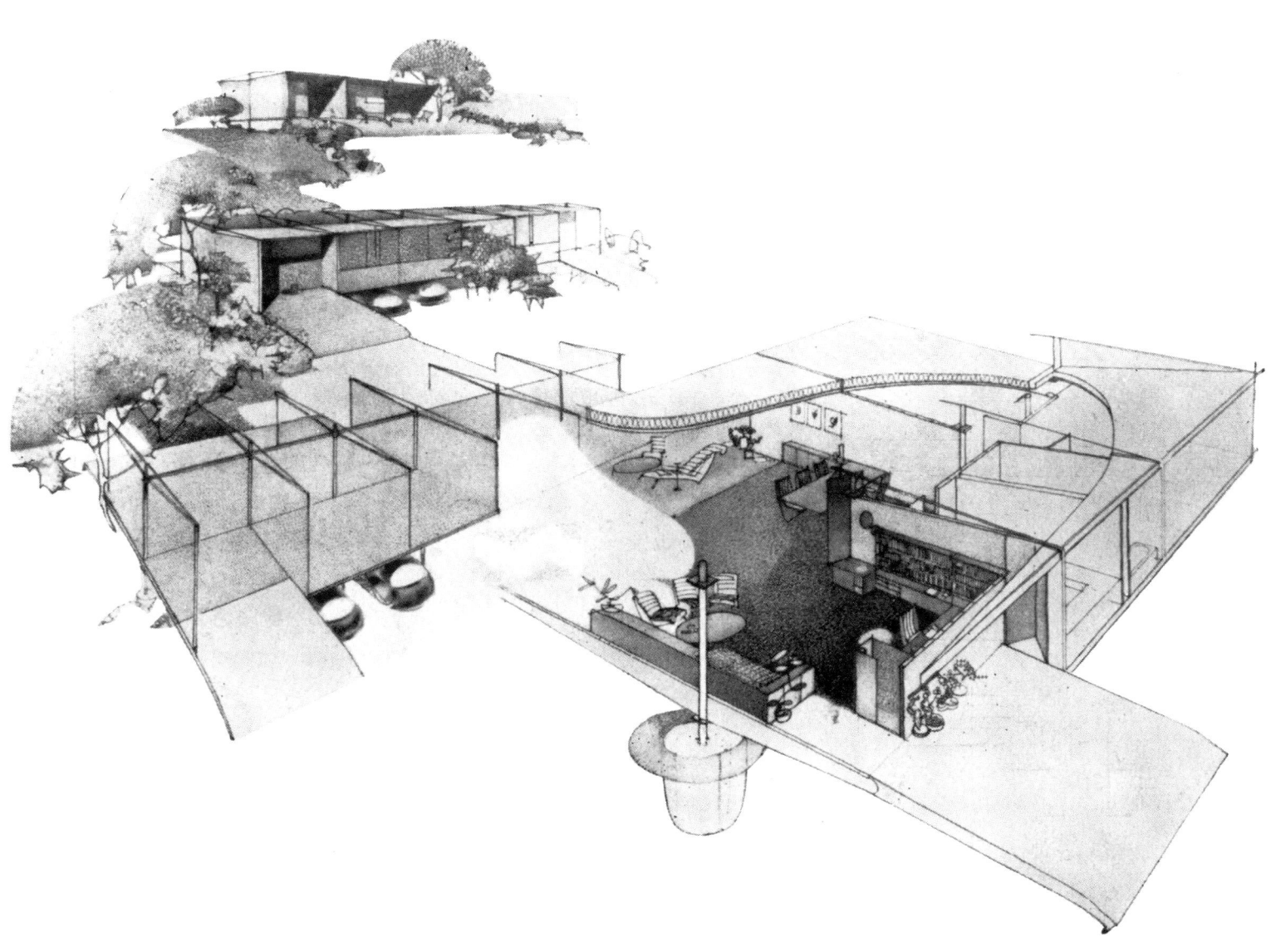

*Vorgefertigte
Diatom-Reihenhäuser
auf einstellbaren
Metallfundamenten
von Richard Neutra*

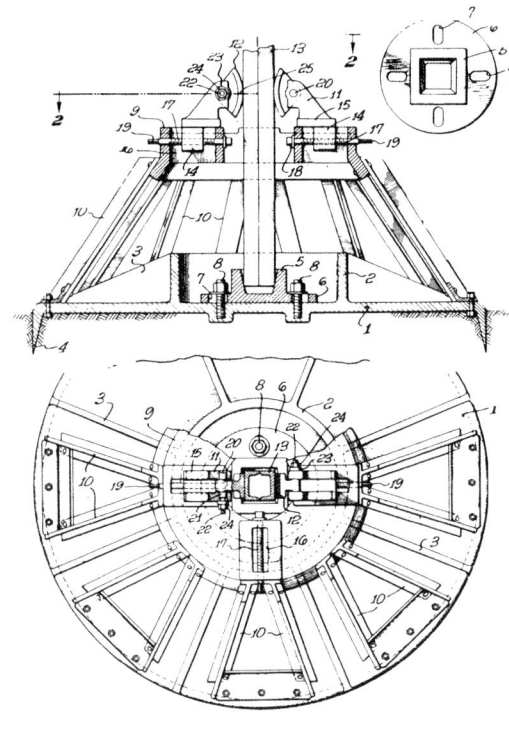

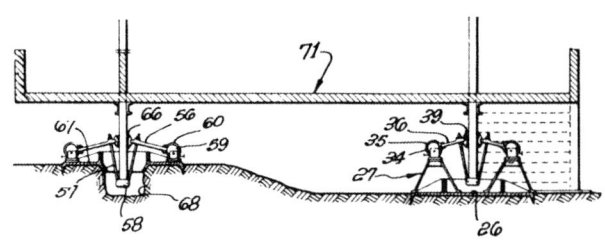

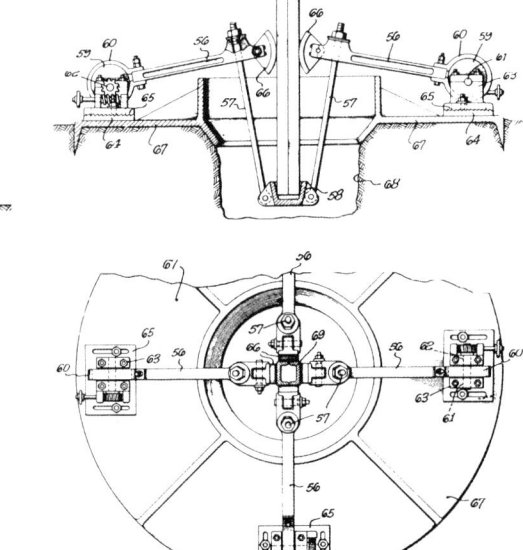

Metallfundament. Zwei unterschiedliche Patente selbstjustierender Fundamente

Die vorfabrizierten Fundamente genügen den verschiedensten Anforderungen des Baugrunds.

Vorgefertigtes »One plus two«-Haus, 1926, von Richard Neutra

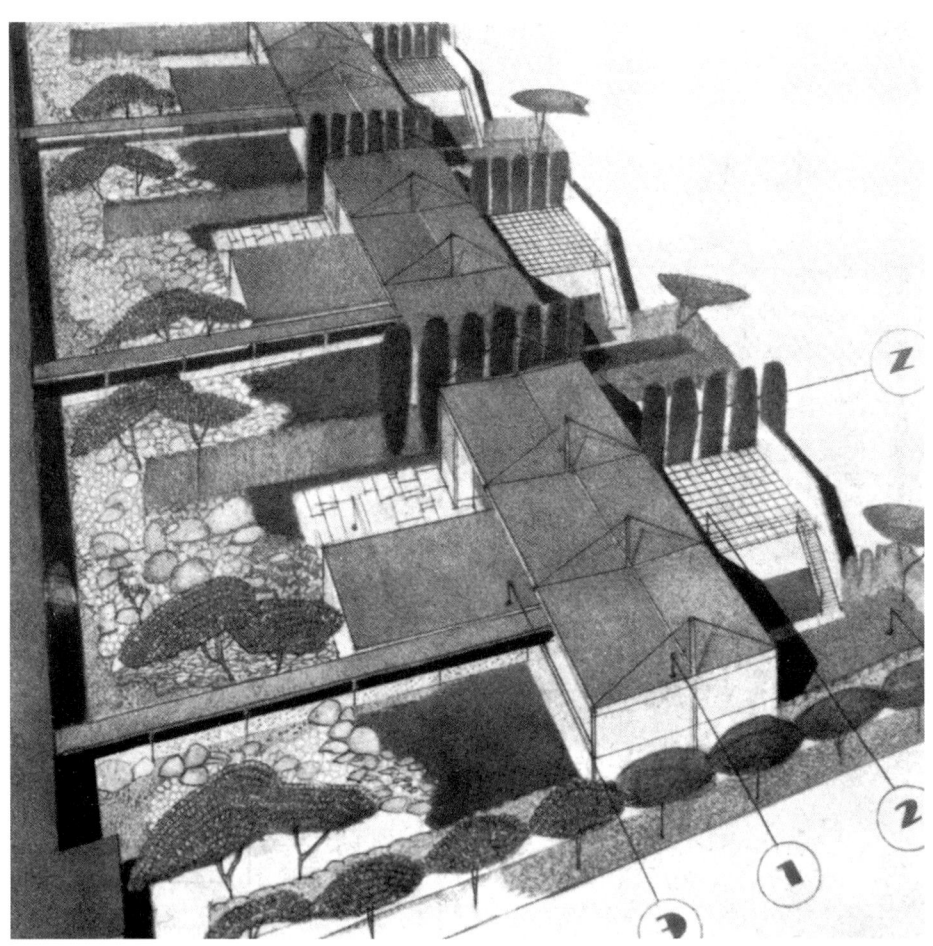

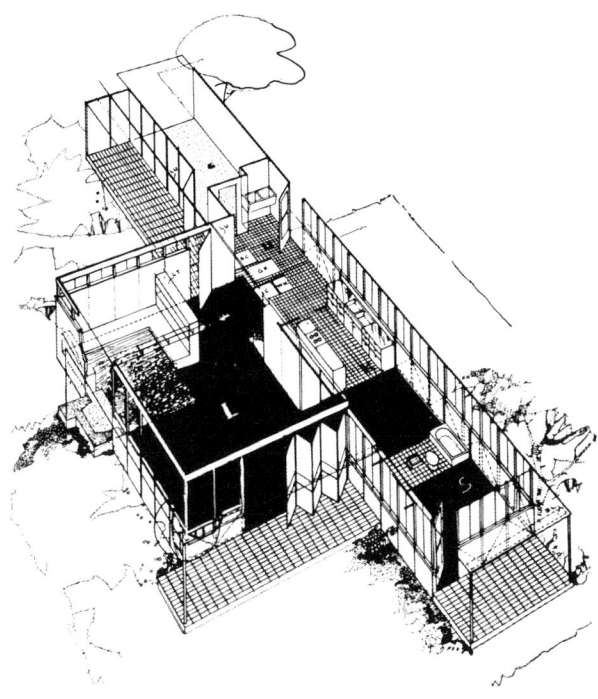

*Plywood-Model-House,
1935, von Richard Neutra*

## Plywood-Model-House von 1936

Bei dem Plywood-Model-House wurde zum erstenmal Sperrholz als Außenverkleidung eingesetzt. Das Haus war leicht transportierbar konstruiert, diente als Ferienhaus oder als festes Wohnhaus und konnte je nach Bedarf woanders wieder aufgestellt werden. Auch die Fenster konnten der jeweiligen Orientierung entsprechend in andere Wandflächen eingesetzt werden.

Die Konstruktion bestand aus standardisierten Holzrahmen mit Diagonalverstrebungen in den Außenwänden, die Außenverkleidung aus Sperrholzplatten in Stahlrahmen. Alle Fugen waren mit Aluminium-Deckprofilen verkleidet, die Innenwände mit Mahagoni-Sperrholz. Die Isolation bestand aus unbrennbaren gepreßten Holzfaserplatten.

*»Vielleicht bedeutet es einen Verlust – aber es ist unser menschliches Schicksal, die Schwere durch den Fortschritt zu überwinden.«[3] (Richard Neutra)*

*»One plus two«-Haus.
Schnitt: Dach und Boden
sind an einem Mast
abgehängt und
über Seile zu justieren.*

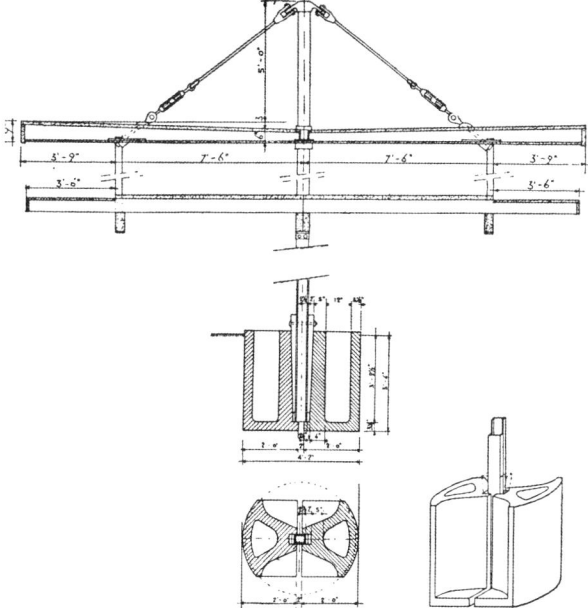

*»One plus two«-Haus.
Zentraler Gebäudeteil*

A *Eingang,* B *Wohnzimmer,*
C *Küche,* D *Schlafzimmer,*
E *Arbeitsraum,* F *Bad,*
G *Kinderzimmer,*
H,J,K *Schlafzimmer,* L *Bad*

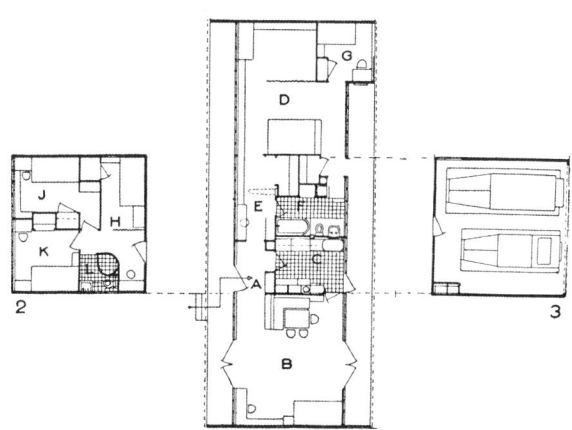

*Plywood-Model-House,*
*1935*

# Richard Buckminster Fuller–
# Domes und Dymaxion

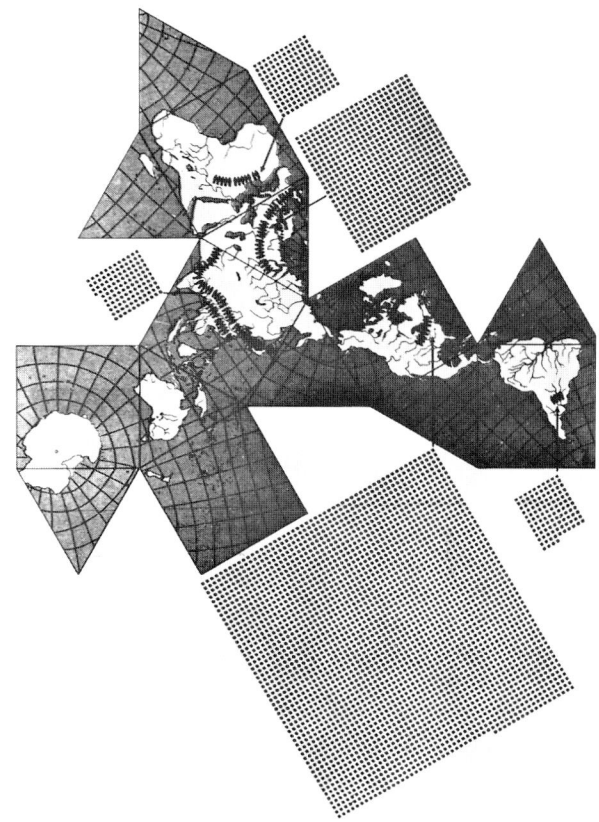

Wie viele Ingenieure und Architekten hat sich Richard Buckminster Fuller mit Domes (Kuppel) befaßt und dabei die geodätische[1] Kuppelkonstruktion entdeckt.

Buckminster Fuller verstand sich selbst nicht als Architekt oder Konstrukteur, sondern wollte die physische Welt und die Naturgesetze in ihrer Ganzheit verstehen. Er versuchte die »Strategie der Natur« zu lesen und zu entschlüsseln und sie sich durch Übertragung auf menschlich-kreative Prozesse nützlich zu machen. Als Universalist wollte er sich nicht auf ein einziges Gebiet beschränken, seine Erfindungen reichen von Gebäuden und nichtverzerrenden Weltkarten über Autos bis zu Unterwasserstädten und Wellenbrechern.

*Geodätische Weltkarte (World Energy Map) 1940. Dymaxion-Projektion der kugelförmigen Erde auf eine ebene Fläche ohne sichtbare Verzerrung*

*»Ich war überzeugt, daß dem System der Natur eine reale Schönheit zugrundeliegt; denn in der Chemie ist alles in wunderbar klaren Zahlen geordnet - nicht in Brüchen. Und wenn die Natur alle diese Verbindungen in schönen einfachen Zahlen zu ihrer Grundlage macht, so dachte ich, daß dieses Grundmuster ein sehr, sehr einfaches System sein müsse, und ich entschied mich, 1917, das Auffinden dieses Grundmusters der Natur als meine Aufgabe anzusehen.«[2] (Richard Buckminster Fuller)*

## Die Weltkarte Fullers als konstruktive Grundlage der geodätischen Kuppeln

Ausgangspunkt der Kuppelkonstruktionen war nicht die direkte Absicht, Kuppeln und Kugeln zu konstruieren, sondern im wahrsten Sinne des Wortes eine »Weltanschauung«. Die sogenannte Mercatorprojektion, die wir in Schulatlanten und auf gewöhnlichen Weltkarten finden, hat die verwirrende Besonderheit, daß sich die Projektion zu den Polen stark verzerrt. Als Anschauung mag hier die Projektion eines

Menschen dienen, der sich in Mercatordarstellung zu den Fuß- und Kopfenden hin unkenntlich verzerrt.

Die entsprechende Weltkarte zeigt uns meist »links« Amerika und »rechts« Asien. Dieses Bild prägt die räumliche und damit globale Auffassung vieler Menschen.

Fuller suchte nach einem Weg, die Verzerrung für alle Erdteile gleich zu gestalten. Er teilte die Erdkugel in zwanzig gleiche, dreieckige Flächen ein. Diese Kugeloberfläche gliedert sich dadurch in zwanzig gleiche Kappen. Ebnet man diese und begradigt die Kanten, erhält man nach dem Umformen der sphärischen Kappenflächen gleichseitige Dreiecke. Jedes der zwanzig Einzelteile weist die gleiche Verzerrung auf. Die Erde kann nun als Ikosaeder (Zwanzigflächner) betrachtet werden, sie ist auch zerlegbar zu einem

Puzzle mit zwanzig gleichen Teilen. Man kann zunächst den Nordpol in die Mitte legen und durch Verschieben der Dreiecke jeden beliebigen Erdteil zum Zentrum machen. Es gibt kein rechts, links, oben, unten. Dieses Prinzip läßt sich auf die Konstruktion der Kuppeln übertragen, indem man die Kanten der Dreiecke des Ikosaeders in Stäben ausbildet. Weil es sich bei den Dreiecken des Ikosaeders um gleichseitige Flächen handelt, gibt es in der Stabkonstruktion nur eine Stablänge. Für die Überdachung großer Grundflächen ist eine Unterteilung der Ikosaederflächen in kleinere Dreiecke notwendig.

## Die Entwicklung der Kuppeln – die geodätische Revolution

In der zweiten Hälfte der vierziger Jahre beschäftigte sich Buckminster Fuller mit der Entwicklung von geodätischen Kuppelkonstruktionen, die gegenüber linearen, orthogonalen Konstruktionen einige Vorteile haben: höhere Festigkeit bei einem vergleichsweise niedrigen Gewicht, ein geringes Packmaß und daraus resultierend eine schnell durchführbare Montage und Demontage der Strukturen.

Die ersten gebauten geodätischen Kuppeln, die sogenannten Radomes, entstanden für das Militär. An der Frühwarnlinie, einer Stationierung von Aufklärungsradaren in Kanada, wurden Radargeräte mit Kuppeln aus glasfaserverstärktem Kunststoff vor Witterungseinflüssen geschützt. Dank des kleinen Packmaßes konnte die Konstruktion zusammengelegt in einem Hubschrauber vor Ort geflogen werden. Die Kuppel war von wenigen Arbeitern an einem Tag zu errichten. Sie hielt Windgeschwindigkeiten bis zu 300 km/h stand. Es entstanden außerdem kleine, zeltartige Notunterkünfte (Geodätische Zelte: Catenary) und Lagerräume (Warehouse Preliminary) für die Armee. Diese Konstruktionen bestanden aus parabolischen Kegeln, die an einem geodätischen Gitter aufgehängt wurden. Solche Zelte waren sogar gegenüber starken Sturmböen absolut resistent.

Mitte der sechziger Jahre lehrte Fuller diese Bauweise an verschiedenen amerikanischen Universitäten. Dem Drang nach Neuerung und Freiheit nachgehend, entstand eine Bewegung von Aussteigern, die mit selbstgebauten Domes auf das Land zogen und »alternativ« wohnten. Einerseits war man von der Einfachheit der Konstruktion fasziniert, andererseits wurde das Wohnen in einem Kuppelbau auch als Widerstand gegen das rechtwinklige Wohnen des Bürgertums gesehen. Der direkte Bezug zur Natur, die Fähigkeit, seinen unmittelbaren Lebensraum selbst zu gestalten und die schnelle Realisierungsmöglichkeit mögen viele veranlaßt haben, sich dieser Bewegung anzuschließen. Es hat kaum industrielle Serienfertigung von Wohnhäusern in Kuppelform gegeben. Eine der Ausnahmen bildet Buckminster Fullers Haus: Er lebte mit seiner Frau in einem Prototyp (39 ft.) eines industriell gefertigten Wohndomes (dem Pease-Dome der Pease Woodwork Company, Ohio), der auch als 26-ft.-Typ in Serie ging. Monsanto, das Konstruktionsbüro des späteren Monsanto-Hauses, stellte ab 1961 den »Geospace«-Dome als Notbehau-

*Radome aus Plastik am Mount Washington, 1954. Diese Kuppel widersteht Windkräften bis zu 300 km/h.*

*Seite 105:*
*Geodätisches Zelt (Catenary) des amerikanischen Militärs*

*Seite 105:*
*Buckminster und Anne Hewlett Fullers Peasedome in Carbondale, Illinois, von der Pease Woodwork Company, Ohio, 1960. Sperrholzrahmenkonstruktion*

sung in Serie her. Für andere Zwecke (zum Beispiel für die Industrie und das Militär) wurden bis weit in die achtziger Jahre hinein geodätische Kuppeln in Lizenz produziert, insgesamt fast 300000 Stück. Alle anderen Domes[3] sind im Eigenbau entstanden, die Zahl der Konstruktionsmöglichkeiten ist fast unbegrenzt.

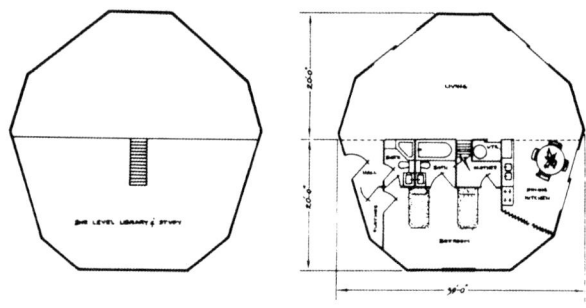

Peasedome von Buckminster Fuller. Obergeschoß und Erdgeschoß

## Große Maßstäbe – Expo '67

Fullers wohl bekanntester Dome wurde für die Weltausstellung Expo '67 in Montreal gebaut. Hierbei handelte es sich um eine Stahl-Kunststoff-Konstruktion mit einem Durchmesser von 80 m und einer Höhe von 67 m. Der Dome brannte in den siebziger Jahren aus; die Konstruktion blieb nicht nur stehen, sondern war auch noch belastbar und mußte deshalb abgerissen werden. Außer dem Expo-Dome entstanden einige große »Schalen« für Industriekonzerne, sowohl für dauerhafte als auch für temporär begrenzte Nutzungen als Flugzeughangar oder Lagerhalle.

1964 - 1983 entstanden sogar einige utopische urbanistische Konzepte – hauptsächlich in Zusammenarbeit mit dem Architekten Shoji Sadao – für die Überdachung ganzer Städte oder Stadtteile. Eines dieser Projekte, das Yomiuri-Tower-Projekt von 1967, sprengt unser normales Vorstellungsvermögen: 3750 m Höhe lassen Türme wie das World Trade Center oder den Eiffelturm wie untergeordnete, kleine Details aussehen.

## Dymaxion – Überlegungen ab 1927

Das Dymaxion-Haus ist eines der ersten Hausprojekte Fullers überhaupt. Zuvor beschäftigte er sich analytisch mit einer Reihe global orientierter Aufsätze, die er selbst als »4D« und als »4D Timelock« publizierte.[4] Innerhalb dieser 4D-Betrachtungen gab es auch

Überlegungen zu einem visionären »Ten-Deck-Building«, das in vereinfachter Form später zum Dymaxion-Haus wurde. Der Entwurf des Dymaxion greift Ideen aus der Luftfahrtindustrie auf und konzipiert das Gebilde als ein autarkes, vom urbanen Versorgungsnetz unabhängiges System. Der Begriff Dymaxion ist ein Kunstwort, das die Begriffe Dynamik und Maximierung zusammenfügt. In Fullers Werk steht der Begriff für eine Reihe von Projekten, die bei einem möglichst geringen Material- und Arbeitsaufwand ein Maximum an Leistung bringen sollten. Fuller: »Maximum performance per pound of material invested.«[5] So gab es neben dem Dymaxion-Haus auch ein Dymaxion-Auto und eine Badezimmereinheit, die in den Dymaxion-Wohnwagen genauso wie in das Dymaxion-Haus einzusetzen war. Fuller setzte sich im Rahmen dieser Dymaxionserie auch mit dem Thema Recycling auseinander. Seine Überlegungen reichen vom Einschmelzen der Rohstoffe über Energiegewinnung aus Fäkalien bis zur Wasseraufbereitung.

Pavillon der Vereinigten Staaten für die Weltausstellung Expo '67 in Montreal, Kanada

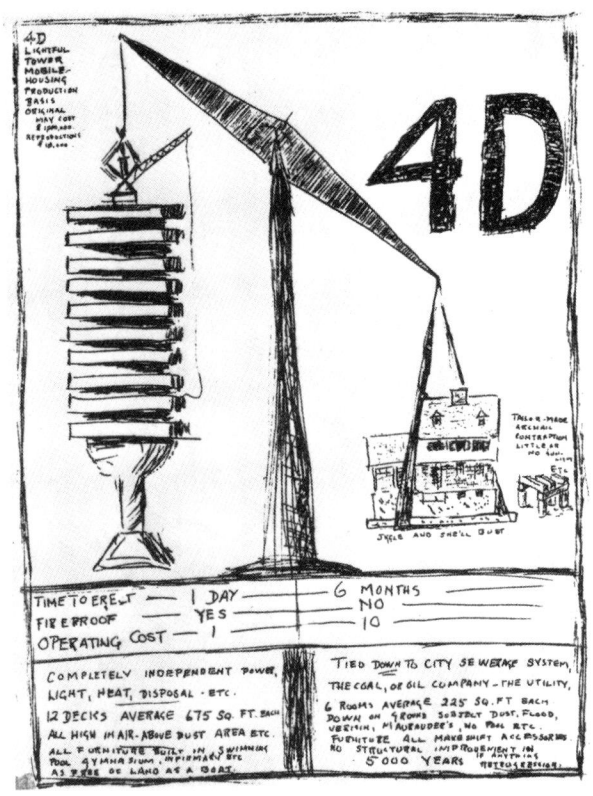

umzuwandeln, die aber den Strombedarf nicht deckte und einen Anschluß an das öffentliche Netz erforderlich machte. Alle Räume lagen auf einer Ebene: Wohn- und Arbeitszimmer, zwei Schlafzimmer, zwei Badezimmer und eine Küche. Weitere vorgesehene Ausstattungsmerkmale waren zu dieser Zeit noch absolut unüblich. Allerdings gab es eine integrierte Fernsehanlage (Educational Centers), fotoelektrisch gesteuerte Türen, aufblasbare Möbel, Klappmöbel. Für die Bewohner blieb aber kaum eine Möglichkeit, die Wohnsituation zu beeinflussen. Alle Details waren vorbestimmt und so wenig veränderbar wie in einem Hotelzimmer oder im Schlafabteil eines Zuges. Fullers Entwurf, der zu einer Zeit entstand, als der Flugzeugbau noch in den Anfängen lag – Lindbergh überflog gerade den Atlantik – sah jedoch dem Gebäude einer Raumkapsel der sechziger Jahre erstaunlich ähnlich.

## Das Dymaxion-Haus

Kernstück seiner allgemeinen Dymaxion-Überlegungen ist das Dymaxion-Haus, von dem es drei Typen gab: den Grundentwurf, die DDU (Dymaxion Deployment Unit) und die Wichita Wohnmaschine. Alle wurden zentral von einem Pylon gehalten. Das Geschoß oder die Bodenkonstruktion war an diesem Pylon angehängt. Darunter, ebenerdig, wurde der so überdachte Raum als Stellplatz für Fahrzeuge genutzt. In dem zentralen Mast lag das Versorgungszentrum, mit Strom, Wärme und Wasser. Die Bewohner sollten mit einer bestimmten Menge Wasser auskommen, das durch ein System von Kläranlagen wieder aufbereitet und somit einen Kreislauf schließen sollte. Durch eine Vorrichtung am Mast war es sogar möglich, solare Einstrahlung in Energie

Die erste Version der Dymaxion-Haus-Serie entstand 1927, also zur Eröffnung der Werkbundausstellung »Die Wohnung« in Stuttgart, als ein industriell in Massen herzustellendes, transportables Wohnhaus.

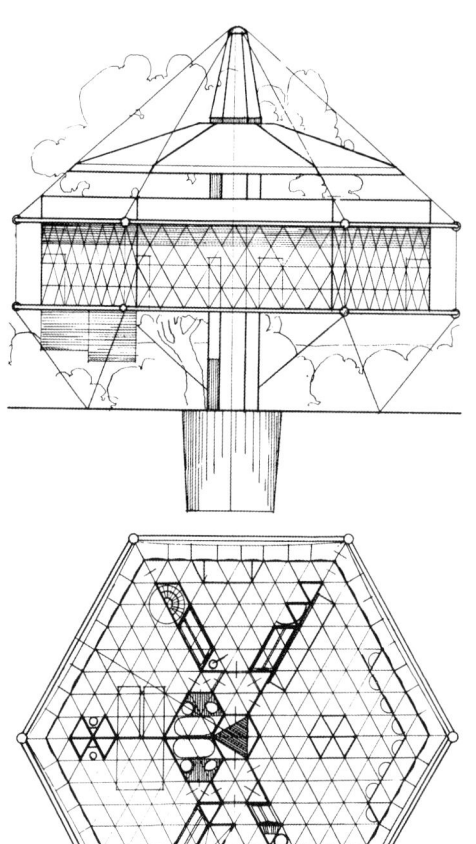

Der Grundriß (Durchmesser 15 m) war im Gegensatz zu den späteren kreisrunden Varianten noch sechseckig und hatte zwei Ebenen (Two-Deck-Version). Die obere Ebene konnte als Dachterrasse begangen werden und war teilweise mit einem einfachen Blechdach abgedeckt. Auf der Wohnebene fanden sich zwei Schlafzimmer, das Wohnzimmer, die Bibliothek und der Wirtschaftsraum sowie die zugehörigen Bäder und die Küche, welche zentral am Stützmast gelegen mit Wasser und Strom versorgt wurden. Bemerkenswert sind auch die Zweifach-Vakuum-Panoramaverglasung und die rotierenden

*DDU-Entwurfszeichnung mit horizontalen Blechtafeln und Lüftungsklappen im Dachbereich, 1940*

*Blechsilo für Getreide der Firma »Butler Manufacturing Company«*

*DDU-Entwurfszeichnung, 1940*

Bücherregale. Das für Buckminster Fuller relevante Leistungsgewicht lag bei extrem günstigen »25-40 cents/pound«.[6] Zu jener Zeit war dieses Haus die radikalste und modernste Wohnhausarchitektur überhaupt und »verwandelte« damit die bisher höhlenartigen, gegen die Naturgewalten Schutz bietenden Behausungen in transparente, leichte, die Natur einbeziehende moderne Gebäude.

## Die Dymaxion Deployment Unit 1940/41

Die DDU (Dymaxion Deployment Unit) wurde für die Armee in größeren Stückzahlen (mehrere Hundert) hergestellt und per Flugzeug an den Persischen Golf geliefert. Die Herstellerfirma Butler Manufacturing Company hatte bislang Standard-Wellblechsilos für die Landwirtschaft gefertigt und wollte mit den bereits vorhandenen Produktionstechniken arbeiten. Fuller schaffte das Unmögliche und »verwandelte«

die Silos in ein originelles, industriell gefertigtesHaus, ohne dabei wirkliche konzeptionelle Kompro-misse einzugehen. Ganz im Gegenteil: Fullers Ziel, Massenproduktion mit seinen ästhetischen Vorstellungen zu verbinden, gelang bei der DDU besonders gut. Es gab eine Familienhausvariante und eine Militärvariante, die als Mannschaftsunterkunft diente. Da der Durchmesser des Zylinders mit 6 m für eine komplette Wohnung zu wenig Platz bot, wurde ein weiterer kleinerer Zylinder DKU (Dymaxion Kitchen Unit) oder DBU (Dymaxion Bath Unit) für

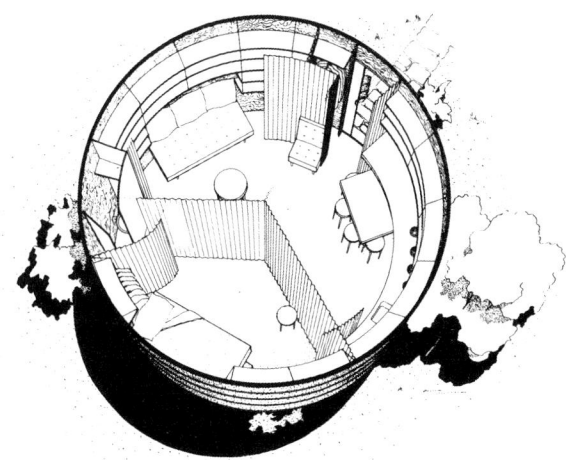

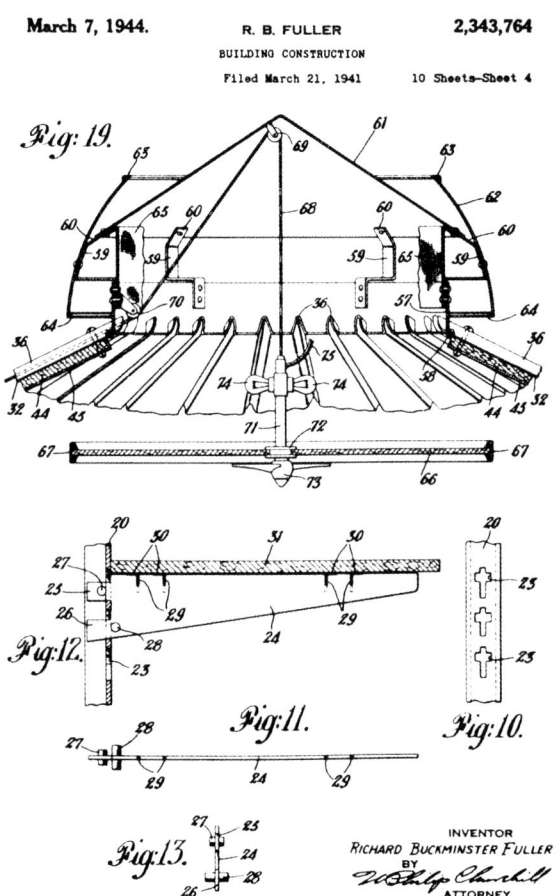

Küche, Bad und ein weiteres Schlafzimmer angehängt. Die für die Armee vorgesehene Version
kam ohne zusätzliche Sanitärzelle aus, die in diesem
Falle in einem Zentralbau an einem anderen Ort vorgesehen war, und hatte daher Platz für bis zu acht
Feldbetten und einige Bänke. Das vorläufige Entwurfskonzept von 1940 sah noch breitere, horizontal profilierte Blechtafeln vor, die im Dachbereich konisch geformt waren und zum Lüften aufgeklappt
werden konnten. Außer diesen Lüftungsklappen gab
es keine Fenster. Das gesamte Gebäude sollte, um fest
auf dem Grund verankert zu sein, zur Hälfte eingegraben werden. Die spätere, 1941 patentierte Variante

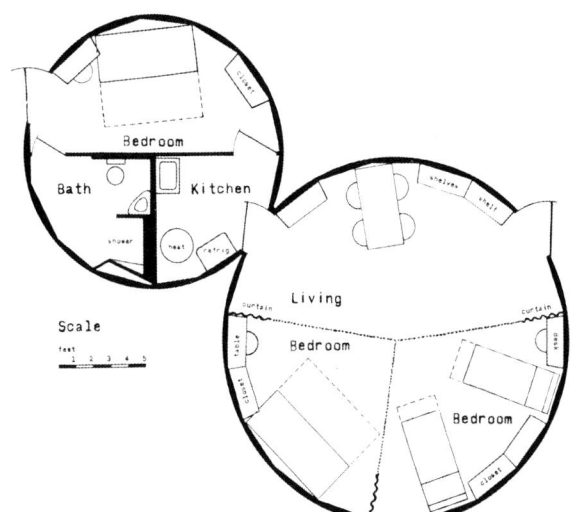

*DDU-Grundriß*

Dach mit Lüfter, Bullaugen als Fenster und mußte nicht mehr eingegraben werden. Der ursprünglich vorgesehene, zentrale Mast wurde zugunsten einer Rohrrahmenkonstruktion oder einer selbsttragenden Wellblechkonstruktion – beide wurden patentiert – wieder aufgegeben.

Die Kosten für die DDU lagen mit $ 1250 für die Militärvariante extrem niedrig.

*DDU-Wohnraum im Hauptgebäudeteil*

*Seite 110:*
*DDU mit Wellblechwänden,*
*Entwurfszeichnung, 1941*

*DDU mit einem Erweiterungsbau, in dem sich Küche, Bad und Schlafräume befinden*

*Patentzeichnung Dachlüfter, 1941*

Das Wichita-Haus, 1945.
Links neben dem Gebäude
steht die Transportröhre.

Das Wichita-Haus, zum
Transport zerlegt, weist ein
minimales Transportgewicht
und Volumen auf.

## Das Wichita-Haus 1946

Das Wichita-Haus. Durch die
hängende Konstruktion mit
dem zentralen Mast ergibt
sich eine minimale
Grundberührung.

Der Gedanke der Wohnmaschine beschäftigte Fuller
bis in die vierziger Jahre. Nach dem Zweiten Weltkrieg
war der Bedarf an Wohnraum in den Vereinigten
Staaten enorm gestiegen (siehe Kapitel Lustron-
Haus). Die Beech Aircraft Company in Wichita,
während des Kriegs mit der Produktion von Rüstungsgütern beschäftigt, beauftragte Buckminster
Fuller mit dem Entwurf eines industriell gefertigten
Metallwohnhauses, das problemlos mit den bereits
vorhandenen Produktionseinrichtungen hergestellt
werden konnte.[7] 1946 wurde der Entwurf des
Wichita-Hauses patentiert. Tatsächlich handelte es
sich hierbei um eine technisch verfeinerte Variante
der Dymaxion Deployment Unit. Die zum Bau verwendeten Materialien sind Stahl, Aluminium und
Plexiglas, alles Stoffe, die nach aktuellem Forschungs-
stand ein Mindestmaß an Masse aufbrachten. Durch
das minimierte Gewicht, die Kompaktheit (das
Gebäude konnte in einem erstaunlich kleinen Trans-
portzylinder verstaut werden) und die minimale
Grundberührung des Hauses ergab sich eine hervor-
ragende Transportabilität des Gebäudes. Konstruktive Ähnlichkeiten zur DDU bestanden im ebenfalls
verwendeten zentralen Mast, an dem der Boden und
die Metallhülle durch ein konzentrisches Seiltrag-
werk abgehängt wurden. Der Innenraum wurde
durch leichte Trennelemente, die Dymaxion-Bad und

Wohnraum des
Wichita-Hauses

*Wichita-Haus, Entwurfszeichnung*

Schränke beinhalteten, in den Wohnraum und zwei Schlafzimmer unterteilt. Die Einbauten sind jedoch nicht raumhoch, so daß der Ventilator, im Dachmittelpunkt eingebaut, die ganze Wohneinheit belüften konnte.

Im Prototypenstadium fanden sich zu jener Zeit bereits 3700 Interessenten.[8] Der Kaufpreis sollte bei einer jährlichen Produktion von 500000 Stück $ 3700 betragen; sowohl in bezug auf die Stückzahl als auch auf den Preis war dies wahrscheinlich eine Fehleinschätzung. Das Gebäude ging in der Nachkriegszeit allerdings nicht in Serie, und so ließ sich nicht ergründen, ob die futuristische Form des Gebäudes eher verkaufsfördernd oder verkaufshinderlich gewesen wäre. Die US-Regierung hatte kein Vertrauen in die Marktchancen dieses Konzepts und stellte für die Produktion keine Regierungsgelder bereit; lediglich für das Militär wurde eine Sonderausführung, die sogenannte Airbarac, konzipiert. Für die Airbarac-Version gab es auch Entwürfe, eine mehrge-

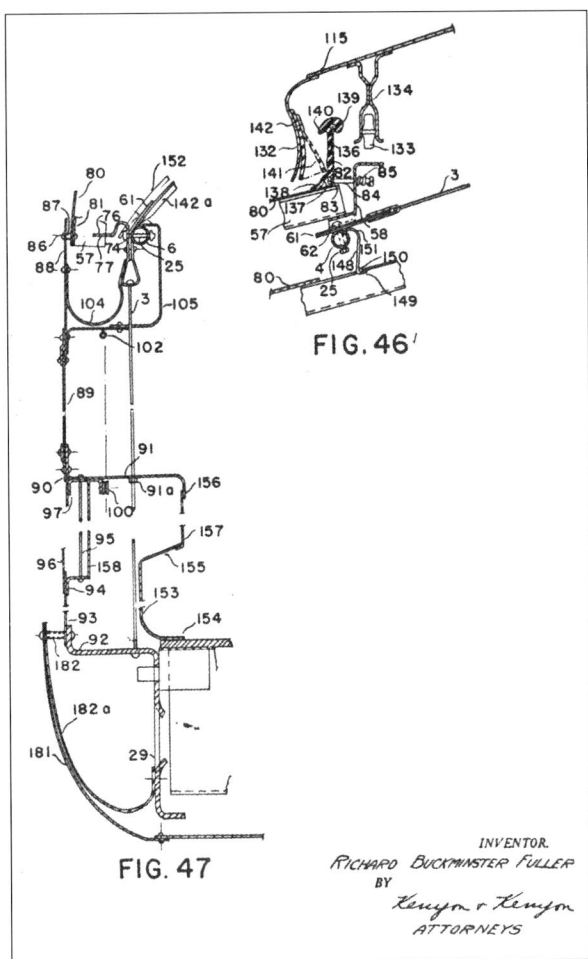

FIG. 46'

FIG. 47

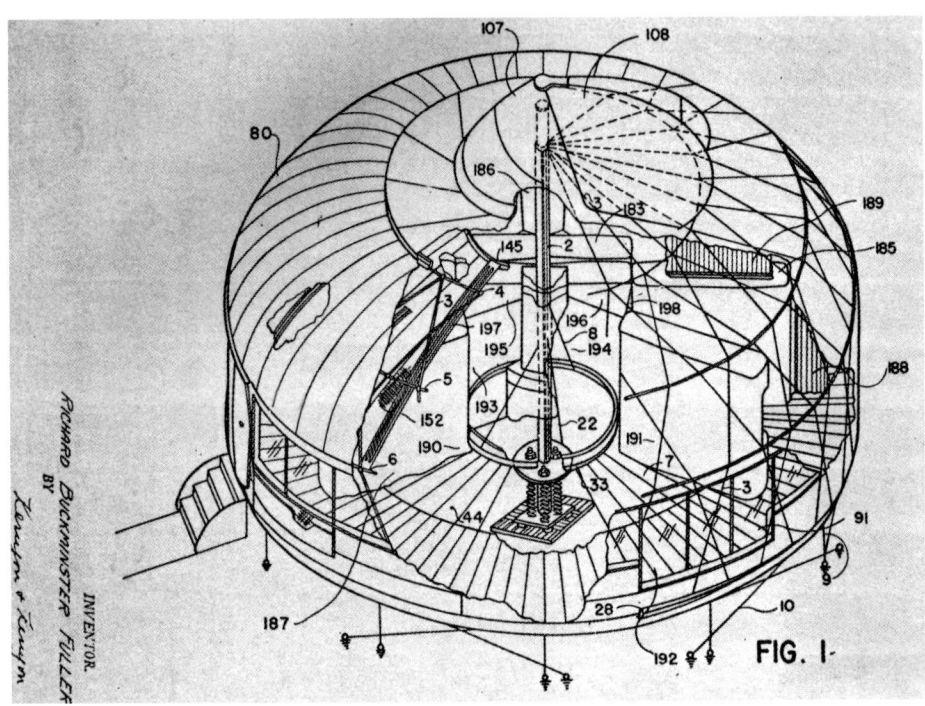

FIG. I.

schossige Bauweise mit ebenfalls abgehängter Konstruktion als eine Art »Krankenhausmaschine« zu nutzen.

Buckminster Fuller wandte sich anschließend seinen neueren Forschungsgebieten, wie Seilkonstruktionen und den geodätischen Kuppeln zu, die ihn die fünfziger und sechziger Jahre beschäftigen sollten.

## Weitere Wohnhausprojekte Fullers

Die Firma General Electric, Bauherr einiger Radomes, beauftragte Fuller & Sadao 1964 mit dem Entwurf für ein Serienwohnhaus. Zwei unterschiedliche Kuppeltypen wurden entwickelt: einer mit offener Basis zum Parken und der eigentlichen Wohnebene darüber, der andere mit einer größeren Kuppel, in der kubische Raumvolumen frei eingestellt wurden. Eine Produktion kam nicht zustande.

1971 entstanden Zeichnungen zu den Bangor-Punta-Domes, die als Ferienhaus zu nutzen waren. Es waren kompakte, elegante Konstruktionen, die nicht den einfachen Niedrigpreis-Charakter einer DDU hatten. 1972 engagierte sich Fuller immer mehr für soziale Randgruppen und für die Menschen in der dritten Welt. So entstand das Projekt der Papierkuppeln (Paperboard Dome), die auf einem Holzrahmen auflagerten. Eine Kuppel wog nur 320 Pfund und war aufgrund des verwendeten Papiermaterials

*Patentzeichnung,*
*Tragstruktur*

*Patentzeichnung,*
*Fassadenschnitt*

*Seite 115:*
*Bangor-Punta-Domes, 1971,*
*von Buckminster Fuller*

*Seite 115:*
*Patentzeichnung,*
*Tragstruktur*

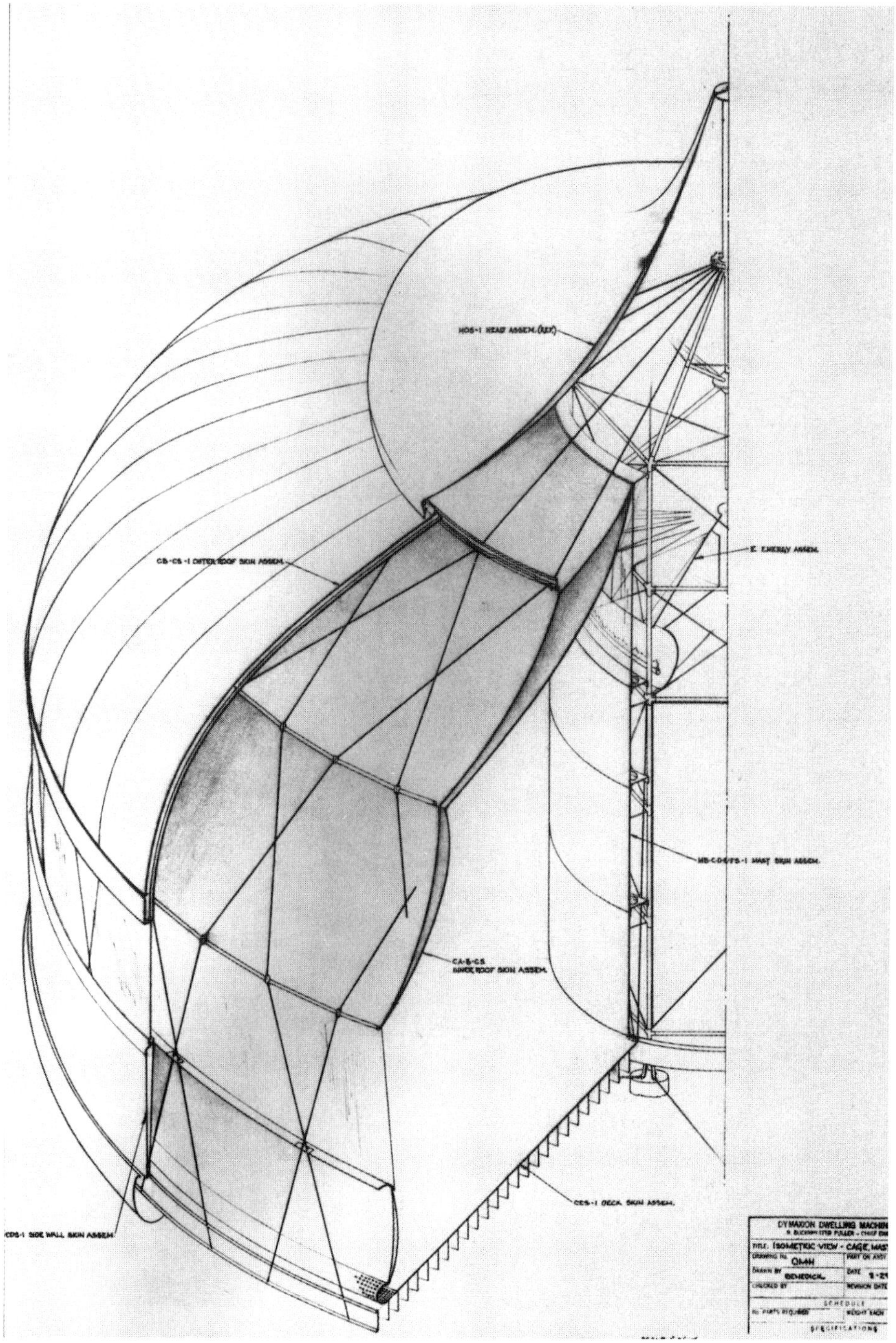

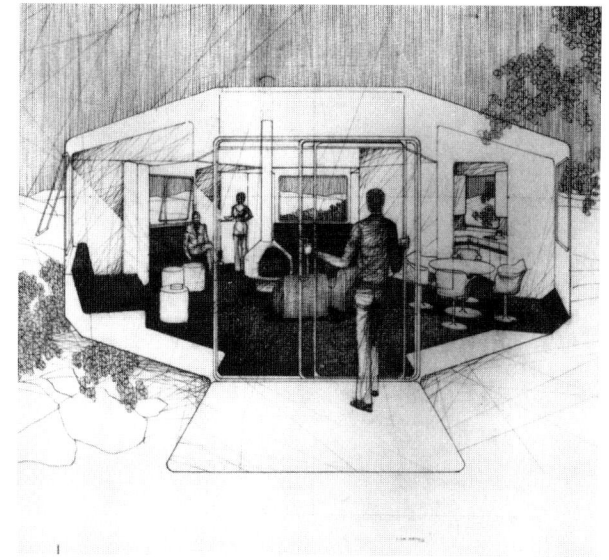

(Dinacor) regendicht, wenngleich das Gebäude nicht für feuchte Regionen geeignet war. 1975/76 entstand das sogenannte »Now-House«, das auf der United Nation Habitat Exhibition 1976 ausgestellt wurde. Das kompakte, transportabel ausgelegte Gebäude gliederte sich in drei miteinander verbundene Funktionsbereiche: Wohnbereich, Küche und Sanitärbereich. Es sollte eine einfache Notbehausung für Katastrophengebiete sein. Verschiedene technische Einrichtungen zur Energieversorgung waren vorgesehen.

*Das »Now-House«, 1975/76,
von Richard Buckminster
Fuller*

# Kunststoffhäuser und die Internationale Kunststoffhaus-Ausstellung von 1971

Häusern aus Kunststoff sollte trotz ihrer relativ kurzen Präsenz auf dem Markt – mit Höhepunkt in den siebziger Jahren – eine intensive Betrachtung gewidmet werden. Diese Gebäude weisen einige interessante Innovationen auf und waren ihrer Zeit weit voraus. Das Baumaterial Kunststoff zählt nicht zu den klassischen Baustoffen wie Holz, Stein oder Metall und findet aktuell nur bei einzelnen Bauteilen eines Gebäudes wie Fenster, Sanitär- und Elektroinstallationen sowie bei Flach- und Zeltdächern Anwendung.

Als die Chemieindustrie in der Nachkriegszeit nach neuen Anwendungsmöglichkeiten für ihre Materialien suchte, war nicht nur die Automobil- und Elektroindustrie Ziel ihrer Überlegungen, sondern ebenso der Bausektor. Der Leitgedanke war, vergleichbar mit den Häusern der Metallindustrie (z.B. M.A.N., Dornier), eine möglichst rasche Beseitigung des Wohnraummangels der Nachkriegszeit. So wurden 1946 auf der Ausstellung »Berlin plant«[1] neben konventionell geplanten Gebäuden auch die ersten Kunststoffbauten vorgestellt. Von einem richtigen Haus kann man bei diesen Gebäudetypen allerdings noch nicht sprechen. Fast alle Entwürfe fallen sehr spartanisch aus, so daß man sie allenfalls als »Wohncontainer« bezeichnen kann. Eines der Gebäude, der Typ »Deutschland«, weist einen einfachen rechteckigen Grundriß auf, das Flachdach und die Wände bestehen aus gewellten Kunstharzplatten. Das Ziel einer reinen Bedarfsbefriedigung verfolgten auch Projekte in anderen Ländern. In der Sowjetunion versuchte man, mit schnell herstellbaren Raumzellen dem Wohnraummangel zu begegnen. Zu dieser Zeit wurden die Polymerkunststoffe noch nicht in der Menge verwendet, wie wir es heute gewohnt sind. Der Einzug der Kunststofftechnik in das Baugeschehen hatte

*Pavillon der Dynamit-Nobel AG, 1959*

eben erst begonnen. So erschien im Januar 1961 in »Das Neue Deutschland« ein Artikel über das Leningrader Kunststoffhaus mit dem skeptischen Titel: »Einmal ›chemisch‹ wohnen?«[2]

In den fünfziger und sechziger Jahren wurden weitere Versuche unternommen, die klassischen Baustoffe durch neue Polymerwerkstoffe zu ersetzen. Diese Entwicklung wurde durch das aufkommende Wirtschaftswunder in Deutschland unterstützt. Zahlreiche neue Kunststoffe entstanden, die Herstellungs- und Verarbeitungsverfahren verbesserten sich. So ist es nicht verwunderlich, daß den neuen Materialien alle erdenklichen Eigenschaften zugesprochen wurden und der ungebrochene Fortschrittsglaube in dem Material Kunststoff ein Substitut für fast alle klassischen Materialien sah. Tatsächlich spricht einiges für die Verwendung von Kunststoffen im Bausektor: geringes Gewicht und damit ein Maximum an Mobilität, keine Korrosion oder Verrottung des Materials, nahezu freie Formbarkeit und die Möglichkeit, verschiedene Funktionsgruppen innerhalb eines Bauteils zu integrieren.

Anfang der sechziger Jahre stellten die Kunststoffhersteller ihre Leistungsfähigkeit unter Beweis: Die Dynamit-Nobel AG zeigte auf der Kunststoffmesse 1959 ein pavillonartiges Gebäude fast ganz aus Plastik. Auch im Ausland ging die Entwicklung von

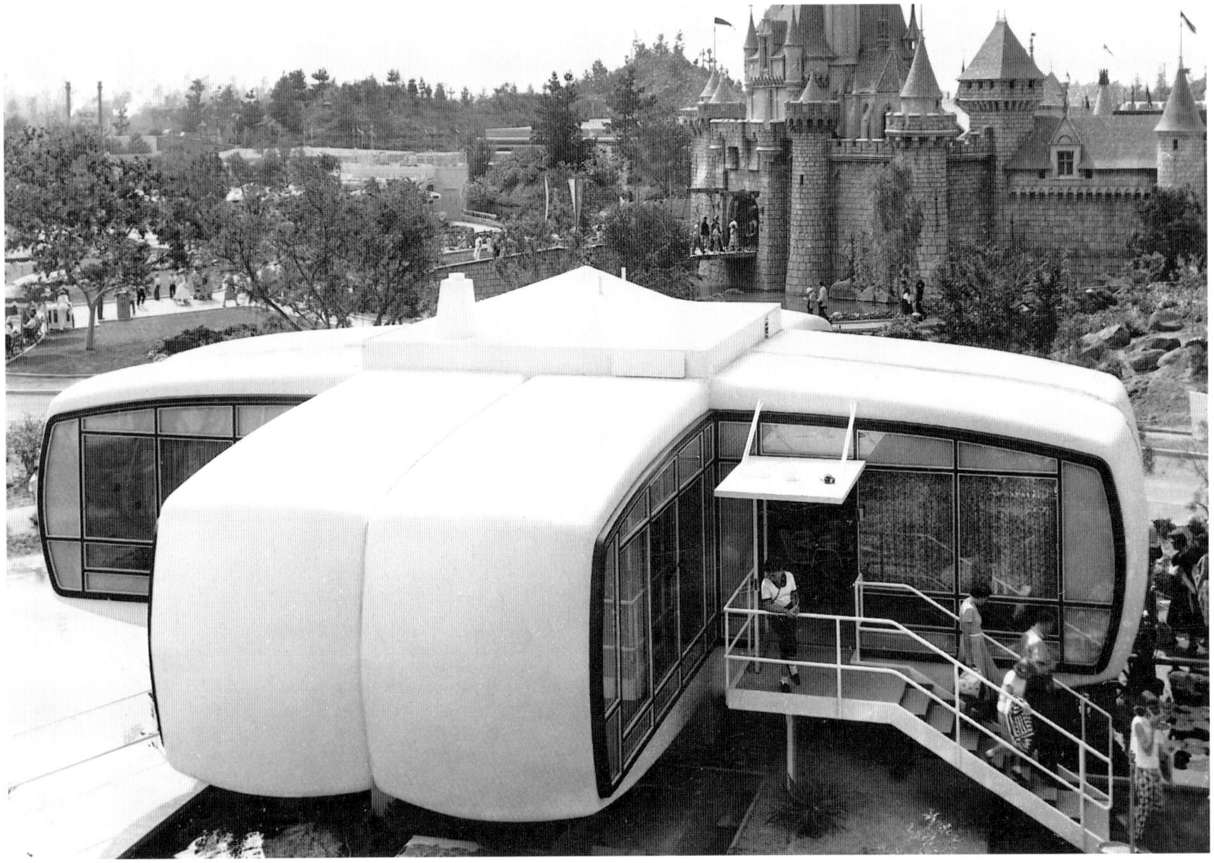

*Monsanto-Haus, 1957, zeitweise ausgestellt in Disney-World, Kalifornien. Hersteller: Inter-Aircombs AG Architekten: R.W. Hamilton, M. Goody*

Kunststoffen für die bauliche Verwendung weiter. In Frankreich, Belgien, Italien und Holland entstanden Prototypen aus Kunststoff, aber auch in Japan und vor allem in den USA. Dort wurden in den Nachkriegsjahren interessante Projekte konzipiert: So ist das Monsanto-Haus (1957) ein ernstzunehmender fortschrittlicher Prototyp aus Kunststoff, der allerdings nur einmal gebaut und in Disney-World gezeigt wurde. Das Monsanto-Haus ist ein aufwendiges und zukunftweisendes Konzept für modernes Wohnen. Um ein Kernhaus, das die installationsintensiven Bereiche wie Küche, Bäder und Technikräume aufnimmt, sind die Wohn- und Schlafräume sternförmig gruppiert, so daß die Eckbereiche mit großzügigen Verglasungen zur Belichtung dienen können. Das Gebäude ist komplett aus glasfaserverstärktem Kunststoff gefertigt und nutzt die Möglichkeiten des Materials zur freien und gewölbten Verformung. Der Entwurf wurde für die Serienfertigung in großer Stückzahl optimiert und ist so ausgelegt, daß die einzelnen Raumteile problemlos auf Straßen transportiert und in kurzer Zeit auf dem Grundstück zusammengesetzt werden können. Sehr interessant sind auch die Überlegungen zur Belüftung des Gebäudes: Über das Kernhaus kann Luft durch Klappen ein- und ausströmen und sorgt somit für eine natürliche Dauerlüftung. Eine sinnvolle Einrichtung, da Kunststoffhäuser aufgrund geringer Speichermassen immer direkt auf das äußere Klima reagieren und dadurch überhitzen können.

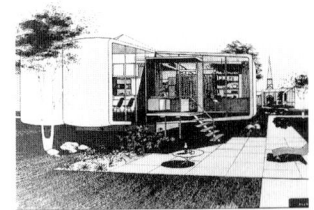

*Monsanto - »House of the Future«*

*Monsanto-Haus, Grundriß*

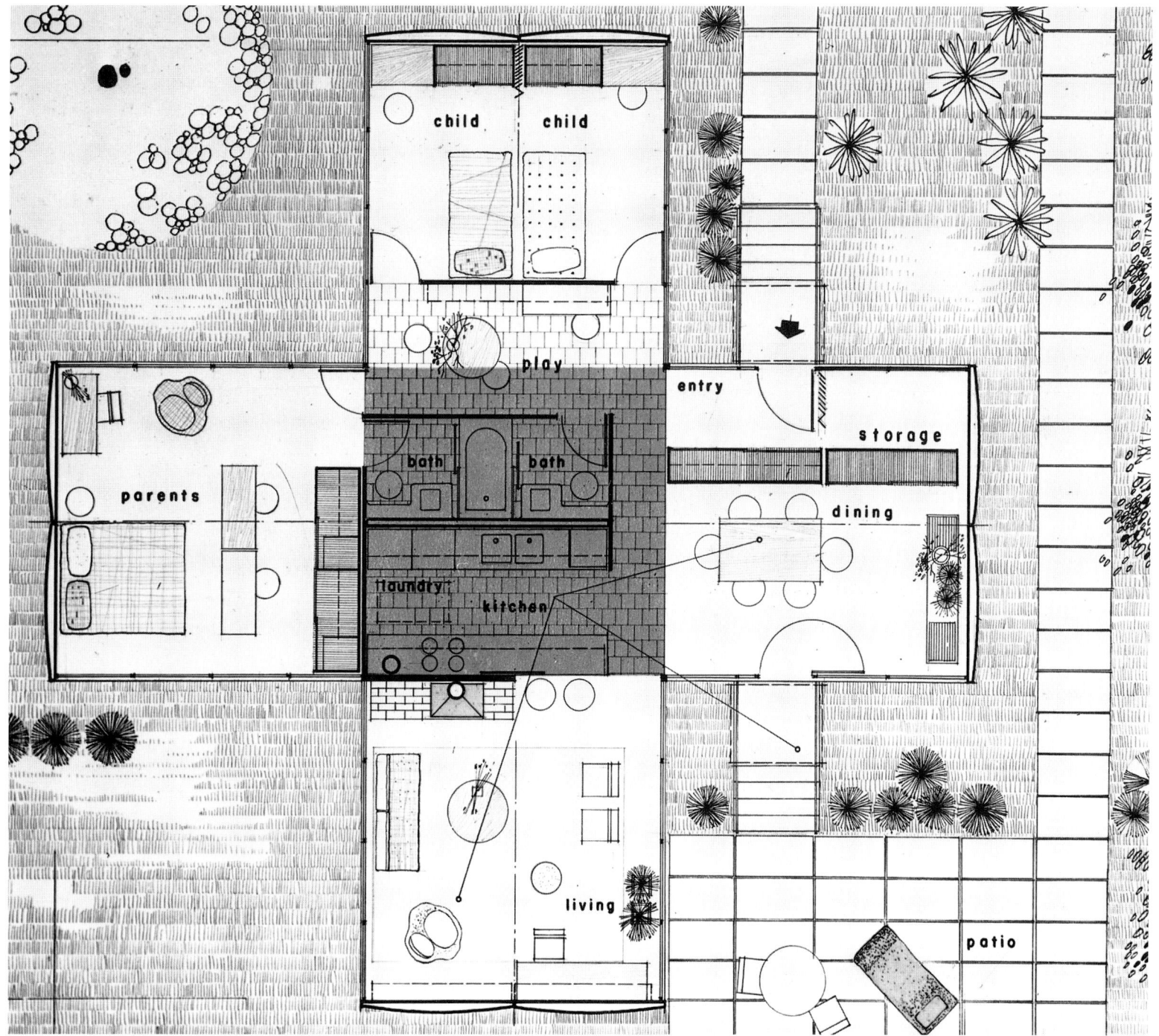

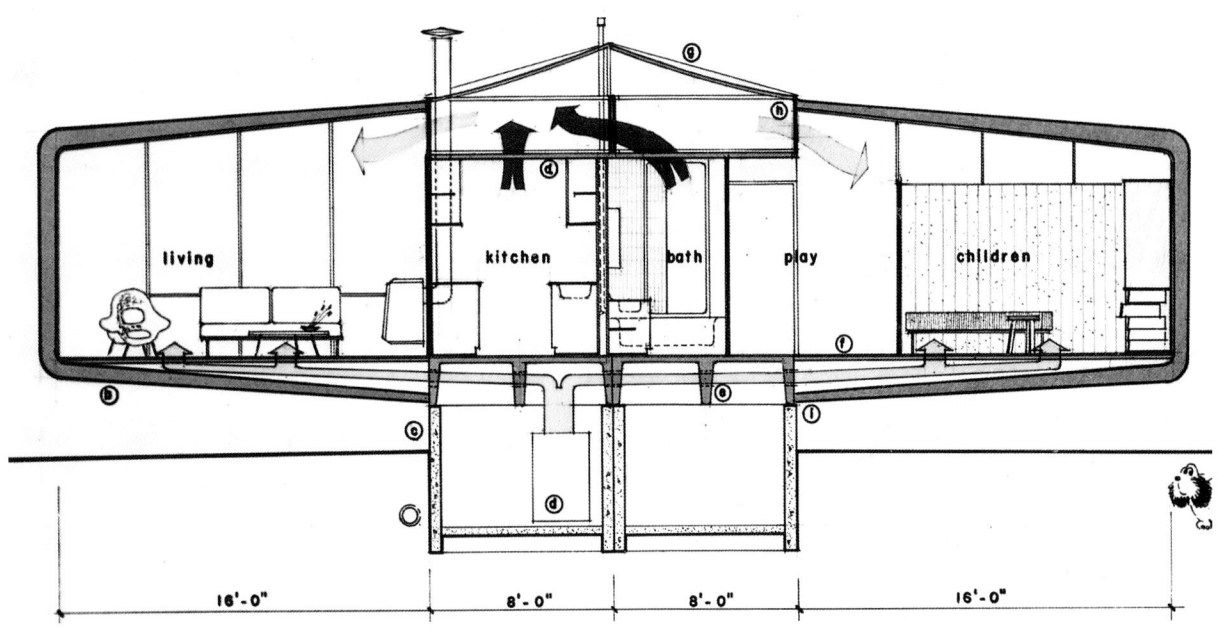

Ein weiteres Kunststoffgebäude, ganz in der modernen japanischen Tradition entworfen, ist die Wohnkapsel »My My« von Seiji Sawada. Die Philosophie der japanischen Metabolisten[3] ist bei diesem Miniaturgebäude zu spüren. Eine technische Besonderheit dieser Raumzelle ist, daß die Kunststoffschale einem Erddruck von 5 m Höhe standhält und gegen alle Arten von angreifendem Wasser abgedichtet ist. So wurden zwei Schalen mit den Außenmaßen von 4285 x 2490 mm entworfen, die in der Mitte mit einem waagerechten Flansch verschraubt wurden. Da das Gebäude derart leichtgewichtig und kompakt ist, kann ein Bagger normaler Größe sowohl Aushub als auch Transport der kompletten Einheit übernehmen. Im Inneren wird ein ausgetüftelter Minimalwohnraum angeboten: 2-4 Betten, eine seitlich angesetzte Kunststoff-Sanitärkabine und ein überdachter Eingangsbereich, der sogar minimale Terrassenqualitäten hat.

1960 spekulierte der Kunststoffexperte Hans-Jürgen Saechtling darüber, ob das Kunststoffhaus angesichts dieser enormen Potentiale das Traumhaus von morgen[4] ist. Zu dieser Zeit vollzog sich bei den Kunststoffherstellern ein Wandel in der Entwicklung. Das anfängliche Substituieren von herkömmlichen Baumaterialien durch Plastik wurde abgelöst durch intelligentere Be- und Verarbeitungsverfahren, die dem Material besser gerecht wurden. Bei den thermoplastischen Kunststoffen zum Beispiel wird die Verformung durch Erwärmen und Verflüssigung des Kunststoffs erleichtert, die duroplastischen Werkstoffe werden in Verbindung mit Füll- und Verstärkungsstoffen (z.B. Balsa oder Glasfasern) versehen. Dieser Vorgang, das sogenannte Laminieren, wird im Boots-, Automobil- und Wohnhausbau gleichermaßen eingesetzt. Die neue Freiheit, die dadurch in der Verarbeitung und in der Gestaltung der Polymerwerkstoffe gewonnen wird, findet in den siebziger Jahren vielfach bei extravaganten Architekturentwürfen Anwendung. Ähnlich wie im Automobil- und Möbelbau wurden Gebäude zum Teil zu futuristischen Designobjekten, die ihre formalen Anleihen aus dem Flugzeugbau und aus visionärem Science-Fiction-Ambiente entnahmen. Um diese Entwürfe

*»Schaumgespritztes Haus« auf der IKA 71 von 3h-Design, Hübner & Huster*

Transport mit dem Bagger

Grundriß, die Streifen-
fundamente sind gepunktet.
Ansicht, die Sanitärzelle
ist seitlich angeflanscht.
Längsschnitt, Luftkanal zur
Entlüftung an der Oberseite,
die Schale ist an der
Unterseite 50 mm dick.

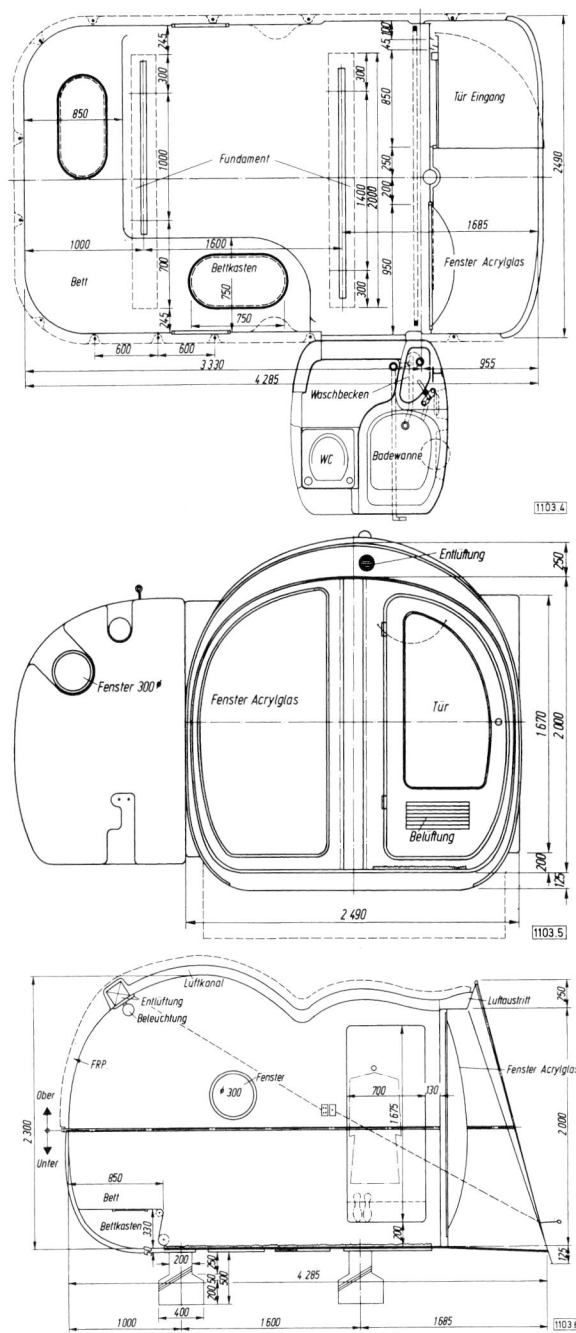

einer breiteren Öffentlichkeit zugänglich zu machen, fand 1971 die erste Kunststoffhaus-Ausstellung statt. Unter dem Titel »Leben und Wohnen mit Kunst-stoffen« öffnete die erste Internationale Kunststoff-haus-Austellung im September 1971 in Lüdenscheid ihre Tore. Sie stellt gleichzeitig den Höhepunkt und auch das Ende der Kunststoffhausentwicklung in Europa dar. Eine zweite Ausstellung zum gleichen Thema wurde nicht mehr veranstaltet, da man die Problematik der ganz in Kunststoff gefertigten Häu-ser bereits erkennen konnte. In den meisten Fällen hatten die Gebäude noch keine bauaufsichtliche Zulassung.

## Internationale Kunststoffhaus-Ausstellung in Lüdenscheid von 1971

Auf dem 70 000 m² großen Gelände wurden zahlreiche, sehr unterschiedliche Objekte ausgestellt: Von der damals größten Traglufthalle Europas bis hin zur Minimalzelle waren alle möglichen architektonischen Spielvarianten des Materials Kunststoff vorhanden. Der Zeitgeist der späten sechziger Jahre zeigte sich in vielen Entwürfen. So waren einige Gebäude wie Raumschiffe geformt und trugen sogar den Namen von Sternensystemen (»Orion«), oder der Name unterstrich den beabsichtigten Charakter des Gebäudes (»Futuro«). Sogar gesellschaftskritische Aussagen wurden gemacht: der »Bio-Dom«, ein aus PS-Hartschaumstoffblöcken zusammengesetztes

kuppelförmiges Gebäude der Doernach-Systemforschung war als autarkes Überlebenssystem tauglich, da die Kapsel schwimmfähig sein sollte und mit Nahrungsmitteln bepflanzt werden konnte. Hier wurde bereits die zunehmende Gefahr der Industrialisierung und der Umweltverschmutzung thematisiert.

Die Möglichkeit, mit Schaumstoffen plastisch frei zu gestalten, wurde bei einigen Projekten umgesetzt. Diese »schaumgespritzten« Häuser von 3h-Design Hübner & Huster sind eher als Experimente mit PUR-Schaumstoffen denn als ernstzunehmende Gebäude zu sehen. Dennoch zeigen sie äußerst interessante konstruktive Überlegungen. Die sogenannten Minimalhäuser hatten einen mit einer selbsttragenden Ortschaumfüllung ausgefachten Holzskelettrahmen. Ein leichtes Drahtgewebe stabilisierte den Schäumvorgang. Da dieser quasi frei, das heißt ohne Form oder Schalung vorgenommen wurde, war die Oberfläche unregelmäßig und wie eine organische Haut geformt. Dieses Erscheinungsbild war durchaus gewollt und gab den Ortschaumhäusern eine eigene Ästhetik.

Ein weiteres Objekt dieser Art war das Baumhaus: Anstelle einer Holzstruktur fand ein Pneu als temporäre Tragstruktur Anwendung. Nach dem Erhärten des Schaums konnte dieser wieder herausgenommen werden. Das einzige Fenster bestand aus einer großen Kuppel aus PMMA-Kunststoff.

Als ernstzunehmenderes Gebäude war hingegen der bereits erwähnte Typ »Futuro« anzusehen. Der Entwurf von M. Suuronen und J. Ronkka aus Finnland war ein ellipsoides Einraumgebäude mit 8 m Durchmesser, das auf einem Stahlring mit vier Stahlfüßen lagerte. Das Gehäuse an sich war wiederum in sechzehn identische Einzelsegmente unterteilt, die in einer einzelnen Form rationell hergestellt werden konnten. Die Segmente bestanden aus Sandwichkonstruktionen mit je 2,5 mm starken GUP-Deckschichten außen und innen und mit einer Kernlage aus 40 mm dickem PUR-Hartschaum. Die ebenfalls ellipsoiden Fenster waren aus Polycarbo-

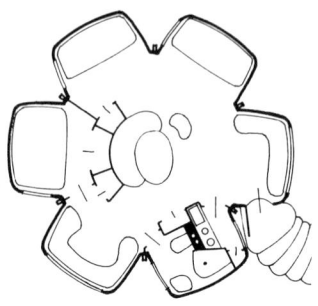

*Orion. Grundriß*

*Orion*

*Gruppe von Orionhäusern*

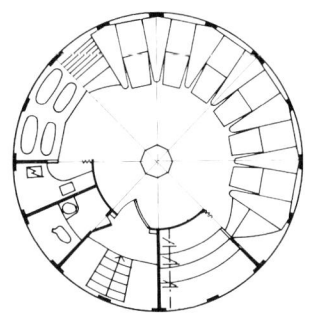

Futuro. Grundriß

Futuro von M. Suuronen
und J. Ronkka

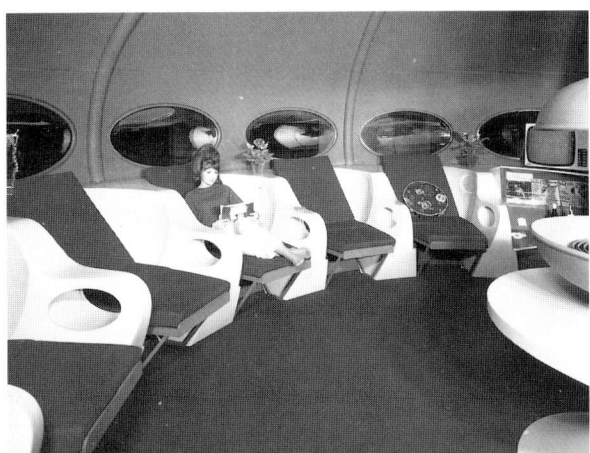

nat. Trotz einer immerhin 50 m² großen Wohnfläche war die Nutzung des Grundrisses nur schwer möglich, da die sphärische Form wenige Wände und kaum eine Möblierung in gut nutzbarer Art zuließ. Geschlafen wurde zum Beispiel auf Schlafsesseln, die radial entlang der gekrümmten Außenwand aufgestellt waren und sich um einen in der Mitte plazierten Kamin gruppierten. Eine echte Dauernutzung des Gebäudes war kaum möglich, zumal auch die Treppe nur falltürartig aus der Außenwand herausgeklappt wurde.

Die Typen »Rondo« und »Orion« hatten eine ähnliche Konzeption wie das »Futuro«: konzentrische Grundrisse mit einer Gründung auf Stahlbeinen. Das »Rondo« hatte etwas kleinere Segmente als das »Futuro«, kam aber auch mit 2 x 8-Sektoren-Schalenteilen aus. Die aus der Schweiz kommende, von Casoni & Casoni entworfene Kapsel konnte gut genutzt werden. Die Wendeltreppe war begehbar und der Innenraum mit einer ansprechenden Ausstattung versehen. Bänke, Liegen und Eßtische waren »angeformt«, daß heißt sie waren aus einem Stück GUP in das Gebäude integriert. Beachtlich ist auch das geringe Gewicht des Körpers: die nur 2800 kg bei 7,8 m Durchmesser ließen einen Gebäudetransport mit mehrfachem Auf- und Abbau problemlos zu.

Futuro. Innenraum

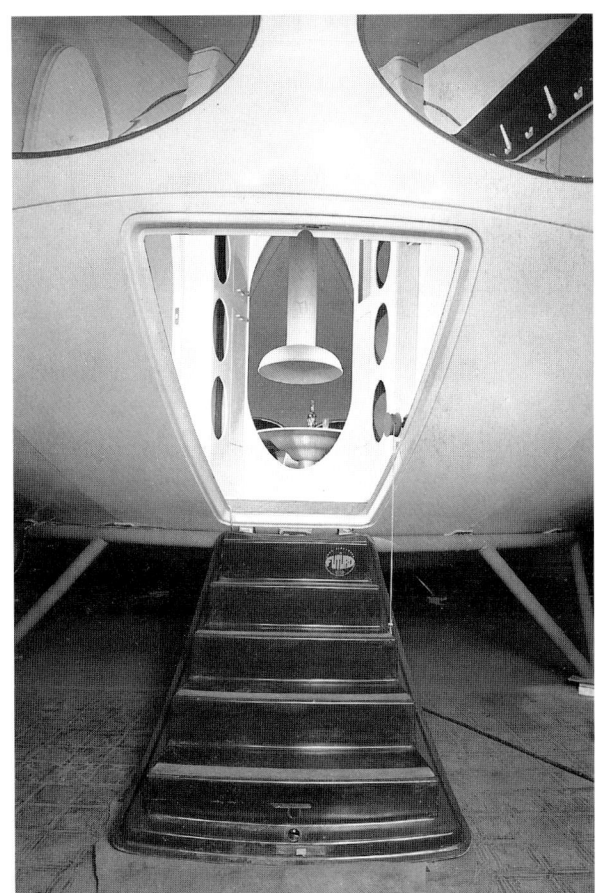

Das Besondere am »Orion« war der sternförmige Baukörper, der aus einem Mittelteil und sechs weiteren identischen Raumteilen bestand. Diese Strukturierung des Baukörpers ließ eine gute Grundrißgestaltung zu. Material und Wandaufbau waren im wesentlichen identisch mit »Futuro«. Das in Frank-

*Rondo vor der Mustermesse in Basel. Architekten: Casoni & Casoni, Basel. Ø 7,8 m, H 3,8 m, Nutzfläche 50 m², Preis 50 000 Fr.*

*Schwimmender Bio-Dom von Doernach-Systemforschung*

*Bio-Dom. Innenraum*

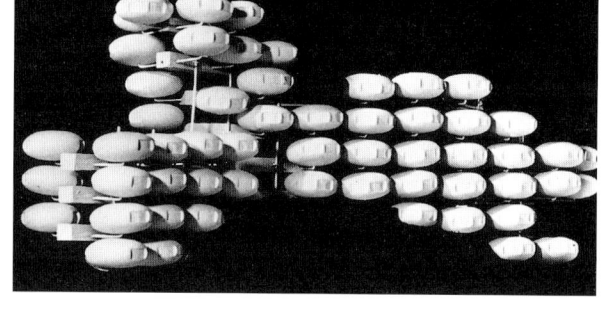

*Rondo. Stahlstruktur mit aufgehängten »Rondo«-Wohneinheiten (Modell)*

reich hergestellte Gebäude hatte einen bemerkenswert niedrigen Preis: Komplett ausgestattet (inklusive Heizung) kostete es 1971 nur 36 400,-DM, dies war sehr preiswert, verglichen mit anderen Kunststoffhäusern.

Eine weitere, zahlenmäßig auf der IKA stark vertretene Gattung stellten die Raumzellensysteme dar, die

konzeptionsbedingt sehr einfach zu transportieren waren und in der Regel für temporäre Nutzungen in Frage kamen.

Ein solches Raumzellensystem war das Algeco-System, einer der Vorläufer des bei den Olympischen Spielen in München für das Jugenddorf verwendeten RIBA-Systems. Es bestand aus einer Raumzelle, die

*Rondo. Bad*

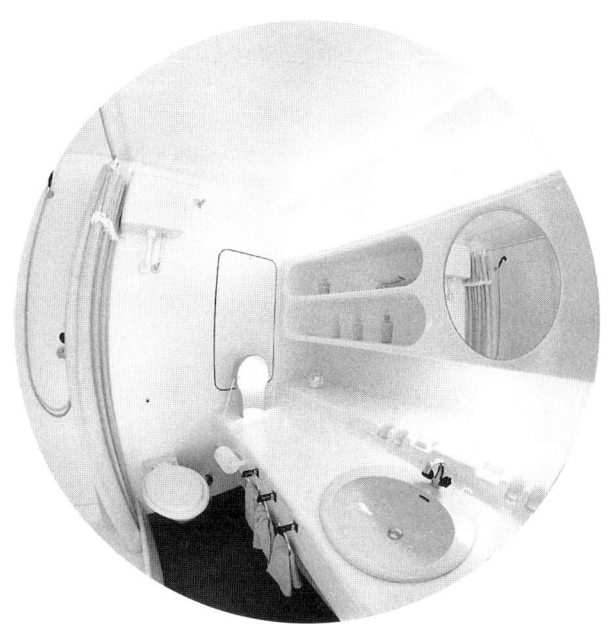

*Rondo. Wohnraum*

*Rondo. Grundriß*

1 *Zugang*
2 *Windfang*
3 *Elektro*
4 *Garderobe*
5 *Bad*
6 *Zimmer mit Stockbett*
7 *Vorhang*
8 *Heizung*
9 *Arbeitstisch*
10 *Arbeitsplatte*
11 *Antennenanschluß*
12 *Schrank*
13 *Eßtisch*
14 *Küche*
15 *Entlüftung*
16 *Wasserspeicher*

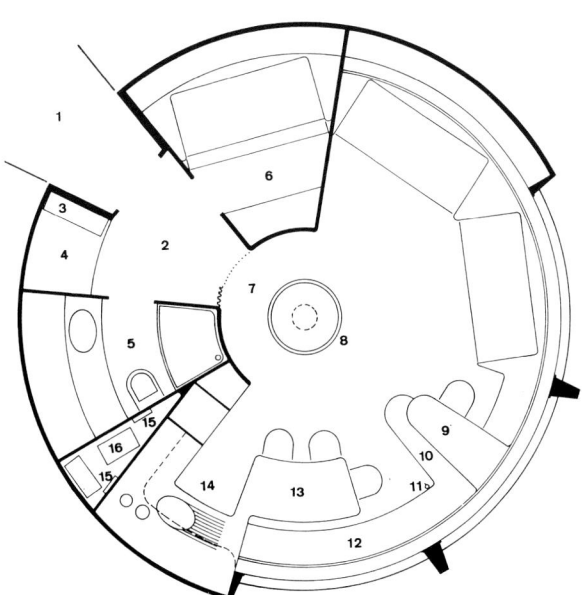

allseitig kombinierbar und erweiterbar war. Mit einer gewissen Anzahl von Zellen ließen sich durchaus komplexe Raumabfolgen erzielen. Die Abmessungen betrugen 3,75 x 2,40 x 2,40 m, sie hatten die Größe eines kleinen Wohnwagens. Das Besondere an den Kabinen waren die vier großen Öffnungen im Körper, die Erweiterungen des Systems in alle Richtungen zuließen.

Ein weiterer Hersteller, die Projektgruppe Polyteam, entwickelte mit dem DO-Bausystem eine ungleich komplexere Grundform. Als Grundelement diente die Geometrie des Dodekaeders. Eine Zelle wurde wiederum aus sechs gleichförmigen, selbsttragenden Schalen, die beim Transport ineinandergestapelt lagen, zusammengefügt. Diese Raumzellen konnten dann im 60°- und 90°-Winkelraster aneinandergesetzt werden, die Zellen verbanden Flansche und Verschraubungen. Mit 2,3 x 2,3 x 2,3 m und 7 m² Grundfläche waren die Zellen recht klein und zudem schwer nutzbar.

Die Entwickler des DO-Systems stellten noch ein weiteres Projekt aus: die RW-Schalenelemente (Rand-Wellen-Schalen), dreiecksförmige GUP-Pyramiden mit gleichseitigem Grundriß und einer Seitenlänge von 1,80 m. Aus vierzig dieser Elemente ließen sich ganze Kuppeln zusammensetzen, welche die stattlichen Abmessungen von 10 m Durchmesser bei einer Höhe von 5 m erreichten. Noch ungelöst waren der fehlende Wärmeschutz wegen der Verwendung ein-

schaliger Elemente und die Nutzung der großen Höhe des Innenraums: Im Ausstellungsobjekt war lediglich ein Stahlgerüst eingebaut, das zum Bewohnen aber untauglich war.

Hinter dem Namen »Diamant« verbirgt sich ein weiteres, modular aufgebautes System, das aus hyperbolischen Parabolid-Dachschalen zusammengesetzt war. Die eher exotisch anmutende Zeltform bot im Innenraum eine große stützenfreie Grundfläche. Das

*Algeco-Raumzellensystem. Hersteller: Firma Algeco, Paris*

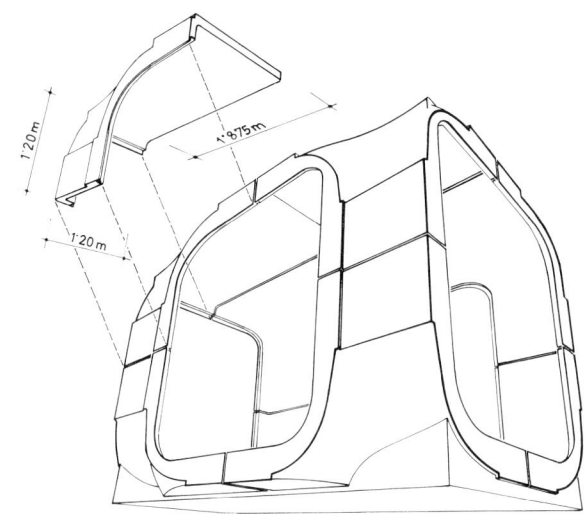

*Algeco-Raumzelle. Sie ist aus acht Einzelelementen zusammengesetzt.*

*Die DO-Raumzelle basiert auf der Geometrie des Dodekaeders, Projektgruppe Polybau.*

*Das »KB-Haus«. Die Vorserienversion war noch mit einem Holzskelett ausgestattet, bei der Serienversion sind die Kunststoffaußenschalen tragend ausgelegt (auch zweigeschossig möglich).*

System bestand aus zwei Grundgrößen von 16 m² oder 63 m², die sogar miteinander kombinierbar waren, und ließ die unterschiedlichsten Nutzungen zu. Der Innenraum war frei unterteilbar, allerdings erwiesen sich Unterteilungen in kleine Einheiten als problematisch, da die französischen Planer die Gesamtstruktur als Großform angelegt hatten.

Die IKA zeigte neben diesen exotischen Zell- und Modulstrukturen auch Gebäude, die in bezug auf Größe und Nutzung näher an üblichen Wohnhäusern orientiert waren. Das »Cabinova« von den Deutschen Waggon- und Maschinenfabriken zum Beispiel hatte einen einfachen, orthogonalen Grundriß, und auch der Schnitt wies keine formalen Besonderheiten auf. Die Gebäudeeinheiten wurden transportabel ausgelegt. Sie waren so konzipiert, daß man, wie bei einem Wohnwagen, keine massiven Fundamente benötigte, sondern Stützelemente mitgeliefert bekam. Da bei diesem Kleinsthaus nicht transport- und systemimmanente Kriterien, sondern die Nutzungsmöglichkeiten im Vordergrund standen, galt es auf konstruktiver Seite Kompromisse einzugehen. So wurde die Sandwichbauweise der Zelle mit einem Stahlrahmen kombiniert, um die

nötige Steifigkeit zu erzielen. Die Sandwichelemente wurden ebenfalls adaptionsfähig ausgelegt. Je nachdem, ob es sich um Wand-, Boden- oder Dachelemente handelte, wurden verschiedene Materialien wie Holz oder Blech mit dem Kunststoff kombiniert.

Das größte und dennoch preisgünstige Gebäude, das auf der IKA gezeigt wurde, war das sogenannte

»Hollandhaus«. Hierbei handelte es sich um ein 138 m² großes, vollwertiges Wohnhaus. Besonders auffallend an diesem Gebäude waren die Wandelemente, die im Querschnitt eine dreieckige Form hatten und dadurch eine gewisse Steifigkeit aufwiesen, ohne unnötig massiv ausgebildete Kunststoff-Deckschichten zu haben. Dies hatte ein geringes Gewicht der Wandelemente und eine Materialersparnis zur Folge. Ein häufiger Transport des Gebäudes war allerdings kaum möglich, weil durch die große Anzahl der Bauelemente ein erhöhter Montageaufwand zu erwarten war. Ein Gebäudesystem, das ebenfalls gehobenen Ansprüchen im Wohnhausbereich genügte, war das fg 2000, das aber 1971 in Lüdenscheid noch nicht gezeigt werden konnte.

## fg 2000

Das fg 2000 (fg = fibre glass) der Firma Feierbach in Altenstadt/Hessen hatte als einziges dieser Kunststoffhäuser eine bauaufsichtliche Zulassung bekommen.[5] Bezüglich des Erscheinungsbildes ist das fg nicht mit den Exponaten der IKA vergleichbar, da es auf eine extravagante Formgebung größtenteils verzichtete. Der Korpus bestand aus leicht gewölbten Wandelementen mit sanft gerundeten Kanten. Das Flachdach setzte sich aus ebenen Kassettenelementen zusammen. Untergeschoß oder Sockel des Gebäudes mußte konventionell gebaut werden. Trotz dieses massiven Sockels hatte das fg 2000 ein unkonventionelles, modernes Aussehen. Die Mobilität des Gebäudes war allerdings durch die massive Gründung und durch die große Anzahl der zu montierenden Teile eingeschränkt, das heißt es konnte nur wenige Male umgebaut werden. Das erste Versuchshaus wurde 1968 in Altenstadt erstellt und bestand aus 13 Dach- und 26 Wandelementen, von denen sechs mit Fenstern ausgeführt wurden. Diese Wand- und Dachstücke konnten nur linear aneinandergereiht werden, Anfang und Ende der Struktur wurde mit großen Glasflächen verschlossen. Erstaunlich ist, daß aufgrund des geringen Gewichts der

fg 2000 der Firma Feierbach. Modell des Entwurfskonzepts

Module völlig ohne Hebezeug montiert werden konnte. Alle Elemente wurden per Muskelkraft auf das Erdgeschoß gehievt und dort befestigt. Zehn Arbeiter waren elf Stunden mit der Montage beschäftigt. Wie bereits erwähnt, konnten mit den zwei Modulen nur linear entworfene Gebäude erstellt werden, was eine Einschränkung der Nutzung zur Folge hatte. Die Firma erkannte sehr bald, daß zusätzliche Eckelemente nötig waren, um eine größere Grundrißvielfalt zu ermöglichen. In der zweiten Version des fg wurde auch auf die Wölbung der Wandelemente verzichtet, da es sich herausgestellt hatte, daß die Wände auch ohne die aussteifende Form stabil genug waren. 1972 konnte ein zweiter Prototyp realisiert werden, der dann auf dem Gelände der IKA aufgebaut wurde. Wie bei den mei-

*Versuchshaus in Altenstadt,
Hessen, 1968*

*Montage eines
Seitenelements aus
Gevetex Glasseide und
Vestopal Polyesterharz*

*Wie das gesamte
Kunststoffhaus fg 2000 werden auch die Dachelemente
ohne Hebezeug montiert.*

sten Kunststoffhäusern wurde auch bei dem fg 2000
glasfaserverstärktes Polyesterharz (UP-GF) verwendet. Dieser Materialverbund zeichnete sich durch
hohe Festigkeit und geringes Gewicht bei relativ einfacher Verarbeitung und Handhabung aus. Die
Witterungsbeständigkeit von UP-GF ist vor allem

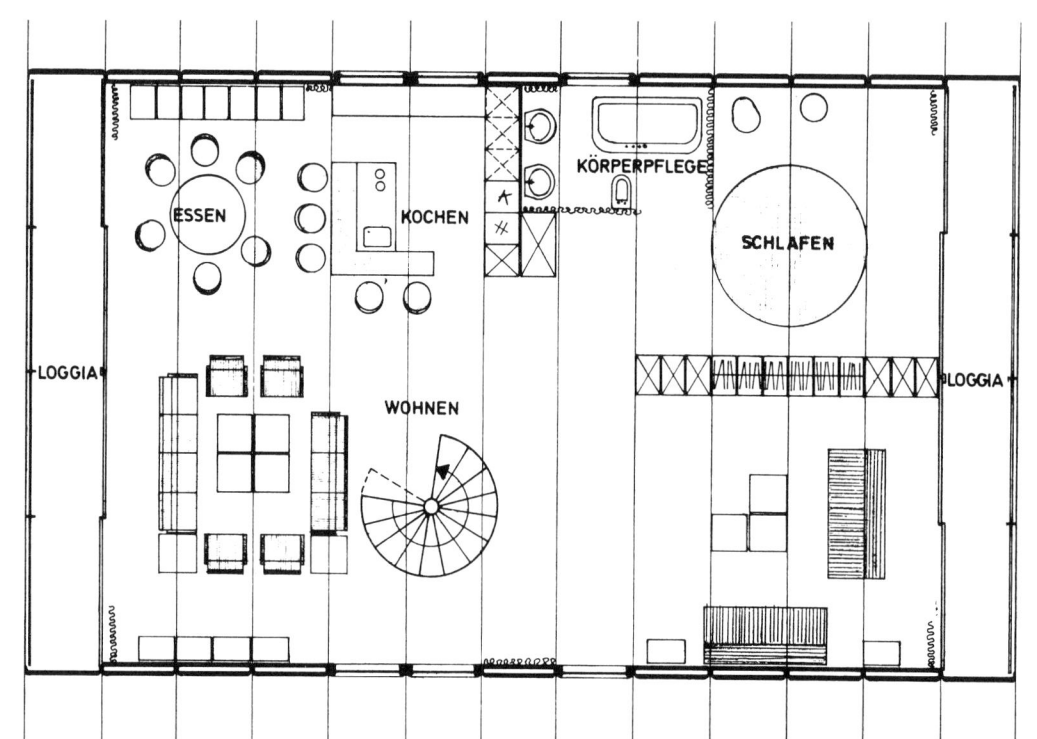

fg 2000. Der Grundriß des Obergeschosses weist fließende Raumübergänge ohne Türen auf.

Zweiter Prototyp des fg 2000 von 1972 in Lüdenscheid. Ansicht der Vorderseite. Die Wandelemente sind bei dieser Version ohne Wölbung ausgeführt.

Zweiter Prototyp des fg 2000 von 1972 in Lüdenscheid. Ansicht der Rückseite

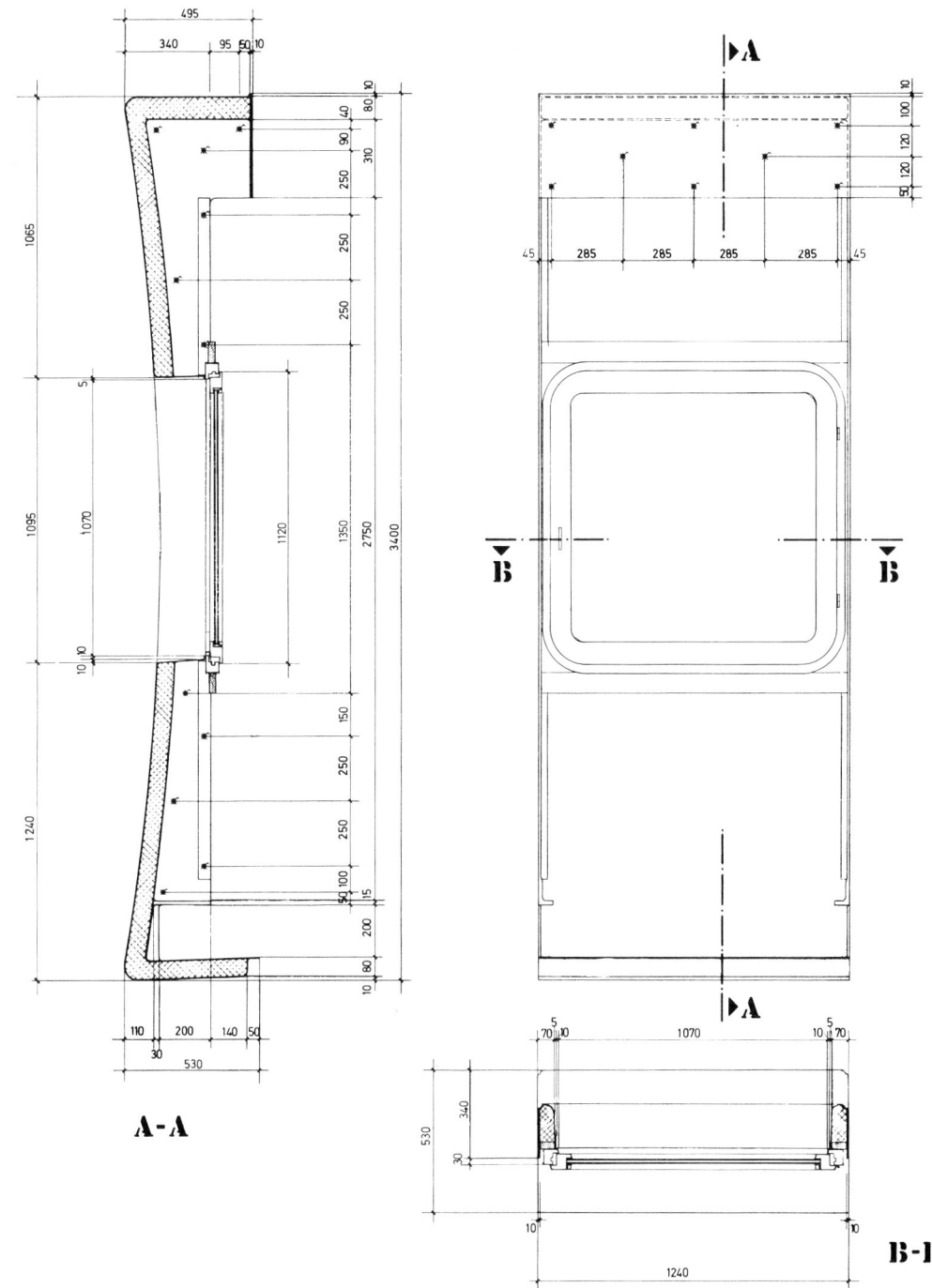

*Konstruktionszeichnung*
*eines tragenden*
*Wandelements aus*
*glasfaserverstärktem*
*Kunststoff mit*
*eingebautem*
*Aluminiumfenster*

**A-A**

**B-B**

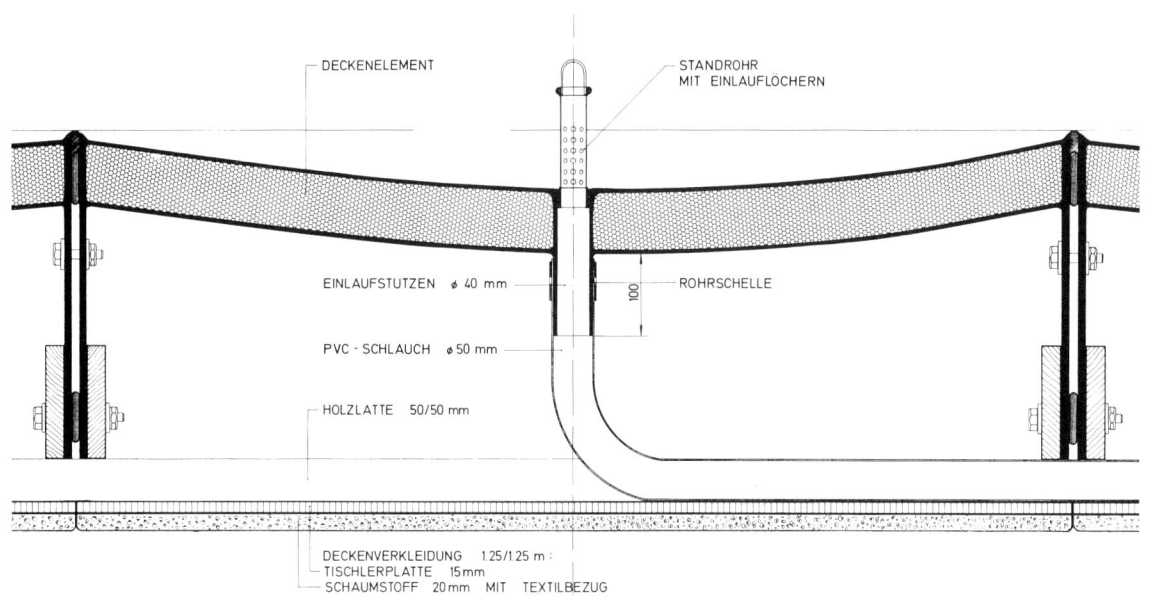

DECKENELEMENT

STANDROHR
MIT EINLAUFLÖCHERN

EINLAUFSTUTZEN ⌀ 40 mm

ROHRSCHELLE

100

PVC - SCHLAUCH ⌀ 50 mm

HOLZLATTE 50/50 mm

DECKENVERKLEIDUNG 1.25/1.25 m :
TISCHLERPLATTE 15 mm
SCHAUMSTOFF 20 mm MIT TEXTILBEZUG

*Konstruktionszeichnung
eines tragenden
Dachelements aus
glasfaserverstärktem
Kunststoff mit
eingebautem Dacheinlauf*

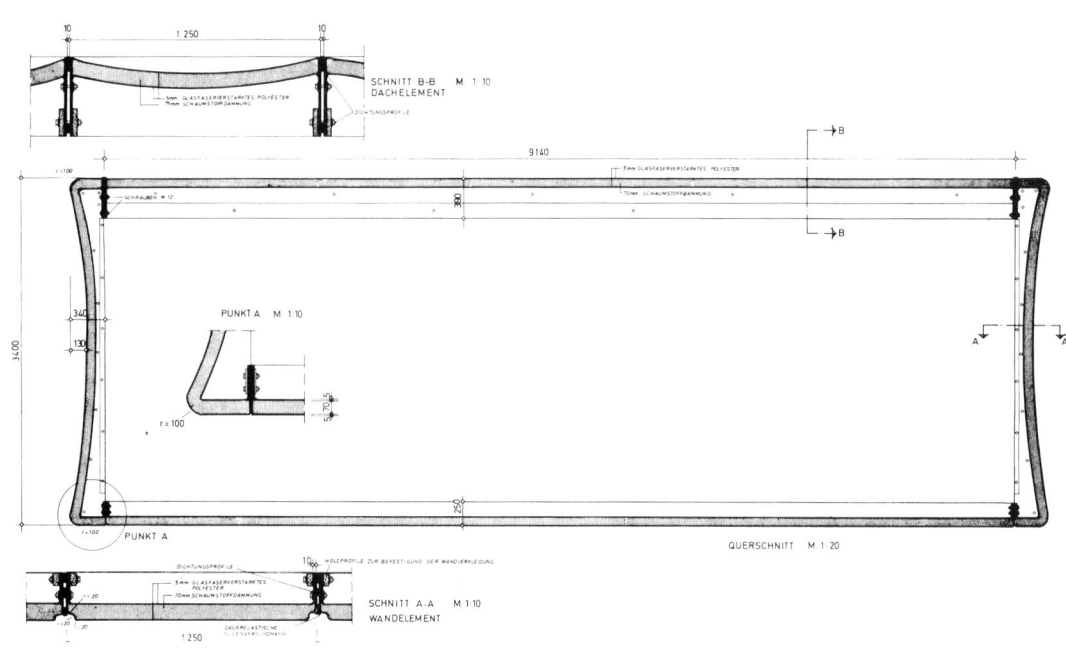

10    1.250    10

SCHNITT B-B    M. 1:10
DACHELEMENT

5mm GLASFASERVERSTÄRKTES POLYESTER
70mm SCHAUMSTOFFDÄMMUNG

DICHTUNGSPROFILE

9140

5mm GLASFASERVERSTÄRKTES POLYESTER

70mm SCHAUMSTOFFDÄMMUNG

SCHRAUBEN M 12

380

PUNKT A    M. 1:10

B

B

340

130

3400

r = 100

A

A

250

r = 100    PUNKT A

QUERSCHNITT    M. 1:20

DICHTUNGSPROFILE

10    HOLZPROFILE ZUR BEFESTIGUNG DER WANDVERKLEIDUNG

5mm GLASFASERVERSTÄRKTES
POLYESTER
70mm SCHAUMSTOFFDÄMMUNG

SCHNITT A-A    M. 1:10
WANDELEMENT

1.250    DAUERELASTISCHE
FUGENVERGUSSMASSE

132

in Anwendungsbereichen mit pigmentierter Oberfläche sehr gut. Die Farbgebung kann vor der Herstellung festgelegt werden. Die porenfreie Oberfläche ist resistent gegenüber Schmutz, Moos und anderen Belägen.

Die eigentlichen Wand- und Deckenelemente wurden als Sandwich aufgebaut. Die Außenschale maß 6 mm, die Innenschale 4 mm, dazwischen wurde eine 60 mm PUR-Hartschaumschicht eingebracht. Für die Grundriß-Dimensionen wurde ein Rastermaß von 1,25 m gewählt, da dies den gängigen Breiten markttüblicher Glasfasermatten entsprach. Wand- und Deckenelemente wurden durch eingeformte Flansche und Gewindebolzen einfach verschraubt. Hier wird auch deutlich, daß durch das geringe Flächengewicht von 20-30 kg/m² die Lastabtragung unproblematischer ist als bei herkömmlichen Bauweisen. Die Hauptproblematik bei allen modularen Gebäuden – die Fugenausbildung – wurde beim fg 2000 gelöst durch dreifache Dichtungsbänder aus Moosgummi, die mit Polysulfid abgedichtet wurden. Diese hochelastischen Materialien können die durch Temperaturschwankungen entstehenden Dehnungen und Kontraktionen ausgleichen und gewährleisten Dichtigkeit auch unter extremen klimatischen Bedingungen und über längere Zeiträume.

Der Innenausbau schließlich ist dank des 10 m grossen, stützenfrei überspannten Raums sehr frei und flexibel denkbar. Die Trennwände müssen nicht tragend ausgelegt sein, sondern können an jeder Stelle stehen, sogar ein offener Einraum ist vorstellbar. Der Ausbau kann mit beliebigen Materialien, z.B. Holz- oder Gipsplatten oder auch Stoffbespannungen, ausgeführt werden.

*Kunststoff-Schlafraum mit dem Rundbett aus Fiberglas fg 2010 und Schrankwänden auf Rollen aus Fiberglas fg 2004*

*Kunststoff-Bad: Badewanne, Waschtisch, Bidet und Wandelemente sind aus Plexiglas, die Wand-, Decken- und Bodentextilien sind aus Dralon*

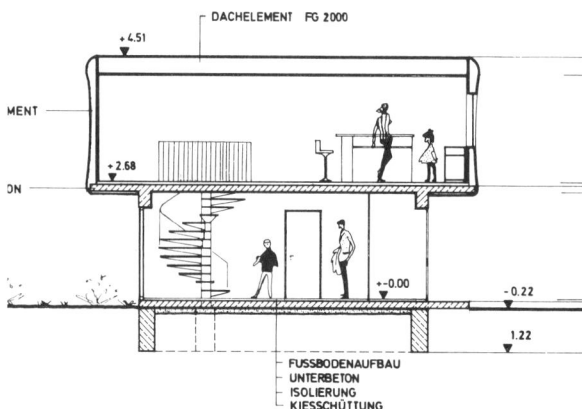

Die Kunststoffhäuser der sechziger und siebziger Jahre entstanden aus verschiedenen Gründen. Einerseits waren sie technische Experimente und repräsentierten den damaligen Stand der Polymertechnik, andererseits versuchten sie die tradierten Wege des Wohnens zu verlassen und neue Formen in architektonischer und gesellschaftlicher Hinsicht zu finden. Im wesentlichen wird in diesen Projekten die Umbruchstimmung der sechziger und siebziger Jahre formuliert. Diese Gebäude waren – wie auch viele andere Ideen aus den siebziger Jahren – ihrer Zeit voraus. So konnten die ungewöhnlichen Materialien und Formen die wenigsten Bauherrn überzeugen. Manche technischen Entwicklungen steckten noch in den Kinderschuhen, die Verarbeitungsqualität der Kunststoffteile war noch ungenügend, darüber hinaus verstanden die Architekten und Planer noch nicht restlos mit den formalen und funktionalen Aspekten des Werkstoffs umzugehen. Dies erklärt auch die Erfolglosigkeit der IKA 71. Sie hat wohl diesen unfertigen Stand des Experimentierens mit Polymerstoffen zu deutlich aufgezeigt, und der Markt konnte daher nicht von der Qualität der Entwürfe überzeugt werden. Ein weiterer Grund für das Scheitern war sicherlich auch die aufkommende Kritik an technologischen Lösungen, die wenig schonend mit der Umwelt umgehen. Aus der heutigen Sicht wären die Chancen für eine Verbreitung der

Kunststoffhäuser in den neunziger Jahren wesentlich besser als 1971, weil inzwischen auch Kunststoffe umweltgerecht hergestellt und entsorgt werden können und der Energie- und Arbeitsaufwand für die Herstellung des Werkstoffs und der Bauteile geringer geworden ist.

Die aktuelle Version der Wärmeschutzverordnung begünstigt leichte Konstruktionen wie Kunststoffhäuser, da diese bessere Wärmedämmeigenschaften bei geringeren Wandstärken besitzen. Die aktuellen Wärmeschutzvorschriften hielt das fg 2000 übrigens schon 1971 ein. Die neuen, teureren polymeren Hochleistungswerkstoffe der siebziger Jahre sind mittlerweile relativ preisgünstige, häufig eingesetzte Massenprodukte der Kunststoff- und Faserindustrie. Folglich kann die Wirtschaftlichkeit von Kunststoffhäusern heute als wesentlich verbessert angesehen werden.

*fg 2000. Schnitt.*
*Konventioneller Sockel,*
*Kunststoffaufbau*

*fg 2000. Isometrie*

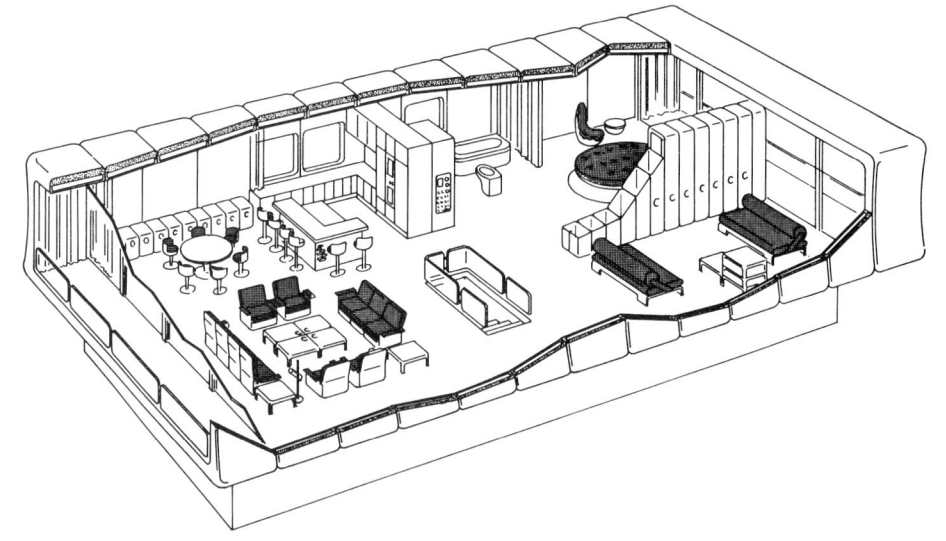

## Das moderne Montagehaus – eine unerreichte Vision?

Das Thema »Mobile Architektur« – speziell das Serien- und Montagehaus in transportabler oder umsetzbarer Form – ist aufgrund politischer Veränderungen und gesellschaftlicher Entwicklungen wie Wohnraummangel und zunehmende Mobilität wieder aktuell geworden. Allerdings haben veränderte Rahmenbedingungen, zum Beispiel zunehmendes Umweltbewußtsein und technische Weiterentwicklungen, die Möglichkeiten einer Neuanwendung wesentlich beeinflußt.

In der Vergangenheit hatten vor allem die Kriegsfolgen großen Bedarf an kostengünstigem Wohnraum geschaffen, der schnell und in großer Stückzahl bereitgestellt werden mußte.

Nach dem Ersten Weltkrieg erholte sich die deutsche Wirtschaft sehr rasch und erreichte in den zwanziger Jahren bereits wieder einen Höhepunkt. Nicht nur pragmatische Lösungen[1] des Wohnungsproblems wurden diskutiert, sondern auch Ansätze, die kulturelle und gesellschaftliche Reflexion in hochwertiger Architektur (Walter Gropius, Ernst May)[2] spiegelten. Diese Entwicklung wurde durch die Weltwirtschaftskrise und die Nationalsozialisten wieder gestoppt.

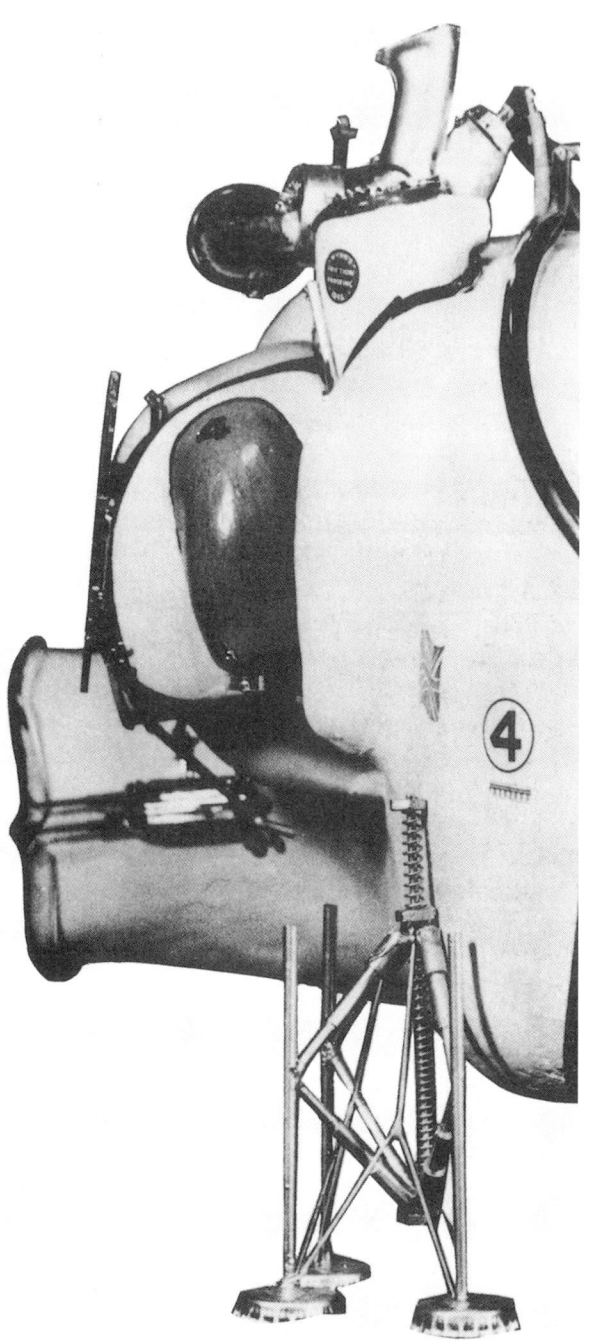

*Living Pod von David Greene, 1965*

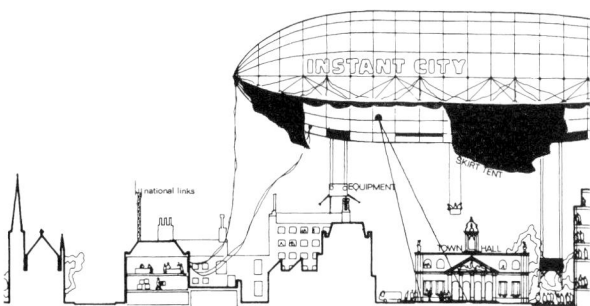

*Instant City von Peter Cook, 1970*

Nun wurden zur Beschäftigung von Arbeitslosen handwerkliche Lösungen ohne industrielle Vorfertigung bevorzugt, die Industriepotentiale wurden einzig und allein für die Rüstung genutzt.

Nach dem Zweiten Weltkrieg waren alle Industriestaaten Europas in einer ähnlichen Situation: Die Rüstungsindustrien waren ohne Aufgabe, hatten aber perfektionierte Produktionsstätten und entsprechendes Know-how zur Herstellung technischer Produkte. Deutschland, Frankreich, England und auch Amerika suchten nach Möglichkeiten, ihre Rüstungsindustrien auszulasten und die Wohnungsnot zu beseitigen.

»*Der Zweite Weltkrieg hat bei uns eine drückende Wohnungsnot hinterlassen. Man hat die Gesamtzahl der völlig zerstörten Wohnungen auf 4,9 Mio. Einheiten geschätzt, einschließlich der östlich der Oder-Neiße-Linie verlorengegangenen Wohnungen.«* (Gustav Kistenmacher)* [3]

Die Herstellung der geforderten hohen Stückzahlen war nur mit industrialisierten Techniken möglich, eine handwerkliche Fertigung wäre bei weitem nicht leistungsfähig genug gewesen. Eine Studie berichtet: »*Wenn man davon ausgeht, daß in der Zeit zwischen den Weltkriegen jährlich 220 000 Wohneinheiten erstellt wurden und wir heute das gleiche im Bundesgebiet erreichen, dann würden etwa 18-20 Jahre vergehen bis zur Erbauung aller fehlenden Wohnungen.«* [4]

Allerdings gab es zur Bewältigung dieser Aufgaben in Deutschland kein Potential an kreativ-künstlerischen Köpfen mehr; diese waren zum größten Teil nach Amerika ausgewandert. Die Herstellung von Wohnraum folgte, reine, von Nützlichkeitsdenken ambitionierte Ideen fehlten. Die ehemalige Rüstungsindustrie produzierte sowohl in Deutschland (M.A.N., Dornier, Messerschmitt) als auch in England (Airoh) und Frankreich zwar Zweckmäßiges, brachte aber keine substantiellen Lösungen hervor. Das M.A.N.-Haus zum Beispiel war grundsätzlich modern und technisch hochwertig, aber ohne architektonische Kraft, da man sich vorsichtig an traditionellen Vorbildern orientierte. Wie wichtig aber das kreativ-künstlerische Potential auch eines technisch-funktional orientierten Konstrukteurs oder Architekten ist, wird an Personen wie Konrad Wachsmann, Buckminster Fuller und Jean Prouvé deutlich. Alle hatten die Möglichkeit, ihre fachspezifische Tätigkeit vor einen kulturellen Hintergrund zu stellen, aber das allein genügte nicht: In den USA waren die Voraussetzungen für einen allgemeinen Fortschritt durch eine liberale Politik in der Nachkriegszeit ideal. [5] Die Wirtschaft florierte, und ambitionierte Konzeptionen konnten auch mit kommerziellem Erfolg realisiert werden.

Die Nachkriegszeit nahm in ihrem späteren Verlauf eine Entwicklung, die in den euphorischen sechziger Jahren gipfelte und mit der Energiekrise wieder in Frage gestellt wurde. Technologische Lösungen wur-

*CNC-Anlage im Ingenieur-Holzbau, 1996. Mit DXF- oder IGES-Computerdatenformaten werden automatisch auch dreidimensional Holzbauteile bearbeitet. In nur drei Wochen Dauerbetrieb konnten 1800 Teile für eine Messehalle gefertigt werden (Kaufmann Holzbauwerk)*

*Mauerroboter, 1996. Vollautomatische Roboter zur Vorfertigung von Mauerelementen im Werk. Entwicklungskosten 10 Mio. DM (Leonhard Weiss GmbH & Co). Täglich werden bis zu 300 m² Wandfläche in allen Steinformaten gemauert. Entwicklung: Ainedter Industrie Automation GmbH Hydra Roboter für Arbeiten an vertikalen und geneigten Oberflächen. Fortbewegung mit computergesteuerten Sauggreifern. Aufgaben: Reinigen, Streichen oder Bohren in extremen Umgebungen. Hersteller: Universität Hannover*

*T-UP (Prototyp)
Automatisches Bausystem,
das selbständig vielge-
schossige Stahlskelett-
bauten herstellt.
Durch »just in time« –
Lieferung der Baumaterialien
und den Wetterschutz konnten die Bauzeiten um 30%
reduziert werden.
Hersteller: Taisei*

den sehr komplex, unüberschaubar und entfernten sich von den Bedürfnissen des Menschen. Archigram hat in den sechziger Jahren die Erfindungen eines Richard Buckminster Fuller mit seinen Domes und eines Konrad Wachsmann mit seinen Megastrukturen zu einer Vision des modernen Lebens zusammenge-fügt[6] und in ein euphorisch-naives, durchaus positi-ves Licht gestellt. Sogar die eigentlich monströse Walking City sieht spielzeugähnlich und freundlich aus: Der Mensch wird durch transportable kapselar-tige Gebäude, vergleichbar der Form eines Wichita-Hauses von Fuller, wieder zum modernen Nomaden, der sein Gehäuse bei einem Ortswechsel einfach mit-nehmen kann. Das moderne Leben läßt spielerisch

fast alles zu: Nur enthüllt die Utopie in der Realität das Gegenteil dieser optimistischen Sichtweise. Die Strukturen erweisen sich als anonym und unmensch-lich, die Kapselhäuser werden nicht zu einem leben-digen Organismus gefügt, sondern zu einer kühlen, unpersönlichen Zelle, die das Leben des Bewohners bestimmt und nicht umgekehrt. Die Megastrukturen kommen nicht mit der Eleganz eines Eiffelturms oder eines Flugzeugs daher, sondern sind schematisiert und banalisiert. Was sich in Grafiken wie eine ein-drucksvolle Superplastik darstellt, erweist sich als ästhetisch unwirksam: Schon die Metastadt in Wul-fen oder die Habitat in Montreal, beide als Organis-men von Zellen aufgebaut und als Vorreiterprojekte gedacht, haben nicht das Flair einer »city in the air« wie von Arata Isozaki gezeichnet. Auch die techni-schen Probleme sind nicht so einfach zu handhaben wie man glaubte; die Metastadt in Wulfen muß auf-grund von Korrosionsproblemen wieder abgerissen werden, die Raumzellenbauweisen hatten unter an-derem bauphysikalische Probleme, wie übrigens auch schon die ersten Versuchsbauten von Walter Gropius.

Nach der Energiekrise der siebziger Jahre wandte man sich wieder natürlichen Baumaterialien zu, im Häuserbau lehnte man sich an traditionelle Baufor-men an und ging weg von dem Raumkapsel- oder Automobil-»look«. Die Neigung zu historischen und traditionellen Vorbildern geht sogar so weit, daß der Typus der Villa zum idealen Vorbild des Wohnhauses wird.[7] Die Stadt des 19. Jahrhunderts wird wieder-entdeckt, Blockstrukturen werden wieder geschlos-sen bzw. repariert[8] und nicht mehr durch die Implan-tation moderner, autarker Bauobjekte aufgerissen. Die Forderung nach einer Architektur ohne Abstrak-tion einer stereometrischen Form wird erhoben wie in der Moderne der zwanziger Jahre; Formen mit Symbolen und Zeichen sind gefragt.[9] Die Maßstabs-losigkeit von anonymen modernen Strukturen, die Verkehrsbauwerke und Trabantenstädte werden an-geprangert. Gropius war sich der Gefahr dieser Entwicklung bereits 1947 bewußt:

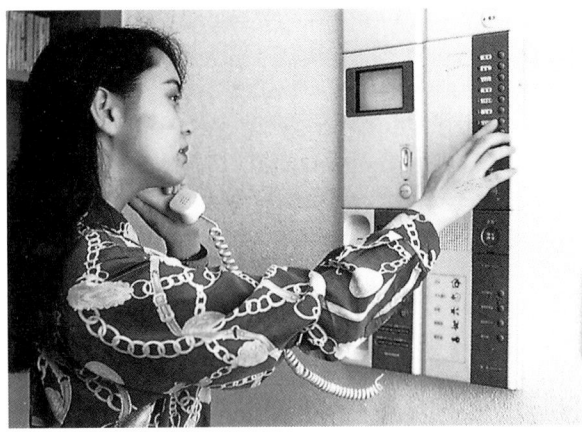

»Das wahre Ziel der Vorfabrikation ist gewiß nicht die ins Endlose geführte, blinde Vermehrung eines Haustypus; die Menschen werden immer gegen Versuche der Übermechanisierung rebellieren, die dem Leben widerspricht. Aber die Industrialisierung wird nicht an der Schwelle des Hauses haltmachen. Es bleibt uns keine Wahl, als die Herausforderung der Maschinen überall anzunehmen, bis wir sie unseren Lebensbedürfnissen unterworfen haben...«[10]

Inzwischen wissen wir, daß der Versuch, historische Bauformen zu übernehmen, ohne sie neu zu interpretieren, zu einer kulissenhaften Architektur führt, die im wesentlichen keine Stadt- oder Wohnqualitätsverbesserung bewirkt. Diese kann nur mit zeitgemäßen Konzepten und Mitteln herbeigeführt werden.

»Erst in der idealen Kombination der Anwendung aller Kenntnisse und Möglichkeiten der Technik, des Erkennens der Psyche des Menschen, seines Anspruchs und seiner fortschreitenden Urteilsfähigkeit wird sich der Bau formen, einfach, natürlich, anonym und von allen verstanden, weil es den Gedanken der Zeit entspricht.«[11] (Konrad Wachsmann)

Die Industrialisierung des Bauwesens, wie sie Jean Prouvé und Konrad Wachsmann Ende der fünfziger Jahre wieder gefordert haben, hat sich in der Zwischenzeit tatsächlich eher unbemerkt vollzogen: Alle Produkte, die heute zum Bauen verwendet werden, kommen aus Fabriken, die in hoher Stückzahl und auf hohem Niveau Fassaden- und Wandelemente, Beschläge und Verbindungsmittel aller Art produzieren. Dennoch werden diese Komponenten in der Regel auf der Baustelle handwerklich und – was wesentlich ist – wenig kontrollierbar und mit Qualitätseinbußen zusammengefügt. Es fehlt grundsätzlich ein Konzept der Zusammenfügung und Anpassung der verwendeten Materialien und zur Entwicklung einer adäquaten Bauform. Sie kann freilich nicht formalästhetisch erreicht werden, wie das die Vertreter des modernen Bauens in den zwanziger Jahren mit dem Dampfermotiv[12] oder in den sechziger Jahren mit der Ästhetik einer Raumkapsel[13] getan haben. Das Gebäude muß seinen Evolutionsprozeß ähnlich dem des Fahrzeugs von der Kutsche bis zum Automobil fortführen. Eine Rückkehr zum traditionellen Handwerk wäre ein Anachronismus und unmöglich, da das handwerkliche Potential seit geraumer Zeit allgemein reduziert wurde. Zunehmend werden Automatisierung und Robotereinsatz im Bauwesen diskutiert.[14] Es ist bekannt, daß besonders in Japan und teilweise auch in den USA ein wesentlich höherer Entwicklungsstand als in

*Steuerung von gebäudetechnischen Einrichtungen und Geräten. Japan 1996*

*Fertighaus „TWOgether" von Diener & Diener, 1997. Hersteller: Allkauf GmbH*

*Stahlwohnhaus von CEPEZED, Serienhausprototyp, 1982*

Europa zu verzeichnen ist. Große japanische Bauunternehmen (zum Beispiel Taisei, Shimizu und Hasama) unterhalten zum Teil eigene Forschungs- und Entwicklungseinrichtungen, in denen seit Jahren Roboterkonzepte und Prototypen entwickelt werden. Vorteile einer Automatisierung und Roboterisierung sind die Kompensation eines Mangels an qualifizierten Arbeitskräften, die Verbesserung der Arbeitsbedingungen, die Entlastung des Menschen bei körperlich schweren Arbeiten, aber auch eine weitere Verbesserung der Bauqualität (Fügung der Teile) bei gleichzeitiger Leistungssteigerung und Kostensenkung. Erschwerend wirken die besonderen Bedingungen der Bauproduktion, wie Unikatfertigung, eine Vielzahl unterschiedlicher Gewerke und Beteiligter, ein jeweils neuer Produktionsstandort mit neuen Baustellenbedingungen auf die Automatisierung und vor allem den Robotereinsatz. Hinzu kommt im Bauwesen eine Trennung zwischen Planung, Konstruktion und Fertigung. Diese Tätigkeiten werden von unterschiedlichen, spezialisierten Planern und ausführenden Firmen übernommen. Dagegen liegen in anderen, stationären Industrien (Automobilindustrie) Planung, Konstruktion und Fertigung in einer Hand. Damit ist der Einsatz von Automaten und Robotern besser zu planen und umzusetzen. Aus diesem Grunde ist die Entwicklung bei Baustellenprozessen (Ausnahmen gibt es im Tunnel- und Kanalbau oder im Straßenbau) nur langsam verlaufen. Bei den Herstellungsprozessen für Rohstoffe, den Erzeugungsprozessen für Baustoffe sowie bei den Vorfertigungsprozessen hat die Automatisierung allerdings bereits ein hohes Niveau erreicht. Beachtenswert sind hierbei die Fortschritte der Holzindustrie, die seit einigen Jahren in der Vorfertigung mit Holzbauteilen oder -elementen zusehends mit CNC-gesteuerten Maschinen arbeitet. Auch die Glas- und Metallindustrie ist weitgehend mit modernster Technologie ausgestattet. Trotz der genannten Problematiken gibt es also durchaus Chancen und Möglichkeiten für den Einsatz von Industrierobotern im Bauwesen, zumal die Maschinen nach einer nun bereits 30jährigen Entwicklungszeit auf die in der Bauindustrie nötige flexible Fertigung durch entsprechende Programmierung reagieren können. Auch die Unikatfertigung und die kleinen schwankenden Stückzahlen stellen kein großes Problem mehr dar. Zu Beginn der Industrialisierung, als eine hohe Stückzahl bei wirtschaftlicher Produktion unumgänglich war, konnten die Maschinen in der Regel nur eine einzige »Tätigkeit« ausführen, aber mittlerweile kann durch die computerkontrollierte Programmierung und Steuerung eine große Neutralität der Maschinen erreicht werden. Der Weg vom CAD (computer aided design) zum CAM (computer aided manufacturing) muß im Bauwesen noch zurückgelegt werden.

Weitere technologische Veränderungen im Hausbau werden sich aus der Telekommunikation und der Computertechnik ergeben. Schon 1990 hatten in Japan 90% aller japanischen Häuser in irgendeiner Form eine »Automatisierung« eingebaut.[15] Das waren zum Beispiel Alarmanlagen, Licht- und Klimasteuerungen oder auch Sicherheitseinrichtungen, die Einbrüche oder technische Defekte (Gasleck) anzeigen. Sämtliche Haushaltsgeräte wie Waschmaschine, Herd oder sogar die Thermostate an den Mischbatterien werden zunehmend elektronisch steuer- bzw. regulierbar, so daß es nur noch eine Frage der Zeit ist, bis die Geräte über ein »Bus-System« mit dem Heim-PC verbunden werden und zentral zu regeln sind. Entsprechende Technologien sind bereits zur Serienreife entwickelt und werden von manchen Fertighausherstellern in ihr Programm aufgenommen. Wichtige Funktionen im Haus wie energieumsetzende Geräte, Fassaden, Kommunikation und Unterhaltung lassen sich zentral von einem PC aus steuern. Was in Buckminster Fullers »Wichita-Haus« oder in David Greens »Living Pod« noch Vision war, ist heute technologisch machbar und sogar flächendeckend vermarktbar.

Mobile Architektur – darunter ist neben dem Transport eines ganzen Gebäudes oder von Teilen eines Gebäudes auch die Veränderlichkeit eines leichten Systems zu verstehen – könnte in Zukunft neben ortsfester Architektur eine entscheidende Rolle in diesem Fortschrittsszenario spielen: Die Entwicklung der Stadt und der Zwischenstädte (Vororte) ist nicht mehr auf Jahrzehnte hinaus plan- und absehbar, wie das im 19. Jahrhundert der Fall war, sondern wird immer mehr Bereiche und Zonen mit unterschiedlicher Dynamik haben, in denen vorübergehende Strukturen als Ergänzung oder als Ersatz verwendet werden können.[17] Yona Friedmann, ein Vertreter der 1957 gegründeten Gruppe GEAM (»groupe d´études d´architecture mobile«) schlug bereits 1958 die »ville spatiale« vor, eine Stadt, die nach mobilen, flexiblen Regeln wachsen oder schrumpfen kann.

Auch energetische Aspekte sprechen für mobile Strukturen: Umnutzung oder Abbruch eines Bestandes ist mit großen Stoff-Flüssen verbunden, die eine gesamte Energiebilanz wesentlich verschlechtern und in den Bereich der sogenannten »grauen Energie«, das heißt Energie, die nur zur Herstellung eines Gebäudes und der Baumaterialien nötig ist, fallen würden. Im Bauwesen finden derzeit noch die größten Stoff-Flüsse (Massen an Material) überhaupt statt, so daß zum Bauen unvergleichlich viel Energie aufzuwenden ist und nur durch resourcenschonende Bauweisen und Materialien Verbesserungen möglich sind.

Aus demselben Grund stellt sich die elementare Frage, ob der Typus des Einfamilienhauses überhaupt noch zeitgemäß ist. Durch die geringe Dichte und den großen Landverbrauch repräsentiert diese Bauform sicherlich zumindest in Europa keine ideale Wohnform. Verdichtete, mehrgeschossige Strukturen scheinen auch unter Berücksichtigung von Grundstückspreisen sinnvoller zu sein. Wohnhäuser mit wirklichen Innovationen sind aus den zuvor genannten Gründen wieder gefragt. Fortschritte sind im Planungsablauf (CAD), in der Fertigung (CAM, Automation, Robotik), in der Konstruktion (Materialien), in der Energiebilanz (Summe aller der in Betrieb und Herstellung aufgewendeten Energien) und nicht zuletzt in der architektonischen Konzeption (Typologie, Wohnform, Raumqualitäten) zu suchen.

Die momentane Situation unserer Gesellschaft und damit unserer Architektur ist zu komplex, als daß eine einfache Lösung für architektonische, technische und stadtplanerische Probleme gefunden werden könnte. Ob Wachsmanns Maxime »Einfachheit durch Kompliziertheit« noch Gültigkeit hat oder ob sogar die »Instant City« von Archigram nun eine zeitgemäße Lösung geworden ist – eines ist sicher: Utopien haben einen großen Anteil an den Ursprüngen moderner Planung und sollten aus diesem Grund neben den Realitäten eine wichtige Rolle spielen.

*Modell »Classic«.
Typenhaus der
Firma Hebel,
Architekten:
Seifert+Stöckmann,
Frankfurt 1996*

*Modell »Sonny«.
Typenhaus der
Firma Hebel,
Niedrigenergiehaus,
Architekten:
Seifert+Stöckmann,
Frankfurt 1996*

# Anhang

## Anmerkungen

### Einleitung
[1] Friedmann, Y., „Mobile Architektur". In: Werk 2, 1962, S. 6

### Das Mobile Montagehaus als eigenständige Typologie

[1] Giedion, S., Raum, Zeit, Architektur, Zürich 1941, S. 166
[2] Giedion, S., Raum, Zeit, Architektur, Zürich 1941, S. 144
[3] Le Corbusier, Ausblick auf eine Architektur, Berlin 1963, S. 77
[4] Giedion, S., Mechanization Takes Command, New York 1955
[5] Giedion, S., Raum, Zeit, Architektur, Zürich 1941, S. 233
[6] Le Corbusier, Les Maisons „Voisin". In: L'Esprit Nouveau, Nov. 1920, S. 48

### Pioniere der industriellen Vorfertigung

[1] Pepretti, C., Leonardo da Vinci, Architekt, Studien für den Holzpavillion von Vigevano, Stuttgart 1980, S. 69-72
[2] Friement, C., Die Gläserne Arche, München 1984, S. 34
[3] Giedion, S., Raum, Zeit, Architektur, Zürich 1941, S. 136
[4] Giedion, S., Raum, Zeit, Architektur, Zürich 1941, S. 232
[5] Giedion, S., Raum, Zeit, Architektur, Zürich 1941, S. 245
[6] Junghans, K., Das Haus für alle, Berlin 1994, S. 11
[7] Herbert, G., Pioneers of Prefabrication, London 1978, S. 78
[8] Langbeck, W., Die transportable Lazarettbaracke, Berlin 1890, S.77
[9] Hafner, Th., Vom Montagehaus zur Wohnscheibe, Basel 1993, S. 57
[10] Giedion, S., Raum, Zeit, Architektur, Zürich 1941, S. 130
[11] Herbert, G., Pioneers of Prefabrication, London 1978, S. 41
[12] Siehe Unterkapitel: Mobile Gebäude des Militärs
[13] Bericht über den ersten allgemeinen Deutschen Wohnungs-kongress 1904, Göttingen 1905, S. 173

### Industrielle Versuchshäuser
### von Walter Gropius und dem Bauhaus

[1] Walter Gropius, Staatliches Bauhaus Weimar 1919-1923, Weimar 1923, S. 5
[2] Stahlhausbau G. Muche. In: Das Bauhaus 2, 1927, S. 3/4
[3] Baumeister, W., Bau und Wohnung, 1927, S. 59
[4] Berdini, P., Walter Gropius, Bologna 1983, S. 120
[5] Konrad Wachsmann, Wendepunkt im Bauen, Wiesbaden 1959, Stuttgart 1989, S. 136-159
[6] Friedrich Zollinger meldete das Patent für einen Lamellendach-stuhl 1906 in Darmstadt an.
[7] siehe Kapitel: Häuser der Metallindustrie
[8] siehe Kapitel: Kunststoffhäuser

### Das wachsende Haus – ein Wettbewerb von 1932

[1] Hilberseimer, L., Die Wohnung unserer Zeit. In: Die Form, Nr. 6, Juli 1931, S. 260
[2] Bredow, J. & Lerch, H., Otto Bartning, Materialien zum Werk des Architekten, Darmstadt 1983, S. 66/67
[3] Bredow, J. & Lerch, H., Otto Bartning, Materialien zum Werk des Architekten, Darmstadt 1983, S. 66/67
[4] Bredow, J. & Lerch, H., Otto Bartning, Materialien zum Werk des Architekten, Darmstadt 1983, S. 66/67
[5] Bredow, J. & Lerch, H., Otto Bartning, Materialien zum Werk des Architekten, Darmstadt 1983, S. 67
[6] Mittag, M., Kleinsthäuser, Ferienhäuser, Bungalows, Gütersloh 1959, S. 18

### Jean Prouvés »portiques«

[1] Jean Prouvé, Architecture / Industrie, Paris o. J. [nach 1968], S. 19
[2] Sulzer, P., Jean Prouvé - LOeure Compléte- Complete Works, Bd.1, Tübingen 1997, S. 145-148
[3] Jean Prouvé, Architecture / Industrie, Paris o. J. [nach 1968], S. 8
[4] Jean Prouvé, Architecture / Industrie, Paris o. J. [nach 1968], S. 120

### Das »Packaged-House-System«

[1] Wachsmann, K., Wendepunkt im Bauen, Wiesbaden 1959, Stuttgart 1989, S. 140
[2] Herbert, G., The Dream of the Factory-Made House, 1984, S. 164
[3] Wachsmann, K., House in Industry. In: arts & architecture, May 1947, S. 28-34
[4] Über die US-amerikanische Fachwerkbauweise siehe Kapitel: Das Montage- oder Serienhaus

### Häuser der Metallindustrie nach dem Zweiten Weltkrieg

[1] Paulsen, F., Unser Bauwesen von 1921 bis 1931, verurteilt von Dr. H. Schacht. In: Bauwelt 22, 1931, S. 5
[2] Speer, A., Stein statt Eisen. In: Baugilde 19, 1937, S. 285
[3] Erlaß vom 15.11.1940. In: Der Deutsche Baumeister, Heft 11/1940, S. 5
[4] Neufert, E., Der totale Krieg fordert [...] Notwendige. In: Der Wohnungsbau in Deutschland 1943, Heft 13/14, S. 146
[5] „Technische Beschreibung" der Wohntechnischen Gesellschaft mbH, Marxzell vom 25. 11. 1947 [Unveröffentlichtes Typoskript im Archiv der Daimler-Benz Aerospace / Dornier, Friedrichshafen]
[6] Schmidt, W., Donier-Heim. In: Baumeister, Mai 1950, S. 304
[7] Historisches Archiv der M.A.N.-AG, Augsburg
[8] Historisches Archiv der M.A.N.-AG, Augsburg
[9] Erdmannsdorffer, K., Hier stimmt etwas nicht. In: Baumeister 1947, Heft 2/3, S. 91

10 Das Fertighaus, Ausstellungskatalog zur Export-Musterschau und Versuchssiedlung in Zuffenhausen, Stuttgart 1947, S. 1

11 Erdmannsdorffer, K., Exportschau auf verschiedenen Wegen. In: Baumeister 1947, Heft 2/3, S. 92

12 Erdmannsdorffer , K., Die Ausstellung »Das Fertighaus«-Stuttgart 1947. In Baumeister 1947, Heft 11/12; S. 360

13 Das Fertighaus, Ausstellungskatalog zur Export-Musterschau und Versuchssiedlung in Zuffenhausen, Stuttgart 1947, S. 3

### Entwicklungen in den USA

1 Mc Coy, E., History und Legacy of the Case Study Houses. In: Blue Prints for Modern Living, Los Angeles/Cal. Ausstellungskatalog 1989, S. 15

2 Entenza, J., Case Study House No. 25. In: arts & architecture, May 1947, S. 12 (Übersetzung des Autors)

3 Boesiger, W., Richard Neutra, Bauten und Projekte, Zürich 1951, S. 15

### Richard Buckminster Fuller – Domes und Dymaxion

1 geodätisch: der kürzeste Abstand zwischen Punkten auf einer gekrümmten oder kuppelförmigen Oberfläche

2 Tomkins, C., R. B. Fuller [Interview]. In: New Yorker, 8. Januar 1966, S. 14 (übersetzung des Autors)

3 Ebert, W. M., Home Sweet Dome, Frankfurt/Main 1978, S. 6

4 Mc Hale, J., R. Buckminster Fuller, Make of contemporary Architecture, New York 1962, S. 14

5 Mc Hale, J., R. Buckminster Fuller, Make of contemporary Architecture, New York 1962, S. 15

6 Mc Hale, J., R. Buckminster Fuller, Make of contemporary Architecture, New York 1962, S. 17

7 Ward, J., The artifacts of R. Buckminster Fuller, Vol. 2, New York 1985, S. 109

8 Mc Hale, J., R. Buckminster Fuller, Make of contemporary Architecture, New York 1962, S. 26

### Kunststoffhäuser und die Internationale Kunststoffhaus - Ausstellung von 1971

1 Das Kunst(harz)stoff-Montagehaus von 1946. In: Allgemeine Bauzeitung, 5. Oktober 1962, S. 38

2 Fjodorowa, S., Einmal »chemisch« wohnen. In: Das Neue Deutschland, Januar 1961, S. 36

3 Die Gruppe „Metabolisten" wurde auf der World Conference of Design 1960 in Tokyo von N. Kawazoe, K. Kikutake und K. Kurokawa gegründet (s. Gleininger-Neumann, A., Metabolismus. In: Visionen der Moderne 1960, Ausstellungskatalog Frankfurt/Main 1986, Frankfurt/Main 1986, S. 172).

4 Saechtling, H.-J., Das Haus aus Kunststoff - ein Traumhaus von morgen? In: Kunststoffe Nr.1, 1957, S. 19

5 Zulassungsbescheid VA2-64b08/33-111/73

6 Schwabe, A., Untersuchung über die Wohn- und Konstruktionsformen von Kunststoffhäusern und Raumzellen. In: Plasticonstruktion Nr. 5, 1973, S. 3

### Das moderne Montagehaus - eine unerreichte Vision?

1 Herbert, G., The Dream of the Factory-Made House, Cambridge/Mass. 1984, S. 67

2 Herbert, G., The Dream of the Factory-Made House, Cambridge/Mass. 1984, S. 29

3 Kistenmacher, G., Fertighäuser, Tübingen 1950, S. 7

4 Kistenmacher, G., Fertighäuser, Tübingen 1950, S. 7

5 Wohnbauförderprogramm von 1942 mit 153 Mio. US-Dollar (Kistenmacher, G., Fertighäuser, Tübingen 1950, S. 91)

6 Cook, P., Plug in City. In: Archigram No 5, London 1972, S. 36

7 Die Zeichnungen von Adolpho Natalini der Jahre 1968-70 sind im Deutschen Architekturmuseum in Frankfurt am Main unter »Villenkatalog, Serie A: Villa suburbana« archiviert.

8 Rossi, A., Architektur der Stadt. Skizze zu einer grundlegenden Theorie des Urbanen, Düsseldorf 1966, S. 21

9 Venturi, R., Komplexität und Widerspruch in der Architektur, New York 1966, S. 31

10 New York Times vom 2. März 1947. In Giedon, S., Walter Gropius, Mensch und Werk, Stuttgart 1954, S. 76

11 Wachsmann, K., Wendepunkt im Bauen, 1. Auflage Wiesbaden 1959, Stuttgart 1989, S. 111

12 Kähler, G., Eine „Architektur der Hoffnung" ist untergegangen. in Schiffe der Architektur. Arcus Nr. 2 - Architektur und Wissenschaft, Köln 1989, S. 12

13 Herron, R., Chalk, W., Die Kapsel. In: Archigram 6, London 1971, S. 44

14 Die Gruppe GEAM wurde 1956 gegründet.

15 Studie der Technischen Universität Cottbus: Automatisierung und Robotereinsatz im Bauwesen, Cottbus 1994, S. 1-2 [unveröffentlicht]

16 Yamakawa, M., New Trends in Home Buildings. In: Housing, Life in contemporary Japan, July 1993, Vol. 3, No. 1, S. 48

17 Friedmann, Y., „Mobile Architektur". In: Werk 2, 1962, S. 10

# Literatur

Authenrieth, B., Montagebauweisen im mehrgeschossigen Wohnungsbau, Forschungsgemeinschaft Bauen und Wohnen, Stuttgart 1964

Baldwin, J., Bucky Works, New York 1996

Banham, R., Guide to Modern Architecture, London 1962

Banham, R., Die Revolution der Architektur. Theorie und Gestaltung im Ersten Maschinenzeitalter, Braunschweig 1990

Baumann, R., Variantenbildung nach dem Baukastenprinzip bei der industriellen Produktion von Wohngebäuden, Düsseldorf 1984

Beaver, P., Hugh, E., The Crystal Palace, London 1970

Bemis, A. F., Burchard, J., The evolving house. A history of home, Cambridge/Mass. 1936

Blake, P., Marcel Breuer. Architect and Designer, New York 1949

Blueprints For Modern Living. History and Legacy of the Case Study Houses, Ausstellungskatalog Los Angeles 1989, Los Angeles 1989

Boesinger, W., Richard Neutra. Buildings and Projects, Zürich 1951

Borowski, K.-H., Das Baukastensystem in der Technik, Berlin 1961

Bruce, M., Fugen und Verbindungen im Hochbau, Düsseldorf 1982

Burnham, K., The Prefabrication of Houses, Cambridge/Mass. 1951

Claxton, K., Industrialized Building in Steel. Industrialization Forum Bd. 1 Nr. 3/1970, S. 78-95

Engel, W., Montageverfahren der Raumelementbauweise. In: Zeitschrift der Hochschule für Bauwesen, Leipzig 1942

Entenza, J., Case Study House No. 25. In: arts & architecture, May 1947, S.12-16

Erdmannsdorffer, K., Die Ausstellung „Das Fertighaus". In: Baumeister Heft Nr. 11/12, 1947, S. 360

Das Fertighaus. Ausstellungskatalog zur Export-Musterschau und Versuchssiedlung in Zuffenhausen, Stuttgart 1947

Fischer, H., Die Messerschnittbauweise. In: Die Bauzeitung, Juli 1949, S. 277-281

Friement, Ch., Die Gläserne Arche, Kristallpalast 1851 und 1854, München 1984

Frey, A., Aluminaire. In: The Architectural, April 1933, S. 282-284

Gerschermann, F. G., Grundlegende Problematik im industriellen Bauen - Industrialisierung bei kleinen Stückzahlen, Berlin 1978

Giedion, S., Die Herrschaft der Mechanisierung, Frankfurt 1982

Giedion, S., Walter Gropius. Mensch und Werk, Stuttgart 1954

Giedion, S., Raum, Zeit, Architektur, Zürich 1941

Goss, M., 24 Jahre Selbstbau - Experimentelles Bauen. In: Schriftenreihe Baukonstruktion Heft 26, Stuttgart 1992, S. 8-9

Groehler, O., Erfurth, H., Hugo Junkers: Ein politisches Essay, Berlin 1989

Gropius, W., Bauhausbauten Dessau, Mainz 1974

Grüning, M., Der Wachsmann-Report, Berlin 1986

Hafner, Th., Vom Montagehaus zur Wohnscheibe. Entwicklungslinien im deutschen Wohnungsbau, 1945-1970, Basel 1993

Hagenbrock, Th., Müller, H., Sulzer, P., Methodisches Vorgehen bei der Entwicklung industriell herstellbarer Bausysteme, Düsseldorf 1976

Herbert, G., Pioneers of Prefabrication. The British contribution in the nineteenth century, London 1978

Herbert, G., The Dream of the Factory-Made House, Cambridge/Mass. 1984

Hurth, S., Bauen mit Raumzellen, Wiesbaden und Berlin 1975

Jaffe, H.-L., De Stijl:1917-1931, Frankfurt 1965

Junghanns, K., Das Haus für alle: zur Geschichte der Vorfertigung in Deutschland, Berlin 1994

Kistenmacher, G., Fertighäuser, Tübingen 1950

Klotz, H., Visionen der Moderne. Das Prinzip Konstruktion, München 1986

Koncz, T., Bauen industrialisiert, Wiesbaden 1976

Koncz, T., Einfamilienhäuser aus Fertigteilen Teil 1. In: Betonwerk und Fertigteiltechnik, Heft 10, 1977, S. 514-519 Teil 2. In: Beton und Fertigteiltechnik Heft 11, 1977, S. 562-568

Koncz, T., Handbuch der Fertigteilbauweise, Wiesbaden 1962

Lampugnani, V., Moderne Architektur in Deutschland 1900-1950 - Expressionismus und Neue Sachlichkeit, Stuttgart 1980

Lauterbach, H., Joedicke, J., Hugo Häring. Schriften, Entwürfe, Bauten, Stuttgart 1965

Macha, L., Erfahrungen des Fertighausbaues für den allgemeinen Hochbau. In: Industrialisierung des Bauens, Heft 15, 1975

Das M.A.N. Fertighaus [Verkaufsprospekt der M.A.N.-AG Gustavsburg], Augsburg 1950

Mayer, H., Der Baumeister Otto Bartning und die Wiederentdeckung des Raumes, Heidelberg 1951

Mc Coy, E., Case Study Houses 1945-1962. In: arts and architecture, Heft 4, 1947

Mc Coy, E., Modern California Houses, Los Angeles 1962

Mcgraw-Hill, Modular Housing Producers (Directory), New York 1973 [Hersteller-Katalog]

Mc Hale, J., R. Buckminster Fuller. Make of contemporary Architecture, New York 1962

Mc Hale, J., R. Buckminster Fuller. Architekten von heute, Ravensburg 1962

Meyer-Bohe, W., Stahlhochbau, schwere und leichte Stahlbausysteme, Stuttgart 1974

Meyer-Bohe, W., Vorfertigung - Handbuch des Bauens mit Fertigteilen, Essen 1964

Meyer- Bohe, W., Vorgefertigte Wohnhäuser, München 1959

Miljutin, N. A., Sozgorod - Planung einer neuen Stadt, Basel 1992

Neuhart, M., Eames Design, Berlin 1989

Neuhart, M., Neuhart, J., Eames House, Berlin 1989

Nerdinger, W., Walter Gropius. Der Architekt Walter Gropius, Zeichnungen, Pläne, Fotos, Verzeichnis, Berlin 1996

Odenhausen, H., Einfamilienhäuser in Stahlbauweise, Düsseldorf 1961

Pawley, M., Buckminster Fuller, London 1990

Pehnt, W., Der Anfang der Bescheidenheit, München 1983

Posener, J., Hans Poelzig. Sein Leben - Sein Werk, Wiesbaden 1994

Posener, J., Kritik der Kritik des Funktionalismus, Berlin. In: Arch+, 27/1975, S.11-18

Probst, H., Schädlich, Ch., Walter Gropius, Der Architekt und Theoretiker. Werkverzeichnis, Berlin 1986

Prouvé, J., Une Architecture par l'Industrie, Zürich 1971

Reidelbauer, J. A., Modular Housing in the Real, Modco Inc. Annandale/ USA 1970

Rosa, I., Albert Frey. Architekt, Zürich 1995

Roth, A., Die neue Architektur, Zürich 1948

Russell, B., Building Systems. Industrialisation and Architecture, London 1981

Schmidt, K., Das Dornier-Heim. In: Die Bauzeitung, Mai 1950, S. 304-309

Schmit, T., Testa, C., Bauen mit System, Zürich 1969 Schroeder, U., Variabel nutzbare Häuser und Wohnungen, Wiesbaden 1979

Schwabe, A., Saechtling, H.-J., Bauen mit Kunststoffen, Berlin 1959

Schraft, B. D., Volz, H., Serviceroboter, Innovative Technik in Dienstleistung und Versorgung, Berlin/Heidelberg 1996.

Spiegel, H., Der Stahlhausbau, Berlin 1928

Starr, F. S., Melnikov - Solo. Architect in a Mass Society, New York 1978

Stevenson Cole, K., Ward Jandl, H., Houses by Mail. A guide to houses from Sears, Roebuck and Company, Washington 1988

Strebel, O., Der Fertighauskatalog, Stuttgart 1965

Sulzer, P., Jean Prouvé - Meister der Metallumformung. In: Arcus - Architektur und Wissenschaft, Band 3: Das Neue Blech, Köln 1991, S. 4-43

Sulzer, P., Jean Prouvé - L'Oeuvre Complète, - Complete Works, Bd. 1, Tübingen 1997

»Technische Beschreibung« der Wohntechnischen Gesellschaft mbH, Marxzell vom 25. 11. 1947 [Unveröffentlichtes Typoskript im Archiv der Daimler-Benz Aerospace / Dornier, Friedrichshafen]

Testa, C., Die Industrialisierung des Bauens, Zürich 1972

Vangerow-Kühn, A., Die Fertighausbauindustrie in der Bundesrepublik Deutschland als Modell für Rationalisierung durch Industrialisierung im Bauen (Schriftenreihe o4: Bau und Wohnforschung, hg. v. Bundesministerium für Raumordnung, Bauwesen und Städtebau, Heft 100) Bonn 1984

Volz, H., Ein Einsatzfeld der Zukunft. In: Roboter und Automation, Bd. 14, 1996, Heft 2, S. 20-24

Wachsmann, K., Wendepunkt im Bauen, Wiesbaden 1959, Neuausgabe Stuttgart 1989

Wachsmann, K., Holzhausbau: Technik und Gestaltung. Neuausgabe Basel 1995

Wachsmann, K., House in Industrie. In: arts & architecture, May 1947, S. 12

Wagner, M., Das wachsende Haus, Berlin 1932

Wagner, M., Wohnungsbau und Weltstadtplanung. Die Rationalisierung des Glücks, Berlin 1986

Ward, J., The artifacts of R. Buckminster Fuller, 4 Bände, New York 1985

Weller, K., Baukastensysteme aus vorgefertigtem Aluminium. In: Bauen mit Aluminium, Düsseldorf 1965, S. 23-30

Weller, K., Industrielles Bauen, Bd. 1, Stuttgart 1989

Wingler, H., Ludwig Hilberseimer. Berliner Architektur der 20er Jahre, Mainz 1967

Wurm, H., Die Industrialisierung des Holzhausbaues. In: Tradition. Zeitschrift für Firmengeschichte und Unternehmer, Nr. 14, 1996, Frankfurt/Main, S. 198-221

## Bildnachweis

Taisei Corporation Tokyo, S. 137

Universität Hannover, Fachbereich Maschinenbau, Institut für Werkstoffkunde S.136


Reproduktionen aus Büchern,
Ausstellungskatalogen und Fachzeitschriften:


arts & architecture, Jahrg. 1946-61, S. 85 lo, 85 lu, 85 ro, 86 lo, 86 lu, 86 ro, 86 ru, 87 o, 87 m, 87 u, 88, 89 lo, 89 lu, 89 ro, 89 ru, 90 ol, 90 or, 90 lu, 90 ru, 91 l, 91 u, 92, 93, 118 u

Baumeister, Juni 1949, 46. Jahrg., S. 77 l, 77 r, 78 o, 78 l, 78 r

Baumeister, Nov/Dez 1947, 44. Jahrg., S. 80 lu, 80 ru, 81 lu, 81 ru

Breuer, M., Blake, P., S. 13 rm

Deutsche Bauzeitung, Stuttgart, 1/95, S. 20

Fertighäuser, Kistenmacher, G., S. 15 lo, 15 lu, 74 o, 74 u, 75 o, 75 u, 76 l, 76 r

Das Fertighaus, Musterschau und Versuchssiedlung in Stuttgart Zuffenhausen, Ausstellungskatalog,
S. 79, 80 l, 80 r, 81 l, 81 r, 82

Albert Frey, Architekt, Rosa, Rizzoli, New York J., S.94 l, 94 m, 94 r, 95 lo, 95 lm, 95 lu, 95 u, 96 l, 96 r

Der Baumeister Otto Bartning und die Wiederentdeckung des Raumes, Mayer, H.K.F., S. 43, 44 l, 44 r, 45

Das wachsende Haus, Wagner, M., S. 39 lo, 39 lm, 39 lu, 39 r, 40, 41,

Der Wohnungsbau in Deutschland, Jan. 1944, Heft 1/2, S. 62

Holzhausbau, Technik und Gestaltung, Wachsmann, K., S. 57 lu, 57 ro, 57 ru, 58 l, 58 ro, 58 ru, 59 l, 59 m, 59 r

Housing, Life in contemporary Japan, 7/93, Bd.3, Nr. 1, S. 138 lo

Leonardo Da Vinci, Architekt, Pedretti, C., S. 16 l, 16 r

Richard Neutra, Boesinger, W., S. 98, 99, 100 lo, 100 lu, 100 ro, 100 lu, 101 lo, 101 lu, 101 r, 102

Otto Bartning, Materialien zum Werk des Architekten, Bredow, J., Lerch, H., S. 42 lo, 42 lu, 42 r

Pioneers of Prefabrication, Herbert, G., S. 19, 21 lo, 21 lu, 21 r, 22 r, 22 u, 23 l, 23 r, 23 u, 24 o

Pioniere der sowjetischen Architektur, Chan-Magomedov, S.O., S. 12 u

Plasticonstruktion, Zeitschrift für das Bauen mit Kunststoffen, Heft 2/77, S. 121 l, 121 r

Raum, Zeit, Architektur, Giedion, S., S. 9 l, 9 r, 11 l, 17, 18 lo, 18 lm, 18 lu, 18 r, 19 o, 22 lo

Pioneers of Prefabrication, Herbert, G., S. 24 o

Rudolf M. Schindler, Architekt 1887-1953, Ausstellungskatalog S. 13 l

Spiegel, H., S. 36 o, 36 u

Wendepunkt im Bauen, Wachsmann, K., Birkhäuser Basel/Zürich S. 52 lo, 52 lu, 52 r, 53 o, 53 u, 54, 56, 57 lo

# Register der Architekten, Ingenieure und Hersteller

Kursive Seitenzahlen verweisen auf Abbildungen